十八大以来广州改革发展主要文献选编
（2012—2017）

中共广州市委党史文献研究室　编

中山大学出版社
SUN YAT-SEN UNIVERSITY PRESS
·广州·

版权所有　翻印必究

图书在版编目（CIP）数据

十八大以来广州改革发展主要文献选编（2012—2017）/中共广州市委党史文献研究室编．—广州：中山大学出版社，2021.3
　　ISBN 978-7-306-07122-4

　　Ⅰ. ①十… Ⅱ. ①中… Ⅲ. ①改革开放—文献—汇编—广州—2012—2017 Ⅳ. ①D619.651

中国版本图书馆 CIP 数据核字（2021）第 026146 号

出 版 人：	王天琪
策划编辑：	钟永源　刘吕乐
责任编辑：	钟永源
封面设计：	林绵华
责任校对：	杨文泉
责任技编：	何雅涛
出版发行：	中山大学出版社
电　　话：	编辑部 020-84111996，84113349，84111997，84110779
	发行部 020-84111998，84111981，84111160
地　　址：	广州市新港西路 135 号
邮　　编：	510275　　传　真：020-84036565
网　　址：	http://www.zsup.com.cn　　E-mail:zdcbs@mail.sysu.edu.cn
印 刷 者：	佛山市浩文彩色印刷有限公司
规　　格：	787mm×1092mm　1/16　24.5 印张　378 千字
版次印次：	2021 年 3 月第 1 版　2021 年 3 月第 1 次印刷
定　　价：	86.00 元

如发现本书因印装质量影响阅读，请与出版社发行部联系调换

编辑说明

本书收录了自2012年11月党的十八大至2017年10月党的十九大召开前,广州市出台的推进改革发展的主要文件,包括部分地方性法规,市政府的相关决定、意见,市直部门的有关规范性文件,以及一些区制定的在全国有重要影响的文件,反映和记录了广州市经济建设、政治建设、文化建设、社会建设、生态文明建设的基本情况。《十九大以来广州改革发展主要文献选编(2018—2022)》在征集编纂中。

本书采用资料选编形式,包括全文选录、节选和附录,均为公开文件。选编按文件形成时间先后排序。节选和部分文件删略了附件中的任务分工表等,并在文后标注。部分实施意见或意见,删略了责任部门、牵头部门和配合部门。

目　录

广州市中新广州知识城条例

　　(2012 年 4 月 20 日广州市第十四届人民代表大会常务委员会

　　　　第二次会议通过　2012 年 5 月 31 日广东省第十一届人民代表

　　　　大会常务委员会第三十四次会议批准) ·················· 1

广州市人民政府关于支持广交会做大做强的意见

　　(穗府〔2012〕39 号　2012 年 12 月 10 日) ·················· 16

广州市科技创新促进条例

　　(2012 年 12 月 26 日广州市第十四届人民代表大会常务委员会

　　　　第九次会议通过　2013 年 3 月 28 日广东省第十二届人民代表

　　　　大会常务委员会第一次会议批准) ·················· 21

广州市人民政府关于加强广州市"十二五"时期文化基础设施

　　建设的意见

　　(穗府〔2013〕19 号　2013 年 8 月 12 日) ·················· 37

广州市水域市容环境卫生管理条例

　　(2013 年 10 月 30 日广州市第十四届人民代表大会常务委员会

　　　　第二十二次会议通过　2014 年 3 月 27 日广东省第十二届人民

　　　　代表大会常务委员会第七次会议批准) ·················· 49

广州市人民政府关于推动专业批发市场转型升级的实施意见

　　(穗府〔2014〕7 号　2014 年 2 月 21 日) ·················· 63

广州市南沙新区条例

　　(2014 年 6 月 20 日广州市第十四届人民代表大会常务委员会

　　　　第二十九次会议通过　2014 年 7 月 31 日广东省第十二届

　　　　人民代表大会常务委员会第十次会议批准) ·················· 69

广州市公共图书馆条例
　　（2014年10月29日广州市第十四届人民代表大会常务委员会
　　　第三十四次会议通过　2015年1月13日广东省第十二届
　　　人民代表大会常务委员会第十三次会议批准）……………… 84
广州市人民政府关于进一步发展和利用资本市场的若干意见
　　（穗府〔2015〕19号　2015年7月21日）……………………… 96
广州市人民政府关于加强法治政府建设的若干意见
　　（穗府〔2015〕21号　2015年8月17日）……………………… 105
广州市人民政府关于加快养老服务业综合改革的实施意见
　　（穗府〔2015〕27号　2015年11月25日）…………………… 113
广州市历史文化名城保护条例
　　（2015年10月27日广州市第十四届人民代表大会常务委员会
　　　第四十四次会议通过　2015年12月30日广东省第十二届
　　　人民代表大会常务委员会第二十二次会议批准）………… 126
广州市人民政府关于进一步推进户籍制度改革的实施意见
　　（穗府〔2016〕3号　2016年2月22日）……………………… 151
广州市供给侧结构性改革总体方案（2016—2018）
　　（2016年4月8日）……………………………………………… 156
广州市人民代表大会常务委员会关于促进改革创新的决定
　　（2016年8月24日广州市第十四届人民代表大会常务委员会
　　　第五十五次会议通过）………………………………………… 168
广州市人民政府关于加快先进制造业创新发展的实施意见
　　（穗府〔2016〕15号　2016年8月29日）…………………… 174
广州市人民政府办公厅关于推动市属国有企业加快创新驱动发展的
　若干意见
　　（穗府办〔2016〕16号　2016年9月18日）………………… 182
广州市依法行政条例
　　（2016年9月28日广州市第十四届人民代表大会常务委员会
　　　第五十六次会议通过　2016年12月1日广东省第十二届
　　　人民代表大会常务委员会第二十九次会议批准）………… 190

广州市战略性新兴产业第十三个五年发展规划（节选）
（2016—2020）
　　（穗府办〔2016〕25号　2016年11月25日）……………… 205
广州市人民政府办公厅关于促进大数据发展的实施意见
　　（穗府办〔2017〕1号　2017年1月7日）………………… 246
广州市人民政府关于创新重点领域投融资机制鼓励社会投资的
　实施意见
　　（穗府〔2017〕3号　2017年1月17日）…………………… 256
广州市人民政府办公厅关于促进医疗卫生和养老服务相结合的
　实施意见
　　（穗府办〔2017〕6号　2017年2月16日）………………… 273
广州市人民政府关于建设工程项目审批制度改革的实施意见
　　（穗府〔2017〕9号　2017年4月5日）……………………… 281
广州市人民政府关于进一步加快旅游业发展的意见
　　（穗府函〔2017〕79号　2017年6月19日）………………… 294
广州市黄埔区人民政府办公室　广州开发区管委会办公室关于印发
　《广州市黄埔区广州开发区鼓励招商单位引资奖励办法》的通知
　　（穗开管办〔2017〕34号）…………………………………… 305
中共广州市花都区委办公室　广州市花都区人民政府办公室关于印发
　《广州市花都区支持绿色金融和绿色产业创新发展若干措施》
　的通知
　　（花办发〔2017〕27号）……………………………………… 314
广州市人民政府关于加快发展现代职业教育的实施意见
　　（穗府〔2017〕22号　2017年9月2日）…………………… 317
广州市人民代表大会常务委员会关于促进广州国际航运中心建设的
　决定
　　（2017年9月26日广州市第十五届人民代表大会常务委员会
　　第八次会议通过）……………………………………………… 329

广州市湿地保护规定
　　（2017 年 10 月 25 日广州市第十五届人民代表大会常务委员会
　　　第九次会议通过　2017 年 11 月 30 日广东省第十二届人民
　　　代表大会常务委员会第三十七次会议批准） …………… 334
关于在市场体系建设中建立公平竞争审查制度的实施意见
　　（2017 年 10 月 30 日） ………………………………………… 350
广州市生活垃圾分类管理条例
　　（2017 年 12 月 27 日广州市第十五届人民代表大会常务委员会
　　　第十一次会议通过　2018 年 3 月 30 日广东省第十三届
　　　人民代表大会常务委员会第二次会议批准） …………… 355

附录　1. 部分未收录文件一览表 ………………………………… 372
附录　2. 2012—2017 年市人大常委会制定地方性法规一览 ……… 374
附录　3. 2012—2017 年市人大常委会出台决议决定一览表 ……… 377
后记 …………………………………………………………………… 379

广州市中新广州知识城条例

(2012年4月20日广州市第十四届人民代表大会常务委员会第二次会议通过 2012年5月31日广东省第十一届人民代表大会常务委员会第三十四次会议批准)

第一章 总 则

第一条 为促进和保障中新广州知识城（以下简称"知识城"）的建设和发展，构建开放型区域创新体系，营造适宜人才集聚、创新创业的环境，发展知识经济，根据有关法律、法规，结合本市实际，制定本条例。

第二条 本条例适用于知识城的规划、建设、运营、管理和服务等活动。

知识城的范围按照法定程序确定。

第三条 市人民政府应当加强对知识城开发建设工作的领导，统筹推进知识城的发展。

市人民政府应当定期向市人民代表大会常务委员会报告知识城的建设和发展情况。

第四条 中新广州知识城管理委员会（以下简称"知识城管委会"）负责知识城的规划、建设、管理和服务等工作，并组织实施本条例。

市人民政府各行政管理部门以及相关区、县级市人民政府应当在各自的职责范围内，协助推进知识城的建设和发展。

第五条 知识城管委会应当借鉴国内外先进经验,在行政事务、社会事务、经济事务的管理方面坚持科学发展,改革创新,建立有利于自主创新的体制、机制。

知识城管委会应当鼓励和保护创新创业,促进国际创新合作。

第六条 本市制定的地方性法规不适应知识城发展的,市人民政府可以提请市人民代表大会或者其常务委员会对有关地方性法规的适用范围进行修改;本市制定的政府规章不适应知识城发展的,知识城管委会可以提请市人民政府就其在知识城的适用作出决定。

根据知识城发展的需要,市人民政府在不违反法律、行政法规的规定,不违背本市地方性法规基本原则和精神的前提下,可以制定单独适用于知识城的规章或者规范性文件。

第七条 知识城的建设和发展应当坚持规划先行,生态优先,发展知识经济,建设资源节约型、环境友好型城区,实现经济社会协调可持续发展。

第二章 管理与服务

第八条 知识城管委会在知识城行使市人民政府相应的行政管理权,依法履行下列职责:

(一)贯彻实施有关法律、法规、规章和政策;

(二)组织编制和实施知识城经济和社会发展规划以及相关专项规划;

(三)组织编制和实施知识城总体规划、控制性详细规划;

(四)根据市土地利用总体规划,对知识城的土地利用依法实施管理;

(五)统一管理知识城的发展改革、经贸、科技和信息化、财政、人力资源和社会保障、国土房管、环保、建设、审计、国有资产监管、规划、统计、工商、知识产权等行政工作;

(六)法律、法规规定的其他职责。

知识城管委会根据国务院及其行政管理部门、省人民政府及其行政管理部门的决定，行使其委托、下放或者以其他方式交由知识城管委会行使的行政管理权。

市人民政府应当根据本条例的规定，对知识城管委会的具体行政管理职责、公共服务的范围以及市人民政府各有关行政管理部门在知识城的职责予以明确，并向社会公布。

第九条 知识城管委会可以根据建设和发展的需要，按照精简、协调、高效的原则，设置、调整相应的管理机构，并可以依托所在地的区人民政府有关行政管理部门以合署办公等方式实施行政管理。

鼓励知识城管委会在行政管理体制、机构运行模式等方面进行创新。

知识城管委会的管理机构依据知识城管委会的决定行使行政管理权。知识城管委会应当根据本条例的规定，对管理机构及其具体行政管理职责、公共服务的范围予以明确，并向社会公布。

第十条 知识城管委会应当规范行政行为，依法行政，建立公开、透明、廉洁、高效、务实、便民的行政运行机制。

第十一条 知识城办理行政审批事项实行一站式受理、集中审批、限时办结、跟踪服务等制度。

知识城管委会及其管理机构为知识城的单位和个人办理审批、登记、备案、年检和其他事项，应当简化程序、缩短期限、优化流程，提高管理效率和服务水平。

知识城管委会及其管理机构应当将本条第二款规定事项的办理程序、应提交的资料、受理机构和地点、办结时限等相关信息在办事窗口予以公示并通过公共信息服务平台或者其他方便查询的方式向社会公布。

第十二条 知识城管委会应当支持和引导知识城的单位和个人参与知识城的社会事务管理，保障其知情权、参与权、表达权和监督权。

知识城管委会应当创新社会管理模式，推进社区自治，发展社会组织，鼓励社会组织在提供公共服务、反映利益诉求、增强社会活力、促进社会发展等方面发挥作用。

知识城管委会可以在社会事业、市政公用事业等领域建立购买公共服务等制度。

第十三条　知识城管委会应当协调进驻知识城的海关、检验检疫、边防、外汇管理、港务、民航等单位创建高效便利的通关环境。

鼓励和支持前款规定的进驻单位实行业务信息共享，优化工作流程，为知识城的单位和个人提供便捷的通关服务。

第十四条　知识城管委会应当建立知识城重大事项决策咨询机制，设立决策咨询专家委员会。决策咨询专家委员会的组成、工作程序和工作方式等由知识城管委会另行规定。

知识城的规划、重点工程建设、大型项目引进等重大事项以及对知识城发展或者环境有重大影响的其他事项决策前，应当组织决策咨询专家委员会中相关领域的专家进行论证，作出决策后应当将决策信息向社会公开。

第十五条　市人民政府有关行政管理部门应当在各自的职责范围内，采取政策指导、简化办事程序、建立审批快速通道、申请或者协助申请优惠政策等措施支持知识城的建设和发展。

有关知识城建设和发展的事项，依照规定需要由市人民政府行政管理部门向省级以上人民政府行政管理部门报请审批的，市人民政府行政管理部门应当及时报请审批；对由知识城管委会直接向省级以上人民政府行政管理部门报请审批的，市人民政府行政管理部门应当提供便利和支持。

第十六条　市人民政府监察部门应当加强对知识城管委会工作的监督。

第十七条　任何单位和个人有权对知识城管委会及其管理机构工作人员的违法、违纪行为进行投诉和举报。

知识城管委会应当向社会公布统一受理投诉、举报的电话、信箱、电子邮箱，接到投诉、举报后应当及时调查处理，并在收到投诉、举报之日起十日内将处理情况书面答复投诉人、举报人。

第三章 规划与建设

第十八条 知识城的城乡规划应当遵循城乡统筹、节约集约用地、推进资源能源节约和综合利用等原则，体现区域特色，符合知识经济发展和生态宜居城市建设的需要。

经批准的知识城总体规划、控制性详细规划，应当严格执行，未经法律、法规规定的程序不得修改。

第十九条 本市城乡规划应当统筹协调知识城与其周边地区的基础设施。

市人民政府有关部门和相关区、县级市人民政府与知识城管委会应当互相配合，按照城乡规划的要求组织建设知识城及其周边地区的基础设施，并使其相互衔接。

鼓励单位和个人依据国家有关规定，以独资、合资、合作、联营、项目融资等方式，按照经批准的城乡规划在知识城投资建设基础设施以及其他公共设施项目。

第二十条 知识城管委会应当按照生态城市和智慧城市的要求，组织开展下列工作：

（一）建设集中式的污水处理和中水利用设施；

（二）投资建设新能源和智能电网等系统工程；

（三）建立废弃物分类收集和回收利用系统，实现废弃物的减量化、资源化、无害化；

（四）采用国际先进技术，建立与区域自然地理环境相协调的、高水平的园林绿化体系；

（五）采用绿色建筑技术，建设高于国家、行业以及地方节能标准的低能耗建筑；

（六）推广清洁能源和节能减排技术，鼓励使用符合低碳发展要求的技术、工艺、材料和设备；

（七）高标准建设交通基础设施，推进交通管理的智能化、信息化，建立快速、高效的道路交通管理协调机制，建立和完善道路交通实况监控和交通信息即时发布平台；

（八）高标准建设信息基础设施，推进信息化和智能化的全面应用；

（九）其他与生态城市和智慧城市建设有关的事项。

第二十一条　知识城管委会应当根据人口规模合理规划居住用地，科学配套教育、医疗、卫生、文化、体育、商业、休闲、社区服务等公共服务设施，建设适宜居住的新型城区。

知识城管委会应当借鉴国际先进经验，建立多元化、多层次住房供应体系，适应不同群体的需要。

第二十二条　知识城的土地利用按照下列规定执行：

（一）知识城管委会应当建立土地节约、集约利用的动态评估、监测机制，实行与现代产业相适应的差别化供地模式，创新土地利用管理方式，提高土地利用效率；

（二）知识城管委会应当确保土地利用以产业用地为主导，建设用地应当优先用于知识城重点发展的产业；

（三）土地使用权人不得擅自改变土地用途和建筑物的使用功能；

（四）高新技术产业、先进制造业、战略性新兴产业的研发和产业化项目用地经市人民政府批准后，可以采取协议出让方式。以协议出让方式取得国有土地使用权及其地上建筑物使用权的，应当在国有土地使用权出让合同中约定限制转让的条件，以及依法转让时知识城管委会的优先购买权。

知识城管委会应当根据土地管理法律、法规和知识城城乡规划、产业发展需要，制定国有土地使用权出让、转让和租赁的条件、标准和程序，并向社会公布。

第二十三条　知识城管委会应当建立产业用地评估制度，对产业生命周期、投入产出效益等进行评估，依据评估结果对不同的产业确定相应的土地使用期限。

第二十四条　知识城管委会应当建立企业土地使用的退出机制，在国有土地使用权出让合同或者租赁合同中明确约定土地退出条件，当合同约定的情形发生时，知识城管委会可以按照合同约定收回土地。

第二十五条　知识城国有土地使用权出让、租赁收益全额留存知识城管委会，按照国家规定扣除、计提有关费用和政策性资金后，主要用于知识城土地开发和基础设施建设。

第二十六条　跨区域、过境工程需要占用知识城用地或者从其地下穿过的，有关部门应当在办理建设项目的项目选址、环境影响评价手续前征求知识城管委会的意见。

知识城相邻五公里区域内的建设项目可能对知识城发展造成环境污染的，有关部门在办理建设项目的项目选址、环境影响评价手续之前，应当征求知识城管委会的意见。

知识城管委会应当在收到征求意见书之日起十五日内，以书面形式答复征求意见的部门。

第二十七条　知识城管委会应当对因知识城建设而被征地的农民进行妥善安置，开展职业技能培训，协助其自主创业和再就业。

知识城管委会应当按照法律、法规和国家、省、市相关政策的规定，保障被征地农民依法参加社会保险，提高公共财政对被征地农民基本养老保险、基本医疗保险等社会保险的补助水平。

第四章　产业促进

第二十八条　知识城重点发展科技服务、信息技术、生物技术、新能源与节能环保、金融服务、先进制造等知识密集型产业，重点引进创新能力强、市场潜力大、附加值高、绿色环保的知识经济项目。

知识城管委会应当根据国内外产业发展趋势，建立产业调查以及评估分析制度，根据调查和评估分析的情况，制定产业发展规划、产业促进和调整政策并向社会公布。

知识城管委会应当根据产业发展规划和政策以及环境影响、资源节约、技术水平、经济效益等要素，建立项目评价和准入、退出制度，编制产业发展目录，明确鼓励、限制、禁止发展的产业，并向社会公布。对目录中禁止发展的产业，不得引进；对限制发展的产业，限制引进。

第二十九条　知识城应当在服务业对外开放方面先行先试，鼓励和支持外商投资企业在知识城从事现代服务业并开展创新业务，但国家明确禁止的除外。

第三十条 在知识城设立企业，按照下列规定办理：

（一）符合企业设立条件，但经营范围中有需要前置审批的项目，企业申请工商登记的，工商行政管理部门可以直接办理筹建登记，先行确认企业法人主体资格，期限为一年，可以续期一次，续期不得超过一年。在此期间，企业可以开展与筹建有关的活动，但不得开展经营活动，经营项目经批准并取得经营资格后，企业方可开展经营活动。

（二）处于初创期的企业在孵化器等集中办公区内办公的，可以用统一地址申请工商登记的住所。

（三）知识城企业申请跨类经营的，工商行政管理部门应当予以核定，但申请的经营范围中有需要前置审批的项目除外。

（四）以知识产权和其他可以用货币估价并可以依法转让的科技成果或者股权、债权作价出资占企业注册资本的比例，可以由出资各方依法协商约定。以国有资产出资的，应当符合有关国有资产的管理规定。

（五）以货币作为首次出资或者增资的，可以以银行出具的企业交存入资资金凭证或者依法设立的验资机构出具的验资证明作为验资凭证。以非货币作价出资的，可以以依法设立的评估机构出具的评估报告或者依法设立的验资机构出具的验资证明作为验资凭证。

（六）工商行政管理部门对在知识城设立的企业的章程、合伙协议实行备案制。

第三十一条 申请在知识城设立社会团体、民办非企业单位、非公募基金会的，申请人可以直接向知识城管委会民政管理机构申请登记，但法律、行政法规、国务院文件另有规定的除外。

第三十二条 知识城实行下列财政扶持措施：

（一）知识城管委会可以设立专项资金，采用补助、贷款贴息、奖励或者创业投资等方式，对符合知识城产业发展方向的重要领域、重大项目和关键技术提供财政扶持，重点建设科技基础设施、科技创新平台，设立科技支撑服务机构；

（二）采取财政资助、示范性使用等方式，建立对知识城新兴产业或者初创期企业的产品和服务的消费引导机制；

（三）对知识城企业生产的创新装备产品，建立使用首台（套）装备的风险补偿机制；

（四）对知识城产业发展作出突出贡献的单位和个人给予一定的奖励；

（五）其他符合知识城产业发展方向的财政扶持措施。

第三十三条 知识城实行行政审批零收费制度，但资源补偿、环境保护和国际对等类行政事业性收费以及个人缴交的行政事业性收费除外。

第三十四条 税务部门应当落实国家鼓励创新创业和扶持现代服务业发展的税收政策，优化税收征管机制，提高纳税服务水平，创建有利于知识城建设和发展的良好税收环境。

知识城管委会应当根据推动产业发展的需要，提请有关部门对符合规定的产业、行业制定并实施税收优惠政策。

第三十五条 知识城管委会应当采取政策引导、资金资助、场租优惠、快速通道服务等措施，支持建立为知识城产业发展和科技创新服务的金融体系，为企业或者其他组织提供下列服务：

（一）支持各类金融机构在知识城设立营业机构，创新金融产品和服务方式；

（二）支持商业银行、保险机构等各类金融机构和小额贷款机构、担保机构等为知识城企业提供贷款、保险等各类金融及相关服务；

（三）支持金融机构和其他企业在知识城设立为科技型企业服务的科技支行、小额贷款机构、融资性担保机构和再担保机构；

（四）通过设立基金等方式，建立贷款风险补偿机制，为商业银行、保险机构、小额贷款机构和担保机构开展针对知识城企业的知识产权质押、信用贷款、信用保险、贸易融资、产业链融资等提供风险补偿；

（五）通过企业化运作，设立创业投资引导资金和基金，采取阶段参股、跟进投资、风险补助等多种方式，引导境内外创业投资机构在知识城开展投资业务；

（六）支持境内外私募股权投资机构、风险投资机构、创业投资机构等各类股权投资机构在知识城设立机构或者开展投资业务；

（七）支持知识城企业上市，支持非上市企业股权转让；

（八）开展科技保险服务，对在知识城投保科技保险的高科技企业给予财政扶持，组织建立创新风险转移机制；

（九）其他金融服务活动。

市人民政府财政、金融、科技和信息化等行政管理部门应当对前款规定的各项活动给予支持和指导。

第三十六条 知识城管委会应当对本条例第三十二条、第三十五条规定的财政扶持事宜制定具体的管理办法，并报市人民政府备案。

知识城管委会应当加强对财政资金使用的管理，保障财政资金使用的安全、公平和效益。对财政资金予以扶持的产业、技术、项目等，知识城管委会应当组织专家对其经济效益、发展潜力等进行评审，并将评审结果作为是否扶持的依据。

知识城管委会应当委托具有相应资质的评估机构对扶持产业、技术、项目的财政资金的使用情况和效果等进行评估。

第三十七条 知识城管委会应当制定促进政策，支持信用评估、知识产权、人才服务、质量管理、资产评估、法律、会计、检测、培训、咨询等各类专业服务组织在知识城设立服务机构。

第三十八条 知识城管委会应当根据知识城产业发展需要，为企业跨国经营提供政策指引和信息咨询、技能培训等配套服务。

第五章　人才引进

第三十九条 知识城管委会应当制定知识城的创新创业型人才发展规划，建立健全人才培养、引进、使用、流动、评价等制度。

第四十条 知识城管委会应当拓展人才引进渠道，建立与国内外知名大学、我国驻外使（领）馆、华人华侨组织、留学人员社团和知名人才中介机构的合作关系。

知识城管委会应当根据知识城产业规划，建立健全高层次人才信息库，编制高端紧缺人才开发目录，重点引进生物医药、新能源与节能环保、生命健康、网络技术、教育培训等方面的高端人才。

第四十一条 支持高等院校、科研院所、高新技术企业在知识城开展职务科技成果和分红权激励改革，对做出突出贡献的科技人员和经营管理人员实施期权、技术入股、股权奖励、分红权等各种形式的激励。科技人员获得的期权、股权、分红等，按照国家有关规定减免个人所得税。

第四十二条 支持知识城的单位根据需要引进高层次人才和创新创业团队。知识城管委会应当在创新创业、户口迁移、居住证办理、配偶就业、未成年子女教育、住房购买或者租赁、办公用房补贴、医疗保障等方面提供便利和帮助。

第四十三条 鼓励单位和个人在知识城设立人才教育培训机构，培养高层次人才。支持知识城企业通过为在校学生提供科研、实习、见习条件等参与知识城人才培养计划。

鼓励高等院校、科研院所和其他各类人才培训机构为知识城的企业培训、输送技术以及管理人才。

第四十四条 鼓励境内外专家在知识城从事与创新创业有关的各类合作活动。

鼓励和支持高等院校教师、科研人员在知识城企业和其他创新组织兼职，鼓励和支持知识城企业的人才到国内外高等院校、科研机构兼职，但法律、法规另有规定或者合同约定禁止兼职的除外。

第四十五条 知识城管委会应当协调海关等部门对回国或者来华在知识城工作的高层次留学人才和海外科技专家携带进境自用物品以及科研、教学物品，按照国家规定提供通关便利并落实税收优惠。

第四十六条 知识城管委会应当组织建立人才信用记录制度，推广使用人才信用报告等信用产品。

第六章 科技创新与成果转化

第四十七条 支持知识城的企业加大研发投入，开展国际合作，提升原始创新、集成创新、引进消化吸收和再创新的能力。

知识城管委会可以采取资金资助、场租优惠、政策引导等措施，鼓励和支持下列活动：

（一）在知识城建立工程中心、工程技术研究中心、重点实验室、企业技术中心等各类研发机构；

（二）知识城的单位和个人自行或者联合高等院校、科研院所在境内外设立研发机构和成果转化中心。

第四十八条 知识城管委会支持在知识城建立公共技术服务平台，为创新成果提供咨询和检测、测试等服务。

知识城管委会支持在知识城建立企业孵化器等服务机构，为单位和个人创新创业提供服务，促进知识成果转化。

第四十九条 鼓励和支持知识城企业联合境内外高等院校、科研院所和其他组织开展协同创新，利用现代信息技术构建资源共享平台，进行多方位交流、多样化协作。

鼓励和支持知识城企业组建或者参与组建产业技术联盟。符合条件的产业技术联盟，可以申请登记为法人。对获得法人资格的知识城的产业技术联盟，知识城管委会应当给予支持和帮助。

市人民政府及其有关部门、知识城管委会在编制有关知识城的重大科技项目规划、计划、实施方案和制定有关政策文件过程中，应当听取知识城的企业、产业技术联盟的意见。

第五十条 知识城的单位和个人承担国家、省、市和知识城的科技重大专项，可以按照规定在科技重大专项经费中列支间接费用，用于支付实施项目过程中发生的管理、协调、监督费用，以及其他无法在直接费用中列支的相关费用。

第五十一条 对利用知识城管委会地方财政性资金完成的科技成果，知识城管委会应当与科技成果权属人约定实施转化的期限，同时约定期限届满后科技成果权属人不实施转化的，知识城管委会可以许可他人实施转化，科技成果权属人享有约定的权益。

对职务科技成果，其权属人自科技成果完成之日起超过一年未实施转化的，科技成果的完成人和参加人在不变更职务科技成果权属的前提下,可以根据与科技成果权属人的协议自行实施转化,享有约定的权益。职务科技成果的完成人和参加人自行创办企业转化该项成果的,科技成果权属人可以依法约定在该企业中享有的股权或者出资比例,也可以依法以技术转让方式取得技术转让收入。

第七章　知识产权保护

第五十二条　知识城管委会应当采取资助、奖励等措施,支持知识城的单位和个人获得专利权、商标权和著作权登记。

鼓励企业、科研机构和高等院校成立知识产权保护联盟,做好企业在采购、生产、销售等环节中的知识产权保护和侵权防范。

第五十三条　知识城管委会应当建立企业知识产权海外应急援助机制,指导企业、协会制定海外重大突发知识产权案件应对预案,支持行业协会、知识产权中介服务机构为企业提供海外知识产权纠纷、争端和突发事件的应急援助。

知识城管委会应当鼓励、引导知识城的企业建立知识产权预警制度,支持协会、知识产权中介机构为企业提供目标市场的知识产权预警和战略分析服务。

知识城管委会应当建立知识产权保护的举报、投诉、维权、援助平台以及有关案件行政处理的快速通道,完善行政机关之间以及行政机关与司法机关之间的案件移送和线索通报制度。

第五十四条　知识城管委会应当设立知识产权专项资金,用于知识产权创造、运用、保护和管理工作,推进知识产权战略实施。

知识城管委会应当采取资金资助、政策引导等措施,支持单位或者个人在知识城建立知识产权交易服务机构、行业组织、中介机构等,为知识产权交易提供服务。

第五十五条　知识城管委会应当指导和帮助知识城企业制定和实施商标战略,加强商标管理,培育驰名商标、著名商标。

第五十六条　知识城管委会应当采取资助、奖励等措施,支持知识城的企业、高等院校、科研院所等主体建立先进标准化体系,参加联盟标准、地方标准、行业标准、国家标准和国际标准的研制，加入国内外标准化组织并参与其活动，推动专利技术标准化和标准产业化应用。

第八章　法律责任

第五十七条　对违反本条例规定的行为，法律、法规已有规定的，从其规定。

第五十八条　知识城管委会及其管理机构的工作人员有下列行为之一的，由上级行政机关或者监察机关责令改正。情节严重或者造成严重后果的，对负有责任的主管人员和其他直接责任人员，由上级行政机关或者监察机关按照管理权限给予处分。构成犯罪的，依法追究刑事责任：

（一）违反本条例第十一条第三款规定，未将审批、登记、备案、年检和其他事项的相关信息按规定公示或公布的；

（二）违反本条例第十四条第二款规定，知识城重大事项决策前未组织专家论证，或者未将决策的相关信息向社会公开的；

（三）违反本条例第十七条第二款规定，未在规定的期限内将处理情况书面答复投诉人、举报人的；

（四）违反本条例第二十六条第三款规定，未在规定的时间内答复有关部门的；

（五）违反本条例第二十八条第三款规定，未建立项目评价和准入、退出制度，或者未编制产业发展目录，或者未将产业发展目录和限制、禁止发展的产业目录向社会公开，或者违反限制、禁止条件引进产业项目的；

（六）违反本条例第三十六条第二款、第三款规定，未组织专家对财政扶持的产业、技术、项目进行评审，或者未委托具有相应资质的评估机构对扶持产业、技术、项目的财政资金的使用情况和效果等进行评估的；

（七）不依法履行法定职责的其他行为。

第五十九条　违反本条例第十五条第二款规定，市人民政府有关行政管理部门对由其上报的知识城建设和发展的事项未及时上报,或者对由管委会上报的有关事项,未提供便利和支持,影响或者延误工作的,由上级行政机关或者监察机关责令改正、通报批评。

第六十条　违反本条例第二十六条第一款、第二款规定,有关部门在办理项目选址、环境影响评价手续之前未征求知识城管委会意见的,由上级行政机关或者监察机关责令改正;情节严重或者造成严重后果的,对负有责任的主管人员和其他直接责任人员,由上级行政机关或者监察机关按照管理权限给予处分。

第六十一条　违反本条例第三十条第(一)项规定,企业在取得企业法人主体资格但未取得经营资格期间开展经营活动的,由工商行政管理部门依据《中华人民共和国公司登记管理条例》等有关法律、法规的规定给予行政处罚。

第九章　附　则

第六十二条　市人民政府可以依据本条例制定实施细则。

知识城管委会可以根据知识城的发展和需要制定并实施与本条例有关的配套文件。

第六十三条　本条例自2012年7月1日起施行。

广州市人民政府
关于支持广交会做大做强的意见

(穗府〔2012〕39号　2012年12月10日)

各区、县级市人民政府，市政府各部门、各直属机构：

为更好地发挥广交会"中国第一展"的龙头带动作用，推动广州成为辐射长三角、环渤海的国际会展中心城市，加快建设国际商贸中心，助推新型城市化发展，现就支持广交会做大做强提出以下意见。

一、总体要求和发展目标

（一）总体要求。坚持合作共赢，强化部市共建，探索合资合作，从规划扩建、要素供给、功能配套、招展招商、环境优化等方面加大支持力度，共同推动广交会实现五个转变：从货物贸易为主，向货物、服务、技术全方位贸易转变；从出口促进为主，向进口和出口并重促进贸易平衡转变；从外贸为主，向内、外贸相结合促进贸易和国内消费转变；从展览为主，向展览与会议综合运作转变；从线下为主向"线上+线下"融合转变，成为世界顶级品牌展会。

（二）发展目标。按照"一次规划，分期实施"原则推进展馆建设，力争到2015年广交会展馆可展览面积达52万平方米左右（含室外展10万平方米），每年举办展览面积达700万平方米以上，其中展览面积10万平方米以上的大型展会达20个。

二、加强统筹协调，建立服务广交会长效机制

（三）成立市建设国际会展中心城市领导小组。成立由市政府主要领导任组长，中国对外贸易中心主要负责人、会展业分管副市长、外经贸分管副市长任副组长，协助分管的市政府副秘书长及市经贸委、发展改革委、国土房管局、外经贸局、国资委、规划局、知识产权局、贸促委、协作办和海珠区、花都区、番禺区、增城市政府等单位主要负责人为成员的市建设国际会展中心城市领导小组，协调解决建设国际会展中心城市和广交会发展中存在的困难和问题。领导小组办公室设在市经贸委。

三、支持扩建和完善功能配套，打造以广交会为核心的广州（琶洲）国际会展中心区

（四）扩建用地在调整琶洲—员村地区控制性详细规划中给予落实。在琶洲地区为广交会四期调整预留发展用地，按照"一次规划、分期建设，成熟一块、开发一块"的思路，支持广交会扩建展馆，新建国际会议中心、酒店、公寓、餐饮、娱乐和购物中心等配套商业设施，以及新建室外展场和筹撤展场。

（五）完善琶洲、广交会展馆周边配套设施。结合琶洲地区城市设计，优化琶洲地区和广交会的会展配套规划，着力增强酒店和餐饮服务功能。在琶洲规划建设公交枢纽站场、配套物流中转作业区、国际展览品监管仓等一批配套设施，提升广交会国际化服务水平。加大广交会展馆周边市政排水系统的综合整治。加强城市地下管线管理，采用雨水涵养利用系统减轻市政管道运营压力，增强琶洲地区防洪排涝的能力。

（六）完善琶洲、广交会展馆周边的交通组织和路网建设。规范和更换广交会展馆标识指引和交通导向。加快广交会周边交通路网的规划建设，推进海珠区环岛轻轨建设，贯通双塔路等会展集聚区干线道路，规范广交会展馆等主要硬件设施的交通导向标识，加密琶洲地区地铁及

公交班次，推进利用琶洲地下空间和展馆周边配套永久停车场，在琶洲规划建设公交枢纽站场。加快建设连接海洲路与马场路、会展东路与员村二横路过江隧道，贯通凤浦路。

四、深化与广交会的合资合作，共同培育世界顶级品牌展会

（七）探索与中国对外贸易中心合资建设新展馆。坚持"存量优化，增量合作"的原则，借鉴中国对外贸易中心建设上海和天津会展综合体项目的模式，市政府组建新企业或指定实力雄厚的国有企业与中国对外贸易中心共同建设和运营新展馆。

（八）支持广交会在广州举办中国国际绿色创新产品展览会等大型国际专业展会。市政府将做好中国国际绿色创新产品展览会组委会副主任单位和承办单位的协调组织等具体工作，并按组委会分工推进各项工作，共同用5年时间将该展会培育成世界知名专业展会。

（九）加大广交会海内外宣传推介。在城市推广和招商引资中加强对广州会展环境和广交会等品牌展览的整体宣传推广。在市走出去请进来系列活动中注重宣传推介广交会，在海外市场推介、国际友好城市往来交流中，将广交会作为境外代表团访穗参观景点。

（十）推动穗港澳台联手支持广交会加快发展。创造条件积极邀请港澳台地区展览、会议协会和机构来穗参会办展，进一步深化穗港澳台之间会展业交流合作。赴港澳台地区开展招商交流活动，大力宣传推广广交会进口商品展，扩大广交会进口商品展在港澳台地区的影响力。

（十一）支持中国对外贸易中心在广交会期间举办配套系列活动。支持并协助举办高端商贸论坛、会议，定期合作举办"广州会展论坛"及相关题材论坛。推进外事、旅游、文化、经贸等部门与中国对外贸易中心联合举办各种大型节庆活动和政治、经济、文化各层面的交流活动，扩大广交会对广州经济社会的拉动效应。在广交会期间合作举办广州友好城市主题日交流活动，提升广州城市的国际美誉度。

（十二）支持广交会探索同期发布中国进出口商品价格采购指数，

进一步提升广交会的功能和影响。

（十三）共同扶持、培育广州进口商品展。充分利用广州友好城市网络资源，协助做好招展招商工作。协助邀请在广州地区的进口商品全国总代理、省级总代理、境外企业直营等机构参展，并协助组织国内大型零售企业与相关产品的经销商开展贸易配对活动，更好地开展国际贸易和经贸合作。

五、提升广交会展馆周边的城市管理及场馆服务水平，打造最具吸引力的品牌会展集聚地

（十四）全面开展展馆周边秩序整治宣传和整治行动。建立"市区街联动、各司其职"的工作机制，构建"全覆盖、全天候、全方位"的执法网络，强化广交会举办期间的外围环境整治、交通保障、食品安全、社会治安管理等工作，加强整治"六乱"，即乱堆放、乱搭建、乱摆卖、乱停放、乱拉乱挂、乱张贴（乱涂写、乱刻画）行为，打击"黑出租"、"黑搬运"、"黑中介"展位倒卖以及"宰客、欺客"等行为，营造规范有序的展馆周边环境。

（十五）全力配合做好广交会期间场馆服务工作。大力引导取得餐饮服务食品安全量化分级 A 级单位的各种餐饮业态进驻广交会展馆，配合中国对外贸易中心引入优质的中西餐饮店，满足参展商、客商、展会工作服务人员的用餐需求。配合中国对外贸易中心做好展会知识产权保护工作。

六、加大政策扶持力度，助推广交会创新发展、持续发展

（十六）对中国对外贸易中心按规定实行总部奖励和扶持。中国对外贸易中心已按规定的条件和程序认定为我市总部企业。根据加快发展总部经济的有关政策，给予总部企业奖励、用地支持、融资渠道、技术创新、人才服务等多方面支持。

（十七）大力扶持"网上广交会"和广交会电子商务公司发展壮大。对其电子商务发展项目，按《印发广州市战略性主导产业发展资金管理暂行办法的通知》（穗府〔2012〕7号）规定予以支持。推动广交会从线上向"线上+线下"融合发展，打造永不落幕的广交会，培育成中国最大的B2B（企业对企业）电子商贸平台，带动各类会展实施信息化转型升级。

（十八）优化"一站式"政务服务体系。进一步强化经贸、宣传、发展改革、海关、工商、公安、交管、消防、知识产权、安全监管、质监、卫生、食品药品、外办、城管等部门对广交会的服务，优化办展办会环境。

（十九）支持中国对外贸易中心在会展行业组织中发挥更重要的作用。支持中国对外贸易中心组建中国展览行业协会并将协会落户广州，支持制定行业标准等方面工作。共同探索通过行业自律妥善处置广交会同期展问题。

（二十）落实财税支持政策。对营业税改征增值税试点过程中因新旧税制转换而产生税负有所增加的试点企业，按省相关规定和现行财政体制有关规定，实施过渡性财政扶持政策。

广州市科技创新促进条例

(2012年12月26日广州市第十四届人民代表大会常务委员会第九次会议通过 2013年3月28日广东省第十二届人民代表大会常务委员会第一次会议批准)

第一章 总 则

第一条 为促进科技创新,提升城市核心竞争力,推动经济和社会发展,根据《中华人民共和国科学技术进步法》《广东省自主创新促进条例》等法律、法规,结合本市实际,制定本条例。

第二条 本条例适用于本市行政区域内科技创新的促进及其相关活动。

本条例所称的科技创新是指从事科技研究开发、科技服务创新的活动。

第三条 市人民政府领导全市科技创新促进工作,将科技创新纳入国民经济和社会发展规划,贯彻落实国家、省促进科技创新的法律、法规和政策,完善促进科技创新的制度和机制。

区、县级市人民政府负责本行政区域内的科技创新促进工作。

第四条 市科技行政主管部门负责本市科技创新促进工作的统筹规划、指导协调和监督管理,并组织实施本条例。

市发展改革、财政、税务、金融、经贸、外经贸、教育、知识产权、人力资源和社会保障、国有资产管理、规划、国土房管、审计等相关行政管理部门按照各自职责,协同实施本条例。

区、县级市科技行政主管部门具体负责本辖区内科技创新促进工作，其他相关行政管理部门按照各自职责开展科技创新促进工作。

第五条 本市以科技创新作为城市发展的主导战略，深化科技体制改革，加强协同创新，促进科技与经济的紧密结合，建立以政府为引导、企业为主体、市场为导向、高等学校和科研机构为支撑、产学研相结合的科技创新体系。

市、区、县级市人民政府应当在全社会弘扬科技创新精神，培育科技创新意识，营造激励成功、宽容失败的社会氛围。

第六条 市人民政府应当编制科技创新发展规划，报市人民代表大会常务委员会审查批准后组织实施。

科技创新发展规划应当包括科技创新发展战略、目标、投入、重点领域与重点项目、保障措施等内容。

市城乡总体规划、土地利用总体规划、财政预算应当保障科技创新发展的需求。

第七条 市科技行政主管部门应当根据科技创新发展规划制定科技创新计划，负责组织实施科技创新计划以及促进科技创新的相关政策、措施和重大科技创新活动。

第八条 市人民政府应当根据科技创新发展规划，定期向社会公布科技创新扶持项目指南，为企业、高等学校、科研机构开展科技创新活动提供指引。

第九条 市人民政府应当规范科技创新决策程序，建立涉及公共利益和公共安全的科技创新决策风险评估、专家论证、相关企事业单位及公众参与和合法性审查制度。

第十条 市人民政府应当按照公开提名、科学评议、实践检验、公信度高的原则完善科技创新奖励制度，明确推荐条件，建立健全评审规则和标准，对下列为本市科技创新作出贡献的个人和集体给予奖励：

（一）在科技创新、科技成果转化、高新技术产业化中创造巨大经济效益或者社会效益的；

（二）在原始创新、集成创新、引进消化吸收再创新等方面取得突出成绩的；

（三）从事科技基础性工作和普及科技知识等社会公益性科技事

业，经过实践检验，取得显著社会效益的；

（四）运用先进科技手段使国民经济和社会发展计划中的重大工程项目达到国内领先水平的；

（五）为促进本市与外国的科技交流与合作作出重要贡献的；

（六）其他应当给予奖励的个人和集体。

第十一条 市科技行政主管部门应当会同有关行政管理部门建立科技信息网络平台，向社会提供科技信息查询服务。

科技行政主管部门和相关行政管理部门应当向该网络平台提供并及时更新下列科技信息，依照法律、法规规定不能公开的除外：

（一）科技创新方面的法律、法规；

（二）科技创新发展规划、科技创新计划和促进科技创新的政策、措施；

（三）科技企业、高等学校、科研机构的基本情况；

（四）科技咨询、评估、经纪等服务机构的基本情况；

（五）财政资助或者补助的公共科技创新平台和可以向社会开放的大型科研仪器设备、设施的分布和使用情况；

（六）企业、高等学校、科研机构向社会开放的专业技术研究开发平台的技术类别、研究内容、分布情况；

（七）科技创新扶持项目指南和高端紧缺人才目录；

（八）拟引入风险投资的科技项目；

（九）科技创新方面行政许可的条件、程序和期限；

（十）申请各类财政资金的受理部门、申请条件、申请材料、审核程序、审核时限和立项以后资金的拨付程序与时限；

（十一）利用财政资金的科技项目的立项、执行、验收、绩效评价等情况；

（十二）利用财政资金的科技项目产出的科技研发成果与知识产权情况；

（十三）其他可公开的重要科技信息。

鼓励企业、高等学校、科研机构以及科技服务机构向科技信息网络平台提供并及时更新本单位的有关科技信息。

第二章　促进措施

第十二条　本市建立以政府投入为引导、企业投入为主体、社会资金参与的科技经费投入体系，提高全社会研究开发经费总体水平，到2015年全社会研究开发经费占地区生产总值的比例应当达到百分之二点五以上，以后逐步提高。

市、区、县级市人民政府应当将财政科技经费纳入本级财政预算，并逐步提高财政科技经费投入的总体水平，确保财政科技经费的年增长幅度高于本级财政经常性收入的增长幅度，市本级财政用于科技研究与开发的经费占本级公共财政预算支出的比例应当超过百分之三，并视财力情况逐步增加。

第十三条　市、区、县级市人民政府应当完善财政科技经费投入机制，对于符合条件的基础性、公益性研究和重大共性关键技术研究、开发、集成等公共研发项目以及其他重要研发项目，应当采取资金资助等方式给予重点支持。

第十四条　市、区、县级市科技行政主管部门应当发挥财政科技研究与开发经费的引导、示范作用，通过采取资助或者补助、科技贷款贴息、贷款风险担保、资本金注入、创业投资、奖励等多种方式，引导社会资金投向科技创新和高新技术产业。

第十五条　本市实施创新型企业示范工程，建立创新型企业研发投入补助制度，按照企业研究开发投入占销售总收入的比例、对地方经济社会发展的贡献、企业盈利状况和拥有知识产权的质量、数量状况等标准，对拥有独立研究开发机构的创新型企业予以研发投入补助，补助经费用于企业加大创新投入、开展产学研合作、培养创新人才等。

创新型企业可以优先承担市级科技计划重大专项，其相关研究开发和产业化涉及的资金及用地优先予以保障。

第十六条　本市设立科技型中小企业技术创新资金，用于扶持科技型中小企业开展技术创新活动，引导中小企业与行业龙头企业建立创新战略合作关系。

第十七条 以企业为主体联合高等学校、科研机构申报本市具有明确市场应用前景的科技计划项目的，科技行政主管部门应当优先立项。

企业申报或者联合高等学校、科研机构申报国家或者省级重大科技项目获准立项、组织单位有明确资金配套要求和配套比例的，市或者区、县级市财政部门应当按照配套要求或者比例予以配套；没有明确配套要求和比例的，视财力情况予以一定的配套资金支持。

第十八条 市、区、县级市人民政府应当加强对国有企业科技研发投入的引导和督促，完善国有企业研发投入的考核措施。国有企业应当根据盈利情况逐步增加科技研发投入经费。

国有企业负责人是企业科技创新的第一责任人。国有资产监督管理部门应当将国有企业的技术创新投入、技术创新能力建设、技术创新成效及知识产权产出与应用等纳入国有企业负责人的业绩考核。

国有企业技术创新考核办法由市人民政府另行制定。

第十九条 市、区、县级市人民政府应当支持科技产业园区、战略性新兴产业基地、高新技术产业化基地建设，发展区域特色和优势产业，发挥集聚效应，促进知识产权创造，推动产业转型升级。

市科技行政主管部门对以科技创新为动力，推动经济转型升级的镇、街给予资金支持。

第二十条 市、区、县级市人民政府应当采取措施，推进民营科技园发展，以产业集群、企业集聚、用地集约、科学有序为原则，优化民营科技园区区域布局，引导社会资金投入民营科技园区建设，重点扶持产业特色鲜明、创新能力强、发展潜力大和示范效应突出的民营科技园区。

第二十一条 市、区、县级市人民政府应当引导多元化投资主体投资建设各类科技企业孵化器，优先安排孵化器新建或者扩建项目的用地计划指标。

本市设立科技企业孵化器发展专项资金，用于支持建设孵化器、资助孵化器公共创新平台建设、完善创业孵化功能环境和支持在孵企业自主创新活动等。

科技企业孵化器应当提高专业化服务水平，按照市场机制的原则，为进驻企业提供专业孵化、创业引导和持股孵化等服务。

第二十二条 本市设立科学研究专项资金，用于下列事项：

（一）支持符合科技创新发展需要的应用性基础研究和科学前沿探索，支持高等学校、科研机构等开展原始创新；

（二）支持在本市设立国家实验室、国家重点实验室及其分支机构，支持在本市创建国家级重点学科；

（三）支持建设具有本市优势和特色的科学研究创新基地。

第二十三条 国内外高等学校、科研机构和企业在本市单独设立或者合作设立具有独立法人资格的研究开发机构的，市、区、县级市人民政府应当按照规定在用地、财政资金等方面给予支持。

市人民政府有关部门对技术创新能力较强、创新业绩显著、具有示范和导向作用的研究开发机构可以认定为企业技术中心或者工程技术研究中心并予以重点扶持。

第二十四条 本市设立产学研专项资金，用于支持企业、高等学校和科研机构建立产学研合作联盟，合作开展产业关键共性技术攻关，实现创新成果产业化。产学研合作联盟各方应当通过合同约定科技创新成果的知识产权分享办法和转化方式。

第二十五条 利用财政资金设立的科研机构，应当开展产业关键共性和核心技术研究开发、公益性科研、成果推广与转化等科技创新活动，并定期向科技行政主管部门报告科技创新活动情况。

第二十六条 市人民政府应当统筹规划科技创新平台建设与发展，将符合条件的科技创新平台优先列入年度重点项目建设计划。

本市设立科技创新平台开放共享专项补助资金，支持各类科技创新平台向社会开放。

利用市财政资金购置的大型科研仪器设备和设施，应当向社会开放，为其他单位和个人开展科技创新活动提供共享服务。

市科技行政主管部门应当将财政资助的创新平台，以及企业愿意向社会开放的专业技术研究开发平台的技术类别、研究内容、分布情况等基本信息定期向社会公布。

第二十七条 市、区、县级市人民政府应当建立科技创新服务机构引导扶持制度，加大对科技创新服务机构的资金支持力度，重点支持研发设计、技术转化、技术服务外包、检测认证、科技咨询等领域的科技创新服务机构。

本市建立和推行公共科技服务政府购买制度，市场能够提供的专业性、技术性较强的技术服务，应当委托给具有资质的科技创新服务机构承担。

第二十八条 市、区、县级市人民政府应当采取制定优惠政策、给予资金补助等方式支持、鼓励企业、高等学校和科研机构通过建设科技合作园区、公共创新平台、合作开展重大科技项目等形式，开展国际和港澳台科技合作，促进科技创新、成果转化与产业化和技术转移。

市、区、县级市人民政府应当采取制定优惠政策、给予资金补助等方式，支持和鼓励本市对外科技交流专业机构通过举办国际性科技创新展会等形式开展国际科技合作交流和国际技术转移工作。

第二十九条 市科技行政主管部门和市外经贸行政管理部门应当建立科技成果展会补助制度，对本市科技企业、高等学校、科研机构参加国内外具有影响力的科技成果展会给予补助。

第三十条 市、区、县级市人民政府应当建立和逐步扩大创业投资引导基金的规模，引导社会资金向具有良好市场前景的科技创新项目、初创期科技企业进行风险投资。

第三十一条 市、区、县级市人民政府应当支持商业银行设立为科技企业服务的分支机构开展下列科技金融服务：

（一）知识产权质押贷款、股权质押贷款；

（二）高新技术产品订单贷款、股东担保贷款、信用保险贸易融资等金融产品；

（三）科技企业发行中短期票据、融资租赁、资产重组和收购兼并及在境内外上市。

市科技行政主管部门应当会同市金融工作部门与金融机构建立科技创新政策及信息沟通机制，定期发布科技企业及高新技术项目情况，鼓励、引导金融机构开发适应科技企业需求的金融产品和金融服务。

市人民政府应当充分发挥现有政策性担保资金的作用，扶持担保机构为企业的科技创新活动提供担保。

第三十二条 市、区、县级市知识产权等行政管理部门应当会同金融机构、科技创新服务机构建设知识产权质押融资服务平台，为企业知识产权质押融资提供知识产权展示、评估、咨询、交易和融资推荐等服务。

第三十三条 市、区、县级市人民政府应当建立科技投资风险财政有限补偿制度，设立的金融业发展专项资金应当对商业银行及其科技服务分支机构、保险机构、小额贷款公司和担保机构开展对科技企业的知识产权质押贷款、信用贷款、信用保险、担保等业务所发生的亏损给予一定比例补偿。

第三十四条 鼓励、支持保险机构依法开展科技保险业务，建立科技企业保险理赔快速通道，提高理赔服务质量和效率。

本市建立科技保险保费补助制度，对本市行政区域内注册的科技企业年度科技保险保费总额按一定比例给予补助。

第三十五条 市人民政府应当建立健全科技企业上市扶持制度，支持符合条件的科技企业上市发展。支持非上市科技企业通过代办股份转让系统和股权交易机构等场外市场进行股权转让及流转。

第三十六条 高新技术企业、技术先进型服务企业等科技企业按照国家税收法律法规、政策的规定享受相关税收优惠。战略性新兴产业、传统产业技术改造和现代服务业等领域的企业研发费用按照国家有关规定享受税前加计扣除政策。

税务行政管理部门应当会同有关行政管理部门落实税前加计扣除政策、改进计核方法、简化办理程序，提供办理减免相关税费的咨询服务和指南，提高纳税服务工作的水平和效率，每年向同级人民政府提交上一年度落实相关税收优惠政策的专项报告。

税务行政管理部门应当在本部门网站上向社会公开税收法律法规、税收优惠政策、办理减免税费的种类、条件、程序、期限以及落实税收优惠政策、办理减免税费的情况。

第三十七条 对财政资助的探索性强、风险性高的科技项目，原始记录证明承担项目的单位和科技人员已经履行了勤勉责任义务仍不能完成的，经科技行政主管部门组织专家评审后，可以予以终止，承担该项目的单位或者个人继续申请利用财政资金的科技项目不受影响。

承担项目的单位应当加强对原始记录的管理，指导、督促科研人员规范、及时、准确做好研究开发、试验等科研记录，确保原始记录客观、真实、完整。

第三章 知识产权

第三十八条 本市设立知识产权专项资金，用于引导企业加大知识产权投入，促进重点产业和核心技术发明专利等自主知识产权的创造、运用，资助企业、高等学校、科研机构和科技人才申请国内、国外专利，实施知识产权试点示范工程，支持企业开展知识产权质押融资，资助企业、高等学校、科研机构开展专利实施许可方面的国际合作，奖励知识产权创造、运用、保护和管理过程中作出突出贡献的单位和个人。

第三十九条 市、区、县级市科技行政主管部门对具有或者可能形成自主知识产权的研究开发项目申报本级科技计划项目的，应当优先立项。

第四十条 利用财政科技经费的重大科技项目，申报单位应当在申报立项时提供知识产权状况和风险评估报告。

市、区、县级市科技行政主管部门应当会同同级知识产权行政管理部门组织对前款规定的知识产权状况和风险评估报告进行立项前的评议。评议结果应当作为批准重大科技项目立项的依据。

第四十一条 市、区、县级市财政资金支持的应用性研究开发项目，应当以专利、计算机软件著作权、集成电路布图设计专有权、植物新品种权以及其他知识产权的产出作为项目实施的目标，并纳入项目验收内容。

市、区、县级市财政资金支持的科技计划项目所产生的知识产权，除涉及国家安全、国家利益和重大社会公共利益外，由项目承担者依法取得。

市、区、县级市科技行政主管部门应当将财政资金支持科技计划项目的知识产权申请量纳入科技计划项目验收内容。

第四十二条　市人民政府应当采取有效措施，促进知识产权交易市场发展，完善交易规则与程序，引导科技企业、高等学校、科研机构、科技人才和科技创新服务机构有序参与知识产权交易活动。

第四十三条　市、区、县级市人民政府应当加强对知识产权的保护，健全知识产权行政执法体系，支持建立以行业协会为主导的知识产权联盟和维权援助机制，协助企业、高等学校和科研机构等单位维护合法权益。

第四章　科技人才

第四十四条　市、区、县级市人民政府应当制定科技创新人才培养、引进、使用的相关政策，建立健全引进国内外高层次科技创新人才的工作机制，加大培养、引进科技创新人才的财政投入。

市人力资源和社会保障行政管理部门应当会同市科技行政主管部门，根据企业、高等学校、科研机构科技创新的实际需要，编制高端紧缺人才目录，并定期向社会发布，吸引高层次科技创新人才向本市集聚。

第四十五条　市、区、县级市人民政府应当建立科技人才住房保障制度，为符合条件的科技人才提供公共租赁住房和适当的住房补贴。

第四十六条　本市实施创新创业团队和领军人才计划。对符合条件并在我市发展创业的国内外高层次科技创新人才，给予一定金额的创业启动经费、创业贷款贴息、办公用房补贴和安家费补贴；在户口迁移、居住证办理、医疗保障、配偶安置和子女入学等方面提供便利和优待。

第四十七条　市人民政府应当拓展人才引进渠道，建立健全中国留学人员广州科技交流会等人才与科技信息交流平台和机制。

第四十八条　鼓励、支持本市高等学校对学科专业实行动态调整，推动与本市产业需求相适应的人才培养，促进交叉学科发展，提高人才培养质量。

第四十九条　市、区、县级市人民政府应当采取措施，推动产、学、研单位互设人才流动岗位,实现人才双向交流,培养、锻炼科技人才。

高等学校、科研机构选派到基层或者企业从事技术开发、技术转化、技术培训、技术推广等科技活动的科技人员,选派期间在原单位的待遇不变,其在基层或者企业作出的创新业绩,可以作为技术职务聘用的依据。

第五十条　市人民政府应当建立以科研能力和创新成果为导向的科技人才评价标准,完善科技人员的考核评价和技术职务聘用制度,将科学发现、技术创新和科技成果推广应用、产业化情况作为考核评价和技术职务聘用的重要依据。

第五十一条　本市实施青年创新人才培养计划,对符合条件的青年科技人才开展研发活动给予资金支持。

第五十二条　市、区、县级市科技行政主管部门应当会同同级人力资源和社会保障行政管理部门建立科技研发单位和科技人员科研诚信管理制度,并建立相应的信息收集与共享机制。

企业、高等学校、科研机构应当建立科技人员的科研诚信档案制度,将本单位科技人员的下列行为记入科研诚信档案:

非法转让本单位科技成果的;

泄露本单位科技秘密的;

在申请科技项目立项、科技研发、成果申报等过程中弄虚作假的;

其他违反科研诚信的行为。

第五章　监督管理

第五十三条　申请本条例规定的各项财政资金的,由申请人向下列行政管理部门提出:

申请第十五条、第十六条、第二十一条、第二十二条、第二十四条、第二十六条、第三十四条规定的资金、补助的,向市或者区、县级市科技行政主管部门提出;

申请第二十九条规定的补助的,参加国内展会的向市科技行政主管部门提出，参加国外展会的向市外经贸行政管理部门提出；

申请第三十三条规定的资金的，向市金融工作部门或者区、县级市相关行政管理部门提出；

申请第三十八条规定的资金的，向市知识产权行政管理部门或者区、县级市相关行政管理部门提出。

申请人申请前款规定的各项财政资金的，应当按照科技行政主管部门或者相关行政管理部门的要求提交申请材料。科技行政主管部门或者相关行政管理部门认为申请人提交的申请材料不齐备或者不符合要求的，应当一次性书面告知申请人补正；不予批准的，应当向申请人书面说明理由和救济途径。

市人民政府应当建立、完善财政科技经费的申请和使用管理制度，规定各类财政资金、补助的使用范围、申请条件、申请材料、审核程序和救济途径，并向社会公布。

科技行政主管部门和相关行政管理部门应当建立、完善申请各类财政资金的审核机制，为企业、高等学校、科研机构申请财政资金提供一站式受理和限时办结服务。

第五十四条 市、区、县级市科技行政主管部门应当对利用财政资金的科技项目的经费拨付和使用情况进行跟踪督促，确保财政经费拨付及时足额到位，支出规范合理。

利用财政资金的单位或者个人应当将科技项目执行过程中的有关情况和信息及时向批准使用财政资金的行政管理部门报送。有关行政管理部门在汇总本部门科技项目的信息后，向市科技行政主管部门、统计部门报送。市科技行政主管部门应当对相关情况和信息进行研究分析，发现问题的，应当责令有关单位或者个人及时整改。

第五十五条 市、区、县级市科技行政主管部门应当组织建立健全科技项目专家评审制度和评审专家的遴选、回避、问责制度。在科技项目的可行性论证、立项审查、评估、中期检查、项目验收等环节组织专家进行评审。专家评审意见应当作为科技项目立项、管理与决策的重要参考依据。

第五十六条 市、区、县级市科技行政主管部门应当会同同级财政等相关行政管理部门组织专家对科技计划项目申请单位利用财政资金购置大型科研仪器设备和设施的必要性进行论证。对本市已有同类大型科学仪器设施提供的共享服务可以满足申请单位相关科学研究和技术开发活动需要的，不得批准其新购、新建的申请。

市科技行政主管部门应当定期对利用市财政资金购置的大型科研仪器设备和设施的使用情况进行监督检查，避免闲置浪费。检查情况应当向社会公开。

第五十七条 市、区、县级市科技行政主管部门应当会同同级财政等行政管理部门，建立科技项目立项、执行、验收和绩效评价等制度并进行跟踪监督管理，将科技项目的立项、验收情况和绩效评价结果依法向社会公开。

第五十八条 市、区、县级市科技行政主管部门应当会同同级财政等行政管理部门建立财政科技经费使用的绩效评价制度，制定评价标准，委托第三方评估机构每两年对科技经费使用的绩效进行评价，市、区、县级市人民政府应当将评价结果向同级人民代表大会常务委员会报告。

科技经费使用绩效评价的具体办法由市人民政府另行制定。

第五十九条 市、区、县级市人民政府应当建立和完善财政科技经费使用情况的公开公示制度，明确公开公示的范围、程序和时限，加强对财政科技经费使用的监督。

市、区、县级市审计机关应当对财政科技经费的使用情况进行审计监督，审计结果应当向社会公开。

第六十条 市人民政府应当定期向市人民代表大会常务委员会报告实施科技创新发展规划、执行科技创新法律法规的情况。

市人民代表大会常务委员会可以采取开展执法检查、听取和审议市人民政府的专项工作报告、组织特定问题调查等方式，对市人民政府实施科技创新发展规划、执行科技创新法律法规的情况和年度财政科技经费的投入、使用情况进行监督检查。

区、县级市人民代表大会常务委员会参照执行本条第二款规定。

第六十一条 市、区、县级市科技行政主管部门应当建立并完善财政科技经费使用的社会监督制度,向社会公布投诉、举报电话,接到投诉、举报后,应当及时处理,并在受理之日起十五个工作日内将处理情况书面答复投诉、举报人,处理结束后,应当将处理结果书面告知投诉、举报人。

第六章　法律责任

第六十二条　市、区、县级市人民政府违反本条例第十二条第二款规定,财政科技经费的年增长幅度低于本级财政经常性收入的增长幅度的,由市人民政府责令改正、予以通报批评。

市、区、县级市财政科技经费的年增长幅度低于本级财政经常性收入的增长幅度,或者市本级财政用于科技研究与开发的经费未达到本条例第十二条第二款规定的比例要求的,市、区、县级市人民政府应当向同级人民代表大会常务委员会报告,市、区、县级市人民代表大会常务委员会应当依法责成改正。

第六十三条　市、区、县级市人民政府及其科技行政主管部门和相关行政管理部门有下列行为之一的,由监察机关责令改正,情节严重的,对负有责任的主管人员和其他直接责任人员依法给予处分:

(一)违反本条例第十一条规定,不依法建立科技信息网络平台,或者未向科技信息网络平台提供并及时更新科技信息的;

(二)违反本条例第十五条、第十六条、第二十一条第二款、第二十二条、第二十四条、第二十六条第二款、第二十九条、第三十三条、第三十四条第二款、第三十八条规定,不依法设立、落实各类资金、补助的;

(三)违反本条例第三十六条规定,不依法办理税收优惠手续或者公开相关信息的;

(四)违反本条例第三十九条规定,对具有或者可能形成自主知识产权的研究开发项目申报科技计划项目不优先立项的;

(五)违反本条例第四十条第二款规定,不依法组织重大科技项目立项前的评议,或者不以评议结果作为立项依据的;

（六）违反本条例第五十二条第一款规定，不依法建立科研诚信管理制度的；

（七）违反本条例第五十六条规定，未对利用财政资金购置大型科研仪器设备和设施的必要性进行评议，批准重复购建大型科研仪器设备和设施或者未定期对设备和设施的使用情况进行监督检查并依法向社会公开的；

（八）违反本条例第五十七条规定，不依法建立科技项目的立项、执行、验收和绩效评价等制度或者未向社会公开科技项目立项、验收情况和绩效评价结果的；

（九）违反本条例第五十八条第一款规定，不依法建立财政科技经费使用的绩效评价制度或者不依法向人民代表大会常务委员会报告评价结果的；

（十）违反本条例第六十一条规定，未向社会公布全市统一的投诉、举报电话，或者接到投诉、举报后不依法处理的；

（十一）不依法履行法定职责，损害公民、法人或者其他组织合法权益的其他行为。

第六十四条　国有企业违反本条例第十八条第一款规定，不依法增加科技研发投入经费的，由国有资产监督管理部门或者相关行政管理部门责令改正并予以通报批评。

第六十五条　相关单位违反本条例第二十六条第三款规定，不依法将利用市财政资金购置的大型科研仪器设备和设施向社会开放、提供服务的，由科技行政主管部门依照《广东省自主创新促进条例》的相关规定进行处理。

第六十六条　利用财政科技经费的单位和个人违反本条例第五十四条第二款规定，不依法报送科技项目执行过程中有关情况和信息的，由市科技行政主管部门责令改正，予以通报批评，情节严重的，取消其已取得的资助，追回有关经费。

第六十七条　单位和个人在新技术、新产品开发或者科技成果申报中采取欺骗手段获取资助、优惠待遇或者奖励，在科技成果鉴定、重大项目咨询论证或者科技项目申报和实施中弄虚作假骗取科技项目立项和经费的，由有关部门取消其已取得的资助、优惠待遇和奖励，追回有关经费和奖金，向社会公布其违法行为，情节严重的，在五年内不得申报科技项目、享受优惠待遇和成果奖励。

第六十八条　单位或者个人在科技成果和科技项目评估、鉴定、论证等工作中，作出虚假评估、鉴定的，除依照《广东省自主创新促进条例》的相关规定追究法律责任外，行政管理部门在五年内不得委托其从事科技成果和科技项目评估、鉴定、论证等工作。

第七章　附　则

第六十九条　本条例自 2013 年 7 月 1 日起实施。

广州市人民政府
关于加强广州市"十二五"时期
文化基础设施建设的意见

(穗府〔2013〕19号 2013年8月12日)

各区、县级市人民政府,市政府各部门、各直属机构:

为贯彻落实市委、市政府关于推进新型城市化发展、培育世界文化名城的战略部署,进一步加强我市"十二五"时期文化基础设施建设,现提出以下意见。

一、深刻认识加强"十二五"时期文化基础设施建设的重大意义

城市文化基础设施是传承城市文化、弘扬城市精神、展现城市文明的物质载体,市委、市政府一直高度重视文化基础设施建设。"十一五"时期,我市广泛吸纳各方面资金,建成了广州新电视塔、广州大剧院、广东省博物馆等一批标志性文化基础设施,推动我市文化基础设施建设跃上了一个崭新的台阶。虽然我市文化设施建设取得了长足进步,但离建设国家中心城市和世界文化名城的目标还有较大差距,主要表现在:一是文化基础设施建设总体水平不够高,文化形象不够突出,文化特色不够鲜明,文化品位有待进一步提升;二是文化基础设施数量不多,特别是有区域文化辐射力、带动力和影响力的设施不多,与广州作为国家中心城市的地位不相适应;三是文化基础设施的综合利用效率有待提高。

当前我市文化基础设施建设迎来了前所未有的历史机遇,新一轮文

化基础设施建设已经拉开序幕。全市各级、各部门一定要站在全局高度，充分认识加强"十二五"时期文化基础设施建设是推进新型城市化发展、培育世界文化名城的重要举措，以时不我待的紧迫感，加快规划建设一批影响大、水平高、质量优、彰显岭南文化特色的文化标志性设施，打造一批世界一流的文化设施精品工程，不断增强我市文化基础设施体系的承载力、支撑力和影响力。

二、加强"十二五"时期文化基础设施建设的总体目标和指导原则

（一）总体目标。按照高起点、高标准和适度超前的要求，集中力量推动建设一批市级和区级标志性文化基础设施，到2015年，逐步建成覆盖城乡、布局合理、规模适度、功能完善、独具特色的文化基础设施体系。

（二）指导原则。

——科学规划、以人为本。科学编制文化基础设施建设规划，统筹安排、合理布局全市文化基础设施。以满足人民群众日益增长的精神文化需求为立足点和出发点，把广大人民群众能否方便、合理、充分利用作为重要标准，切实保障人民群众的文化权益。

——突出重点、统筹推进。坚持不求所有、但求所在，按照属地管理的要求，树立"大文化"的理念，把省、市、区中辐射力强、带动力强和影响力强的重大文化基础设施建设项目统一纳入、通盘考虑、以点带面、统筹推进。

——适度超前、着眼长远。充分考虑未来几年乃至几十年的文化发展需求，精心选择一批具有显著辐射带动作用和文化影响力的项目、一批具有较好的前期工作基础并相对成熟的项目、一批当前我市文化建设过程中迫切需要加快推进的项目，加大推进建设力度，全面提升我市文化基础设施的综合承载力和保障能力。

——精心设计、从容建设。充分挖掘岭南优秀传统文化资源，将传统文化资源融入现代元素，建设彰显岭南传统文化特色、体现广州城市

独特文化魅力的文化基础设施，擦亮特色文化品牌，提升城市文化品位。在规划建设中，要提高精品意识，突出文化内涵，做到精心设计，从容建设。

——政府主导、社会参与。根据文化基础设施建设的使用特性和运作方式，认真区分公益性和非公益性两种不同的建设项目，对公益性项目以政府投入为主；对非公益性项目积极扶持、引导和吸纳社会资金参与投入。

三、关于"十二五"期间文化基础设施建设的重点项目安排

本《意见》中所指的文化基础设施，以文化、广播电视、新闻出版方面的基础设施为主，也包括了科技、档案方面的项目，重点推进以下3类共38项文化基础设施项目。

（一）"十一五"期间延续的重点项目

此类项目是指"十一五"时期已动工建设但尚未投入使用的项目，必须加快完成。共有7个项目。

1. 广州新图书馆。位于天河区珠江东路4号，占地21067平方米，总建筑面积为100444平方米，主要建设内容包括门厅区、学术交流区、书库区、读者借阅区、多媒体信息服务区、读者服务区、办公业务用房区、地下停车库等配套设施，以及图书馆专用设备。项目于2006年7月动工，2012年年底部分开放，2013年6月全面开放。

2. 南越王宫博物馆（一期）。位于越秀区中山四路316号，总建筑面积20177平方米，主要建设内容包括陈列展览用房、藏品库区用房、学术业务用房、设备用房、周边环境整饰工程和观众服务等配套设施。项目于2009年8月动工，预计2013年完成主体工程及南侧骑楼整饰工程，2014年建成并全面开放。

3. 广州芭蕾舞团小剧场。位于天河区天源路1070号，总建筑面积10000平方米，主要建设内容包括小剧场、业务用房及地下停车场等配

套设施。项目于2011年10月动工，2012年8月主体封顶，预计2013年12月建成。

4. 广州文学艺术创作中心。位于广州大学城信息与体育共享区内，总建筑面积30070.6平方米。项目于2006年动工，2008年完成主体工程，现正进行整体装修，要求2013年投入使用。广州画院、广州雕塑院、广州市文学艺术创作研究院、广州话剧艺术中心（部分）等单位一并搬入广州文学艺术创作中心。

5. 广州文化中心（太古汇）。位于天河路北侧、天河东路西侧地块，总建筑面积58474平方米。项目于2007年动工，已完成主体和外墙装修工程，现正在研究制定项目的运营方案，要求2014年投入使用。

6. 广州国际媒体港。位于海珠区阅江西路218号、220号，总建筑面积320000平方米，主要建设内容包括技术业务区、节目业务区、新闻中心、行政业务区、综合服务区、多功能大型演播厅及停车库等附属配套设施。项目于2008年6月动工，预计2013年12月底陆续投入使用。

7. 农民工博物馆。位于白云区黄石街马务村，陈列与布展工程面积4890平方米，主要建设内容包括对马务工业区旧厂房改建的农民工博物馆进行陈列与布展装饰，设置陈列区、对外服务区、体验与互动区、业务与技术用房等配套设施。该馆集中展示改革开放以来广大农民工的生产生活状况及对现代化建设的重要贡献。项目已于2012年9月建成开馆。

（二）"十二五"期间重点立项建设的项目

此类项目是指对我市建设世界文化名城意义重大，市委、市政府和社会各界高度关注，应作为"十二五"期间重点立项建设的项目。共有24个项目（含立项调整的项目）。

8. 广州博物馆新馆。该项目已立项。选址于城市新中轴线广州塔以南地块。总建筑面积约80000平方米，主要建设内容包括藏品库房、展陈区、社会教育与综合服务用房、业务科研用房、设备用房和地下停车场等配套设施。新馆建成后与广州美术馆、广州科学馆共同构成新中轴线南段一处新的文化核心区。项目计划于 2014 年动工，2017 年建成并投入使用。

9. 广州美术馆。该项目已立项。选址于城市新中轴线广州塔以南地块。总建筑面积约 80000 平方米，主要建设内容包括藏品库房、展陈区、文化教育与公共服务区、业务科研用房、设备用房及地下停车库等配套设施。建成后将为我市美术事业提供专题展示、交流的场所。项目计划于 2013 年动工，2016 年建成并投入使用。

10. 广州文化馆（岭南大观园）。该项目已立项。选址于海珠湖北侧，与岭南大观园相结合布置和建设。总建筑面积约 30000 平方米，主要建设内容包括剧场、展览区、业务用房、公共服务区、设备用房及地下停车场等配套设施。项目建成后，将成为我市群众艺术、现代艺术的创作和培训基地，以及非物质文化遗产展示和交流的重要基地。项目计划于 2013 年动工，2016 年建成并投入使用。

11. 广州科学馆。该项目已立项。选址于城市新中轴线广州塔以南地块。总建筑面积约 80000 平方米，主要建设内容包括创新展示区、创新服务区、创新交流区、创新启蒙区、公共服务及管理办公区、设备及地下停车区。项目建成后，将成为我市科学技术普及、高新技术展示、培训和交流的重要基地。项目计划于 2013 年动工，2016 年建成并投入使用。

12. 粤剧艺术博物馆。该项目已立项。选址于荔湾区恩宁路旧城改造地块。总建筑面积 17500 平方米，主要建设内容包括建设展陈区、演出区（剧场）、互动休闲区、交流研讨教育区、行政管理区、地下停车场及相关附属配套设施。该馆建成后，将成为全面展示广州粤剧历史文化和粤剧演出的重要场所，并打造成与广东"四大名园"齐名的新园。项目于 2012 年 11 月奠基，计划于 2015 年建成并投入使用。

13. 南汉二陵博物馆。该项目已立项。选址于广州大学城中环西路、西五路、南五路之间的公共绿化区。总建筑面积 16600 平方米，主要建设内容包括康陵遗址本体保护建筑和南汉二陵博物馆，其中南汉二陵博物馆主要功能包括南汉历史陈列馆、考古科研标本陈列室、公众模拟考古活动中心、考古资料档案室、文物库房及附属配套设施。项目计划于2015年前建成并投入使用。

14. 广州海事博物馆。该项目已立项。选址于黄埔区穗东街庙头社区南部、南海神庙前广场人工湖东侧、在建疏港大道二期北侧地块。总建筑面积10000平方米，主要建设内容包括建设广州海事博物馆主体建筑及附属配套设施。该项目对展示广州作为古代海上丝绸之路发祥地的历史文化资源，提升城市文化影响力具有重要意义。项目于2012年底奠基，计划于2015年建成并投入使用。

15. 广州市国家档案馆新馆（二期工程）。该项目已立项。选址于广州大学城中心区西侧西五路。总建筑面积45000平方米，主要建设内容包括档案库房、对外服务用房、档案业务和技术用房、附属用房、停车库、音像资料馆等。目标是建成富有科技含量、体现文化内涵、独具广州特色、达到国内领先、国际一流水平的标志性档案馆。项目计划于2013年动工，2015年全部建成。

16. 南粤先贤馆。本项目分两期实施，一期工程已立项。选址于越秀区惠福西路五仙观西侧，包括南粤先贤馆一期主体场馆、五仙观绿化广场工程、一期配套地下停车场工程等3个子项，总建筑面积8430平方米。五仙观通明阁复建工程同步推进。项目一期主体场馆于2013年1月奠基，计划于2014年建成。

17. 十三行博物馆（含文物陈列馆及十三行夷馆）。该项目尚未立项。拟在文化公园升级装修十三行博物馆。项目计划于2013年完成立项等前期筹备工作，力争于2016年前建成。

18. 广州工业博物馆。该项目尚未立项。拟选址于荔湾区芳村大道东146号广州柴油机厂（原协同和机器厂）旧址及周边地块。实行市、区共建模式，分两期实施。项目争取于2014年初动工建设。

19. 广州华侨博物馆。该项目尚未立项。拟选址于越秀区五仙门发电厂旧址。项目建成后，集收藏、展示、研究、教育为一体，将成为广州与海外华侨华人联系的平台、爱国主义教育基地。项目计划于2013年动工，2015年前建成并投入使用。

20. 广州报业文化中心。该项目已立项。位于海珠区琶洲AH040102地块，总建筑面积192023平方米，主要建设内容包括广州日报社业务用房、广州日报报业集团业务用房、报业博物馆、餐饮、会议中心、健身等配套设施及地下车库。项目已于2012年12月奠基，计划于2016年建成并投入使用。

21. 孙中山文化中心（大元帅府旧址）。该项目尚未立项。位于海珠区纺织路东沙街，主要建设内容包括：在大元帅府旧址西侧地块建设大元帅府旧址陈列馆，拆除现有大元帅府旧址的南平房、西平房，复建后花园、兵营房，南、北楼之间连廊，按原状复原维修南、北楼屋顶，全面恢复大元帅府旧址风貌。项目计划于2014年动工，2015年建成投入使用。

22. 东园广场。该项目尚未立项。位于越秀区东园地区，以15公顷为规划控制面积范围，分三期进行建设。项目不搞大规模设施的建设，主要利用广场展示的方式进行。项目计划于2013年启动第一期。

23. 大小马站书院群复建保护项目。项目分期建设，一期已立项。主要建设内容包括：全面规划保护和利用以越秀区大小马站书院群为核心的历史文化街区，包括中山五路以南、南方剧院以北、教育路以东、大马站以西围合区域，占地约1.5公顷，改造成为岭南传统书院文化、建筑文化与现代商业文明有机融合的文化地标和休闲胜地。同时，大力推进广东省非物质文化遗产展示中心落户建设。项目计划于2013年启动用地征收工作，于2016年前建成第一期并投入使用。

24. 广东省非物质文化遗产展示中心。该项目尚未立项。选址于越秀区大小马站书院群复建保护项目内。该中心是以保护、传承、弘扬为目的，展示、宣传、收集、保存非物质文化遗产及相关实物和资料，开展传承活动和社会教育，向公众免费开放的非营利性社会服务机构。

25. 南越国史研究及保护中心。该项目已立项。位于越秀区解放北路867号，总建筑面积3315平方米，主要建设内容包括技术用房、业务用房、学术报告厅和地下停车场等。项目建成后，既有利于开展南越国史的研究及文物保护，又能为南越王博物馆提供办公场所和研究基地。同时，该项目是南越王博物馆整治二期工程的前期工程。项目计划于2013年动工，于2015年前建成并投入使用。

26. 广东民间工艺博物馆（陈家祠）周边环境整治工程。该项目尚未立项。广东民间工艺博物馆（陈家祠）扩建工程将调整规划，只拆不建，对其周边环境继续进行拆迁整治，消除文物安全隐患，恢复门前水池，扩大文化广场；不再新建陈列馆和库房，其藏品陈列和保管问题将由新建的广州博物馆统筹解决。计划征迁陈家祠北面建筑，恢复陈家祠南侧原有水塘555平方米。项目计划于2013年动工，于2015年前完成。

27. 东山电影院改建工程。该项目尚未立项。位于越秀区中山二路21号原东山电影院地块，用地总面积2739平方米，拟恢复其电影和剧场的功能。项目计划于2013年启动建设，于2015前建成并投入使用。

28. 纪录片研究展示中心。该项目尚未立项。发挥我市多年来举办国际纪录片大会和国际纪录片节的资源优势，拟在广州新图书馆内设立"广州市国际纪录片研究展示中心"，集中展示来自全球的各类纪录片资源。项目计划于2013年动工，2015年前建成并投入使用。

29. 广州少年儿童图书馆新馆。该项目尚未立项。计划将中山四路的原广州图书馆改造为广州少年儿童图书馆，面积约17000平方米，不大拆大建，作简单装修翻新，体现儿童图书馆的特点并注重功能，恢复主体建筑上的"星火燎原"字样和火炬雕塑。沿江西路149号原广州少年儿童图书馆（永安堂）下放作为越秀区少年儿童图书馆，原广州少年儿童图书馆海珠区分馆下放作为海珠区少年儿童图书馆。以上3个少年儿童图书馆计划于2014年"六一"儿童节同时对外开放。

30. 萝岗区图书档案大楼。位于萝岗中心区香雪大道以南、水燕路以东（即萝岗街原香雪制药厂地址范围）。总建筑面积62526平方米，主要建设内容包括图书馆、档案馆、城建房产档案馆及地下室。项目于2012年3月动工建设，计划于2015年前建成并投入使用。

31. 增城大剧院。选址于增城市新城大道以西、爱民路以南、行政中心以东、挂绿湖以北，由现状道路网围合的地块。总建筑面积53000平方米，主要建设内容包括大剧场、多功能剧场、排练区、前厅及休息厅、功能用房区等建筑，以及相关配套工程。项目计划于2013年动工，于2015年前建成并投入使用。

（三）"十二五"期间争取启动的预备项目

此类项目是指项目建设具有较强的重要性和必要性，但由于建设所需条件仍需进一步研究和明确，如各方面条件具备，可列入正式建设项目。共有7个项目。

32. 三元里人民抗英斗争纪念馆改扩建工程。该项目尚未立项。结合三元里"城中村"改造进行。在三元里村整体改造过程中，必须对有"国保一号"之称的全国重点文物保护单位"三元里平英团旧址"（三元古庙）加以保护，整治恢复原有周边环境，并新建展览馆，以解决文物安全隐患，增加陈列展览面积及改善展示条件。项目争取于2015年前启动。

33. 南越王博物馆整治二期工程。该项目尚未立项。位于越秀区解放北路867号，工程拆迁面积约9797.6平方米，扩建面积为8507.3平方米，改造面积10682平方米，主要建设内容包括拆迁象岗山规划红线范围内的房屋，整治周边环境，恢复象岗山原有山型风貌；同时建设临时展厅、报告厅、纪念品服务中心、多功能影视厅、活动区、人防工程、停车库和设备用房等。该项目计划于2015年南越国史研究及保护中心建成后启动。

34. "三·二九"起义指挥部旧址纪念馆建设与周边环境整治工程。该项目尚未立项。位于越秀区越华路小东营。由于该纪念馆处于居民密集区域，暂不宜改扩建，计划通过征用旁边部分年代相近的建筑物用作该馆陈列，并继续对周边环境进行整治。项目争取于2015年前启动。

35. 南沙鸦片战争纪念碑。该项目尚未立项。初步选址于南沙区虎门炮台遗址，项目建成后将作为爱国主义教育重要基地。项目争取于2015年前启动。

36. 番禺区古建筑艺术馆。该项目已立项。选址于番禺区南村镇梅山村兴业大道南侧、南沙港快速路西侧。占地面积64183平方米，总建筑面积23000平方米，主要建设内容包括晋派建筑2座、徽派祠堂建筑2座、徽派建筑4座等。项目计划于2015年前建成并投入使用。

37. 南海神庙岭南民俗文化主题园。该项目尚未立项。拟选址于黄埔区南海神庙至风度街及西南侧区域，占地约8000亩，打造成为展示岭南文化的窗口和群众体验民俗文化生活的乐园。项目争取于2015年前启动建设。

38. 杂技西游记演艺中心。该项目尚未立项。拟选址于花都万达文化项目。项目争取于2015年前启动。

在以上38项文化基础设施中，17项为重点项目，必须加大力度，重点推进，具体如下：广州博物馆新馆、广州美术馆、广州文化馆（岭南大观园）、广州科学馆、粤剧艺术博物馆、南汉二陵博物馆、广州海事博物馆、广州市国家档案馆新馆（二期工程）、南粤先贤馆（二期工程）、十三行博物馆（含文物陈列馆及十三行夷馆）、广州华侨博物馆、广州工业博物馆、广州报业文化中心、孙中山文化中心（大元帅府旧址）、东园广场、大小马站书院群复建保护项目、广东省非物质文化遗产展示中心。

"十二五"期间由各区（县级市）政府筹建，及广东省在穗筹建的其他文化基础设施项目共41项。其中，各区（县级市）政府筹建项目29项，具体如下：海珠区十香园修缮保护三期工程、海珠区文化活动中心建设工程、海珠区图书馆旧馆改造工程、黄埔古村二期工程；荔湾区三雕一彩一绣展示中心；天河区文化艺术中心、珠村乞巧文化广场扩建工程、广州乞巧文化博物馆、飞鹅岭新石器时代遗址；白云区民俗博物馆；黄埔区文化中心；番禺区博物馆二期工程、番禺区图书馆新馆；花都区广州民俗博物馆、花都区博物馆、洪秀全故居环境保护与展示扩建工程；南沙区城市公共文化艺术中心（含博物馆、美术馆、文化馆、图书馆和市民文化广场）、霍英东纪念馆；萝岗区新文化馆、永和街文化活动中心、东区街文化活动中心、玉岩书院修缮保护工程；增城市科技文化博物馆、增城市图书馆功能配套工程；从化市图书馆旧馆改造文化馆项目、从化市博物馆升级改造项目、钟楼古村改造暨民俗博物馆项目、西溪福祠修复项目、从化市图书馆新馆二期。

广东省在穗筹建的项目12项，具体如下：广东画院新址、南方影视传媒基地、省立中山图书馆扩建二期工程、广东美术馆改造扩建工程、广东数字出版中心、南方文化产业中心、广东省水下文化遗产保护中心、广东文学馆、新华文化大厦、岭南音乐博物馆、广东当代美术馆、广东人民艺术中心。

四、关于推进文化基础设施项目建设的主要措施

推进文化基础设施建设是复杂的系统工程，涉及领域广、部门多，必须加强组织领导和统筹协调，合理安排和利用好资金，采取科学的建设模式，确保项目建设的顺利推进。

（一）加强领导，明确分工。市委、市政府同意成立市文化基础设施建设工作协调领导小组，负责推进文化基础设施项目建设的组织和领导。各有关职能部门要各司其职、通力协作。宣传、文化部门要认真做好项目的功能、规模等前期研究工作，并在提供项目建议、使用功能审定、组织规划设计方案和工程验收等方面履行好职责。发展改革部门要做好项目立项工作，规划部门要配合做好项目选址和规划审查工作。文化设施建设的各项报批手续，纳入我市建设项目"绿色通道"，确保项目顺利推进。

（二）规范建设，实行代建。市级的各项重点文化基础设施项目采取代建方式，实施"交钥匙"工程。代建单位的选择，应符合《中华人民共和国招投标法》《中华人民共和国政府采购法》和《广东省实施〈中华人民共和国招投标法〉办法》的有关规定。各区（县级市）牵头推进的项目，可由各区（县级市）政府按规定程序选定代建单位负责工程建设。

（三）集中财力、多元投入。按照分级管理的体制，市、区两级财政部门要统筹安排本级财政相关资金，结合财力做好文化设施建设的资金保障工作；要认真做好项目资金概算，核实工程费用，精打细算，厉行节约，实现少花钱、多办事的目的。同时，要研究制定优惠政策和措施，创新投融资体制机制，积极引导社会力量参与文化基础设施建设，

拓宽投资渠道，形成多元化投入文化基础设施建设的格局。

附件：1. "十二五"时期广州市重点文化基础设施建设项目表（略）。

2. "十二五"时期各区（县级市）和广东省在穗筹建的重点文化基础设施建设项目表（略）。

广州市水域市容环境卫生管理条例

(2013年10月30日广州市第十四届人民代表大会常务委员会第二十二次会议通过 2014年3月27日广东省第十二届人民代表大会常务委员会第七次会议批准)

第一章 总 则

第一条 为了加强水域市容环境卫生管理，创造优美、清洁的水域市容环境，推进生态城市建设，根据国家有关法律、法规，结合本市实际，制定本条例。

第二条 本条例适用于本市行政区域内河道、河涌、湖泊、水库、水塘、水渠等水域的市容环境卫生管理。

水域市容环境卫生的管理范围，由市人民政府按照以下原则划定并向社会公告：

（一）有堤防的河道、湖泊，其管理范围为两岸堤防之间的水域、沙洲、滩地（包括可耕地）、行洪区，两岸堤防及护堤地；无堤防的河道、湖泊，其管理范围根据历史最高洪水位或者设计洪水位确定；

（二）河涌的管理范围为蓝线划定的范围。未划定蓝线的河涌，其管理范围为两岸堤防背水坡脚以外六米之间的全部区域；无堤防的河涌，其管理范围根据历史最高洪水位或者设计洪水位确定；

（三）水库、水塘、水渠的管理范围根据历史最高洪水位或者设计洪水位确定。

第三条 本市水域市容环境卫生管理工作遵循统一领导、分级管理、部门协作、社会监督的原则。

第四条 市市容环境卫生行政主管部门负责本市行政区域内的水域市容环境卫生管理工作，组织实施本条例。区、县级市市容环境卫生行政主管部门按照管理权限负责本辖区内的水域市容环境卫生管理工作。街道办事处、镇人民政府按照管理权限负责本辖区内的水域市容环境卫生管理工作。

市水域市容环境卫生管理机构按照规定的权限具体负责水域市容环境卫生和水域生活垃圾的清捞、收集、运输等活动的监督管理。

发展改革、规划、城乡建设、国土房管、环境保护、水务、交通、海事、港务、公安、航道、林业园林等相关行政管理部门和城市管理综合执法机关按照各自职责，协同实施本条例。

第五条 各级人民政府应当保障本级水域市容环境卫生管理、水域环境卫生保洁和环境卫生设施建设、维护等经费，并将其纳入年度财政预算。

第六条 市市容环境卫生行政主管部门应当根据市国民经济和社会发展规划、城市总体规划和土地利用总体规划编制市容环境卫生专项规划。市容环境卫生专项规划应当包括水域市容环境卫生的内容。

第七条 市市容环境卫生行政主管部门应当根据城乡水域市容环境卫生的特点，制定相应的水域市容环境卫生规范，报市人民政府批准后组织实施。

第八条 各级人民政府应当按照城乡统筹的原则，逐步扩大城乡水域的保洁范围，并每年向社会公布保洁范围等水域保洁情况，接受社会监督。

第九条 鼓励公众参与维护水域市容环境卫生。任何单位和个人发现水域市容环境卫生违法行为的，有权予以劝阻、制止，并可以向市容环境卫生行政主管部门或者街道办事处、镇人民政府投诉、举报。市容环境卫生行政主管部门和街道办事处、镇人民政府接到投诉、举报后，应当及时依法处理并在处理结束后三个工作日内将处理情况向投诉、举报人反馈。

市市容环境卫生行政主管部门应当设置并且公开全市统一的投诉、举报电话和电子邮箱，方便单位和个人对水域市容环境卫生违法行为进行投诉、举报。

市容环境卫生行政主管部门应当对查处严重违反水域市容环境卫生行为提供重要线索的投诉、举报人给予奖励。

第十条 市容环境卫生行政主管部门应当会同同级文化广电新闻出版、教育、卫生、科技等行政管理部门组织开展水域市容环境卫生的宣传、教育，增强全社会维护水域市容环境卫生的意识。

广播、电视、报刊等媒体和户外广告应当安排水域市容环境卫生公益性宣传的内容。

第二章 责任区制度

第十一条 本市实行水域市容环境卫生责任区管理制度。责任区的责任人应当按照本条例的要求，做好责任区内的水域市容环境卫生工作。

第十二条 水域市容环境卫生责任区由市市容环境卫生行政主管部门组织区、县级市市容环境卫生行政主管部门按照下列规定划定：

（一）有使用人的河道、河涌水域市容环境卫生管理范围内的岸线，由使用人负责；

（二）港口、码头的港池水面，由港口、码头的经营管理人负责，没有经营管理人的，由产权人负责；

（三）湖泊、水库、水塘、水渠，由经营管理人负责，没有经营管理人的，由产权人负责，无法确定经营管理人和产权人的，由属地街道办事处、镇人民政府负责。

前款规定以外的其他水域，由市市容环境卫生行政主管部门和区、县级市市容环境卫生行政主管部门负责，其各自责任区的范围由市人民政府具体划定并向社会公布。

负责划定水域市容环境卫生责任区的行政主管部门应当将水域市容环境卫生责任区的具体范围和责任要求书面告知责任人。

责任人应当制定责任区保洁制度，落实水域市容环境卫生具体负责人并书面报送划定水域市容环境卫生责任区的行政主管部门。

第十三条　水域市容环境卫生责任区的责任人在责任区范围内应当履行下列责任：

（一）确保岸线和房屋、亲水平台等临水建筑物、构筑物、相关设备、设施以及各类船舶、趸船容貌整洁，无乱摆设、乱搭建、乱张贴、乱涂写、乱刻画、乱拉挂、乱堆放；

（二）不得在渔业生产经营水域外定置渔网、渔箱、网簖；

（三）发现市政公用设施、市政绿化植物和其他单位或者个人所有的设备、设施存在倒塌、损坏、污浊、腐蚀、陈旧等不符合城市容貌标准的情形的，及时通知相关行政管理部门或者相关产权人、经营管理人；

（四）确保环境卫生整洁，不得将废弃物排入水体，及时清除暴露的垃圾、粪便、油污、水生植物等废弃物；

（五）按照规定设置与垃圾、粪便产生量相适应的环境卫生设施；

（六）采取设置水面漂浮物拦截装置等措施防止漂浮物流出责任区。

责任人对责任区内违反市容环境卫生管理规定的行为，有权予以制止、要求行为人自行清理，并可以向市容环境卫生行政主管部门报告。市容环境卫生行政主管部门接到报告后，应当及时依法处理。

第三章　监督管理

第十四条　水面应当保持清洁，无垃圾、粪便、动物尸体以及水生植物等漂浮废物。

第十五条　园林绿化和市政公用设施的养护维修单位应当及时对水域市容环境卫生管理范围内倒塌、损坏的花草树木和电线杆、交通护栏、标志牌、垃圾收集容器、消防栓、井盖等设施进行清理、修复。

第十六条　水域市容环境卫生作业单位应当文明作业，实行垃圾分类收集。

从事水域清捞、收集、运输的船舶应当与周边水域景观环境相协调。在具备通航条件的河道或者较大河涌从事清捞作业的船舶应当具备自动收集功能。

第十七条 水面漂浮物拦截装置的设置单位应当对装置进行日常维护保养，及时修复、清洗或者拆除污浊、腐蚀、陈旧、破损的装置，保持装置的整洁、完好、美观。

第十八条 船舶、趸船的产权人或者经营管理人应当对船舶、趸船上依法设置的广告、横额、标语等宣传品和霓虹灯、招牌、电子显示牌、灯箱等户外设施进行日常维护保养，确保其符合城市容貌标准，对图案、文字、灯光显示不全或者污浊、腐蚀、陈旧、破损的宣传品和户外设施，应当及时修复、清洗或者拆除。

第十九条 各类船舶、趸船的产权人或者经营管理人应当按照国家和本市有关规定，在船舶、趸船上设置与垃圾、粪便产生量相适应、符合规范要求的容器或者设施，并做好分类使用和日常保洁、维修工作。

各类船舶进入广州水域时，产权人和经营管理人不得开放、使用直排式厕所。在本市景观水域内从事客运、旅游、观光、娱乐等服务的船舶不得设置直排式厕所。

第二十条 涉水建设工程以及河道疏浚、港池和航道整治的施工单位应当遵守建设工程文明施工的有关规定和文明施工的管理标准，并在施工现场醒目位置设置施工铭牌、张贴有关许可证件。

施工单位应当采取围蔽、围堰或者其他水域市容环境卫生保障措施，对垃圾进行分类收集，防止污染水体，工程完工后应当及时清理施工现场。

第二十一条 达到公开招标要求的公共水域卫生保洁作业应当依法向社会公开招标，逐步实行社会化服务。

第二十二条 从事城市水域生活垃圾经营性清捞、收集、运输服务的企业应当按照规定向市市容环境卫生行政主管部门申请办理生活垃圾经营性清捞、收集、运输服务许可证。

从事城市水域生活垃圾经营性清捞、收集、运输服务的企业应当具备以下条件：

（一）依法注册的企业法人；

（二）企业注册资本符合国家的相关规定；

（三）机械清捞能力达到总清捞能力的百分之二十以上；

（四）从事垃圾收集、运输应当采用密闭式船舶，具有分类收集、防臭味扩散、防遗撒、防渗沥液滴漏功能；

（五）在具备通航条件的河道或者较大河涌从事水域生活垃圾清捞、收集、运输作业的船舶应当具有符合海事部门规定的有关证件，其中从事水域生活垃圾运输作业的应当安装行驶及装卸记录仪；

（六）具有健全的技术、质量、安全和监测管理制度；

（七）具有固定的办公场所和机械、设备、车辆或者船舶停放点。

市市容环境卫生行政主管部门应当在受理申请后的二十日内作出是否准予许可的决定。申请人的申请符合法定条件的，应当作出准予许可的书面决定；不符合法定条件的，应当作出不予许可的书面决定并说明理由。

第二十三条 生活垃圾经营性清捞、收集、运输服务许可证的有效期为三年，被许可人需要延期的，应当在有效期届满三十日前向市市容环境卫生行政主管部门提出延期申请。经审查符合许可条件的，市市容环境卫生行政主管部门应当在原许可证有效期届满前作出是否准予延期的决定，逾期未作决定的，视为准予延期。准予延期的许可证有效期为三年。

被许可人逾期提出延期申请的，应当按照本条例的相关规定重新申请办理生活垃圾经营性清捞、收集、运输服务许可证。

第二十四条 从事水域生活垃圾经营性清捞、收集、运输服务的企业应当将清捞、收集的垃圾运至转运站点，不得随意倾倒、抛撒或者堆放。

第二十五条 从事建筑废弃物水上运输的运输人应当向市建筑废弃物管理机构申请办理《广州市建筑废弃物处置证》，未取得《广州市建筑废弃物处置证》的，不得从事建筑废弃物水上运输活动。

申请办理《广州市建筑废弃物处置证》应当具备以下条件：

（一）具有符合海事、港务法律、法规规定的相关证件；

（二）运输建筑废弃物的船舶总核载质量五百吨以上，船底密闭、安装行驶及装卸记录仪；

（三）具有健全的技术、质量、安全和监测管理制度；

（四）具有固定的办公场地以及机械、设备和船舶停放点。

《广州市建筑废弃物处置证》依照《广州市建筑废弃物管理条例》规定的审批程序和期限办理。

第二十六条　营业执照或者海事、港务部门规定的证件记载内容发生变化，或者新增、变更过户、报废、遗失建筑废弃物运输船舶的，被许可人应当向原发证机构提出变更《广州市建筑废弃物处置证》的申请。

符合法定条件的，原发证机构应当在受理申请之日起十日内依法办理变更手续。

第二十七条　建筑废弃物水上运输不得实施下列行为：

（一）使用开底船，但经海事、港务、水务部门批准用于涉水工程的除外；

（二）向水体非法排放建筑废弃物；

（三）装卸或者运输过程中扬尘或者撒漏建筑废弃物；

（四）破坏、拆除行驶及装卸记录仪或者采取其他方式使其不能正常使用；

（五）其他破坏水域市容环境卫生的行为。

第二十八条　建筑废弃物水运码头的经营管理人应当加强对建筑废弃物装载作业的监督管理，不得为开底船、未安装行驶及装卸记录仪或者未取得《广州市建筑废弃物处置证》的船舶提供建筑废弃物装载服务。

第二十九条　任何单位和个人不得在市区主要水域的市容环境卫生管理范围内经营餐饮业，具体范围由市人民政府划定并向社会公布。

在前款规定范围以外的水域经营餐饮业的单位和个人，不得将废弃物排入水体。

第三十条　任何单位和个人不得实施下列破坏水域市容环境卫生的行为：

（一）在水域市容环境卫生管理范围内乱摆设、乱搭建、乱张贴、乱涂写、乱刻画、乱拉挂、乱堆放；

（二）向水域丢弃或者倾倒瓜果皮核、纸屑、烟蒂、包装袋、发泡饭盒、饮料瓶罐等生活垃圾；

（三）向水域倾倒修剪花草树木产生的枝叶；

（四）向水域倾倒或者排放粪便、建筑废弃物、淤泥、未进行沉淀处理的泥浆水；

（五）向水域抛弃动物尸体；

（六）在水域市容环境卫生管理范围内建造和使用直接将粪便排入水域的厕所；

（七）船舶装卸或者运输散体物料、其他废弃物时向水域漏撒；

（八）清扫、冲洗码头、车船和水域市容环境卫生管理范围内的道路、建筑物、构筑物以及相关设备、设施时，将垃圾、渣土、沙石等冲、扫至水域；

（九）损坏或者擅自移动、占用水域环境卫生设备、设施；

（十）在河道、河涌、湖泊、水库、水渠的水域市容环境卫生管理范围内设置农贸市场或者家畜、家禽等养殖场；

（十一）破坏水域市容环境卫生的其他行为。

第三十一条 市容环境卫生行政主管部门以及街道办事处、镇人民政府应当建立水域市容环境卫生监督检查制度，按照管理权限对管理范围内的水域市容环境卫生进行经常性巡查。其中，对涉及河道、河涌的责任区，在非汛期应当每周至少检查一次，汛期应当增加检查次数，对其他责任区应当定期巡查。发现违反本条例第十三条、第三十条规定的违法行为的，应当及时依法处理。

第三十二条 市市容环境卫生行政主管部门应当对取得生活垃圾经营性清捞、收集、运输服务许可证的企业从事行政许可事项的活动进行监督检查。

市市容环境卫生行政主管部门应当建立水域生活垃圾经营性清捞、收集、运输服务企业信用档案制度，将企业违反本条例相关规定的行为及其处理结果记入信用档案。

第三十三条 市市容环境卫生行政主管部门应当建立执法协作长效机制，定期组织交通、水务、环保、海事、港务等行政管理部门和城市管理综合执法机关开展建筑废弃物水上运输联合检查，发现违反本条例第二十七条和第二十八条规定的违法行为的，应当及时依法处理。

第三十四条 市容环境卫生行政主管部门应当根据职责分工制定水域保洁应急预案，报同级人民政府批准。

市容环境卫生行政主管部门在实施应急预案时可以调配各种保洁力量，集中拦截、清捞水面漂浮废物，确保水面清洁。水务、海事、港务等行政管理部门以及从事城市水域生活垃圾经营性清捞、收集、运输服务的企业应当予以配合。

从事城市水域生活垃圾经营性清捞、收集、运输服务的企业应当根据水域保洁应急预案制定相应的应急方案报市市容环境卫生行政主管部门备案。

第四章 设施规划与建设

第三十五条 水域环境卫生设施的规划、建设应当满足水域市容环境卫生和建筑废弃物水上运输的实际需要。水域环境卫生设施的用地和规划控制指标，应当按照相关规定在控制性详细规划中予以明确。水域保洁需要增设水域环境卫生设施涉及控制性详细规划调整的，应当按照法定程序修改控制性详细规划。

第三十六条 市市容环境卫生行政主管部门应当会同水务行政管理部门根据市容环境卫生专项规划和环境卫生设施设置规范，编制水域环境卫生设施设置计划，报市人民政府批准后，按照国家基本建设程序组织实施。

编制码头水域环境卫生设施设置计划的，应当征求码头产权人或者经营管理人的意见。码头产权人或者经营管理人应当按照设置计划配置水域环境卫生设施。

建设单位应当在修建性详细规划和建设工程设计方案中落实水域环境卫生设施设置计划，做到与主体工程同时设计，同时施工，同时验收，同时交付使用，所需资金纳入建设项目总投资。

第三十七条 水域市容环境卫生管理范围内配套建设的水域环境卫

生设施应当符合广州市市容环境卫生设施设置和相关城乡规划的要求。

建设单位应当按照广州市市容环境卫生设施设置要求对配套建设的水域环境卫生设施进行验收,法律、法规对验收主体另有规定的从其规定。未经验收或者验收不合格的,不得使用。

第三十八条 任何单位和个人不得损坏和擅自拆除、关闭水域环境卫生设施。特殊情况下需要占用、拆除的,相关单位应当提出替代或者补救方案,并报市市容环境卫生行政主管部门批准。

市市容环境卫生行政主管部门应当在接到申请后的二十日内作出是否批准的决定。予以批准的,应当颁发批准文件;不予批准的,应当书面告知申请人并说明理由。

第五章 法律责任

第三十九条 市容环境卫生行政主管部门、市水域市容环境卫生管理机构、相关行政管理部门、城市管理综合执法机关和街道办事处、镇人民政府及其工作人员有下列情形之一的,由上级行政机关或者有关部门责令改正,对有关行政管理部门给予通报批评;情节严重的,对直接负责的主管人员和其他直接责任人员依法给予处分;构成犯罪的,依法追究刑事责任:

(一)违反本条例第九条规定,不依法对投诉、举报进行处理和反馈的;

(二)违反本条例第十二条规定,不依法将水域市容环境卫生责任区的具体范围和责任要求书面告知责任人的;

(三)违反本条例第十三条规定,不依法履行水域市容环境卫生责任区责任人的责任的;

(四)违反本条例第二十二条、第二十五条规定,不依照规定的条件和程序实施行政许可的;

(五)违反本条例第三十一条规定,不依法建立水域市容环境卫生监督检查制度并进行巡查、检查的;

(六)违反本条例第三十二条规定,不依法定期对取得生活垃圾经营性清捞、收集、运输服务许可证的企业从事行政许可事项的活动进行监督检查的；

（七）违反本条例第三十三条规定，不依法组织、参加建筑废弃物水上运输联合检查的；

（八）违反本条例规定不依法实施行政处罚的；

（九）滥用职权、玩忽职守、徇私舞弊、贪污贿赂等其他违法行为的。

第四十条 水域市容环境卫生责任区的责任人违反本条例第十三条规定，不依法履行有关责任的，由城市管理综合执法机关责令限期改正，对个人处以五百元以上一千元以下罚款，对单位处以三千元以上五千元以下罚款。不依法履行责任可能对水域市容环境卫生造成较大影响的，城市管理综合执法机关可以依法代履行，代履行的费用由责任区责任人承担。

第四十一条 违反本条例第十五条规定，不依法清理、修复水域市容环境卫生管理范围内倒塌、损坏的花草树木和电线杆、交通护栏、标志牌、垃圾收集容器、消防栓、井盖等设施的，由城市管理综合执法机关责令限期改正，拒不改正的，处以五百元以上二千元以下罚款。

第四十二条 违反船舶市容环境卫生管理的行为，由城市管理综合执法机关按下列规定予以处罚：

（一）违反本条例第十八条规定，船舶、趸船上设置的宣传品和户外设施图案、文字、灯光显示不全或者污浊、腐蚀、陈旧、破损，不符合城市容貌标准的，责令限期改正；拒不改正的，依法强制拆除，处以五百元以上二千元以下罚款；

（二）违反本条例第十九条规定，不依法设置垃圾、粪便收集容器的，处以五百元以上二千元以下罚款；船舶进入广州水域时开放、使用直排式厕所，或者在本市景观水域内从事客运、旅游、观光、娱乐等服务的船舶上设置直排式厕所的，处以一万元以上五万元以下罚款。

第四十三条 违反本条例第二十条规定，施工现场未采取相应围蔽、围堰等水域市容环境卫生保障措施的，或者工程完工后不及时清理施工现场的，由城市管理综合执法机关责令限期改正，拒不改正的，处以一万元以上三万元以下罚款。

第四十四条 违反本条例第二十二条第一款规定，未经许可擅自从事城市水域生活垃圾经营性清捞、收集、运输活动的，由城市管理综合执法机关责令限期改正，处以五千元以上二万元以下罚款。

从事城市水域生活垃圾经营性清捞、收集、运输服务的企业违反本条例第二十四条规定，随意倾倒、抛撒或者堆放清捞、收集的垃圾的，由城市管理综合执法机关处以五千元以上二万元以下罚款；情节严重的，处以二万元以上五万元以下罚款。

第四十五条 违反水上运输市容环境卫生管理的行为，由城市管理综合执法机关按下列规定予以处罚：

（一）违反本条例第二十五条第一款规定，未经许可从事建筑废弃物水上运输的，暂扣运输船舶，运输人为单位的，处以十万元以上三十万元以下罚款，运输人为个人的，处以三万元以上五万元以下罚款；

（二）违反本条例第二十六条第一款规定，未办理许可变更手续运输建筑废弃物的，责令限期补办，处以二千元以上一万元以下罚款；

（三）违反本条例第二十七条规定，建筑废弃物水上运输使用开底船的，可以暂扣运输船舶，处以三万元以上五万元以下罚款；向水体倾倒、偷排建筑废弃物的，依照《广州市建筑废弃物管理条例》第六十三条的规定处罚；装卸、运输过程中扬尘或者撒漏建筑废弃物，破坏、拆除行驶及装卸记录仪或者采取其他方式使其不能正常使用的，处以一万元以上三万元以下罚款；

（四）违反本条例第二十八条规定，为开底船、未安装行驶及装卸记录仪或者未取得《广州市建筑废弃物处置证》的船舶提供建筑废弃物装载服务的，处以五万元以上十万元以下罚款；情节严重的，处以十万元以上三十万元以下罚款。

第四十六条 违反本条例第二十九条第一款规定，在市区主要水域的市容环境卫生管理范围内经营餐饮业的，由城市管理综合执法机关责令停止经营，处以三万元以上五万元以下罚款；违反本条例第二十九条第二款规定，将各类废弃物排入水体的，处以一千元以上五千元以下罚款。

第四十七条 违反本条例第三十条规定的行为,由城市管理综合执法机关按下列规定予以处罚,法律、法规另有规定的从其规定:

(一)违反第一项规定,在水域市容环境卫生管理范围内乱摆设、乱张贴、乱涂写、乱刻画、乱拉挂的,责令限期改正,拒不改正的,处以二百元以上五百元以下罚款;在水域市容环境卫生管理范围内乱搭建、乱堆放的,责令限期清理、拆除,逾期未清理、拆除的,依法强制拆除,处以五千元以上二万元以下罚款;

(二)违反第二项、第三项规定,向水域丢弃瓜果皮核、纸屑、烟蒂、包装袋、发泡饭盒、饮料瓶罐等生活垃圾的,处以二十元以上五十元以下罚款;向水域倾倒瓜果皮核、纸屑、烟蒂、包装袋、发泡饭盒、饮料瓶罐等生活垃圾和花草树木的枝叶的,处以五百元以上一千元以下罚款;

(三)违反第四项规定,向水域倾倒或者排放粪便、淤泥、未进行沉淀处理的泥浆水的,处以二万元以上五万元以下罚款;

(四)违反第五项规定,抛弃动物尸体的,禽类每只处以一百元罚款,畜类每头处以一千元罚款;

(五)违反第六项规定,在水域市容环境卫生管理范围内建造和使用直接将粪便排入水域的厕所的,责令限期拆除,处以五千元以上二万元以下罚款,逾期不拆除的,依法强制拆除;

(六)违反第七项、第八项规定,船舶装卸或者运输散体物料、其他废弃物时向水域漏撒或者清扫、冲洗码头、车船和水域市容环境卫生管理范围内的道路、建筑物、构筑物以及相关设备、设施时,将垃圾、渣土、沙石等冲、扫至水域的,处以一千元以上五千元以下罚款;

(七)违反第九项规定,损坏或者擅自移动、占用水域环境卫生设备、设施的,处以三万元以上五万元以下罚款;

(八)违反第十项规定,在河道、河涌、湖泊、水库、水渠的水域市容环境卫生管理范围内设置农贸市场或者家禽、家畜等养殖场的,责令限期拆除,逾期不拆除的,依法强制拆除,处以三万元以上五万元以下罚款。

第四十八条 违反环境卫生设施管理的行为,由城市管理综合执法机关按下列规定予以处罚：

（一）违反本条例第三十六条第二款、第三款规定，未按照设置计划配置水域环境卫生设施，或者配套建设的环境卫生设施未与主体工程同时设计、同时施工、同时验收、同时交付使用的，责令限期改正，处以一万元以上三万元以下罚款；

（二）违反本条例第三十八条规定，损坏水域市容环境卫生设施的，应当依法赔偿损失，可以处以二百元以上二千元以下罚款，情节严重，处以二千元以上二万元以下罚款。擅自拆除、关闭或者占用水域环境卫生设施的，责令限期改正，处以二万元以上五万元以下罚款。

第四十九条 侮辱、殴打相关行政管理人员，以暴力、胁迫等方法阻挠其执行职务，或者侮辱、殴打水域市容环境卫生服务作业人员，构成违反治安管理行为的，由公安机关给予行政处罚；构成犯罪的，依法追究刑事责任。

第六章　附　则

第五十条 水域环境卫生设施是指用于水域市容环境卫生管理和公共服务所需要的下列设施：

（一）收集、转运、装卸水域垃圾、粪便的船舶、码头、浮趸；

（二）岸线范围内的公厕、垃圾中转站、垃圾压缩站、环卫作业停靠点以及水面漂浮物拦截装置；

（三）在船舶、码头、浮趸上收集垃圾、粪便的容器和设施；

（四）用于行政管理的船舶、码头。

第五十一条 本条例自2014年5月1日起施行。2000年7月1日起施行的《广州市市区水域市容环境卫生管理规定》同时废止。

广州市人民政府关于推动专业批发市场转型升级的实施意见

(穗府〔2014〕7号 2014年2月21日)

各区、县级市人民政府,市政府各部门、各直属机构:

根据市委、市政府建设国家中心城市,"走新型城市化道路,率先转型升级、建设幸福广州"的总体要求,以"12338"战略部署和核心任务为指导,贯彻落实《中共广州市委广州市人民政府关于建设国际商贸中心的实施意见》(穗字〔2012〕11号),依照"市区联动、属地管理,试点推进、典型示范,规范提升、整合转型"的原则,推动我市专业批发市场转型升级,特制定本实施意见。

一、工作思路

以科学发展观为指导,紧紧围绕广州加快建设国家中心城市,打造国际商贸中心的目标,以专业化、国际化、现代化为导向,采取原地转型、关闭搬迁、业态转营和规划调整等方式,积极整合市场资源、提升服务功能、加强产业对接,实施传统专业批发市场升级改造,建设现代展贸交易平台。

二、工作目标

以规范提升存量市场、禁止中心城区新开办增量市场为主要任务。2014年,中心城区(包括越秀区、海珠区、荔湾区、天河区、白云区)各区选择1个具备转型升级条件的专业批发市场进行重点突破,再培育创建2—3家省级国际采购中心，加大电子商务应用力度和公共配套设施建设，推动商流物流分离，打造一批内外贸结合的专业市场，提升市场发展层次和服务水平。

到2016年，按照广州市专业市场转型升级评价办法，全市60家市场实现转型升级，形成空间布局合理、国际化和现代化水平大幅提高的现代批发市场体系。

三、工作任务

（一）积极推进试点市场原地转型升级。抓好中心城区重点区域试点专业批发市场的转型升级，提升市场交易、信息化应用、产业联动、展示与国际化经营功能及物流服务水平，引导向现代展贸交易中心发展。

1. 按照市场转型升级评价标准，对行业影响力大、辐射范围广的市场，升级硬件设施，引进现代交易方式，提升服务功能。

2. 对率先实施升级改造且符合"三旧"改造标图建库范围的批发市场（群）优先纳入"三旧"改造项目范畴，优先解决项目用地，对有关的规划建筑指标给予支持，支持现代展贸市场（群）建设。

3. 引导市场推广应用总代理、总经销、远期合约、拍卖制、竞买制、电子交易等新型批发交易方式，推动场内经营业户向公司化发展，提高专业化、组织化水平。

（二）着力实施专业市场业态转营。推动符合条件的传统专业批发市场推广应用电子商务、现代分销方式等向购物中心、商业街等业态转变。

1. 以现代分销方式应用为手段，积极引进知名品牌总经销、总代理企业，引入跨国公司和外地企业设立常驻采购分销机构，引导企业进入国际连锁采购分销网络，向国际营销方式转变，积极培育内外贸结合的专业市场。

2. 引导市场加强与国际采购机构、跨国企业和相关行业协会的战略合作，与国际采购商建立长期稳定的合作关系，构建和延伸国际市场营销网络，拓展国际市场发展空间。

3. 完善塑料、浆纸、钢材等大宗商品交易中心的物流配送、金融服务、研发设计等功能，推广互联网与物联网互动结合技术运用，构筑先进交易平台和服务系统，打造国际一流的商品采购中心。

（三）以规划调整促进市场转型升级。选取符合规划调整条件的市场（群）为试点，推进规划调整建设，打造彰显行业特色、发展水平更高、竞争力更强的标志性展贸市场集聚区。

1. 按照《广州市产业物流发展规划（2010—2020年）》要求，结合"三规合一"的成果，对符合规划调整条件的专业批发市场（群），制定规划调整计划，出台实施细则和配套措施。

2. 对符合规划调整条件的批发市场（群），结合"三旧"改造政策，在项目建设用地、相关规划建筑指标等方面予以支持，支持现代展贸市场建设。

3. 建设市场园区统一的信息中心和交易中心，推进实现网上支付、订单管理、物流配送、统一结算等全程电子商务服务，提升园区商品交易、展示的功能及效率，扩大辐射影响力。

（四）以低端市场搬迁关闭促进转型升级。以中心城区部分低端批发市场为试点，结合城市建设拆迁、市政路网建设、交通管制和消防安全整改等，对低端市场依法关闭或实施搬迁。

1. 梳理出用地不符合规划要求，特别是处于交通阻塞点的市场，及所有临建类市场（含市场中的临时建筑物），提出处理意见，各区、县级市将市场有关信息予以公布。

2. 加强规划和消防执法管理，对不符合规划或消防规范要求的市场，限期进行整改，整改后仍不达标的，依法关闭清理。

（五）以专业市场园区创新发展示范带动转型升级。推进园区"四个统一"建设，推动单体批发市场转型升级以及市场园区向展贸中心提升改造。

1. 推动存量市场园区的整体规划提升，打造市场园区品牌；改善物流、金融、信息等公共配套设施和服务，建立专业批发市场公共物流服务区。远期将物流从专业批发市场和市场园区中分离。

2. 推动专业批发市场园区成立管委会或负责实体运营的管理公司，建立园区统一的管理服务平台，形成市场管理中枢和完善的园区化长效管理机制。

（六）以电子商务应用助推转型升级。提升电子商务特别是电子交易功能，完善仓储、装卸、货运代理、商检、电子票据、电子交税等全方位配套服务。

1. 按照广州市《关于加快电子商务发展的实施方案（试行）》，推广应用物流信息技术，推进专业批发市场物流外包仓储服务区规划建设，加快市场商流物流分离。

2. 以皮革皮具、茶叶、鞋服等优势行业的龙头市场为依托，推动建立集信息发布、价格指导、在线交易、资源统一配置等支撑辅助功能为一体的行业性电子商务平台。

3. 鼓励专业批发市场利用电子商务开展网上贸易，鼓励定位合理、运作规范的行业门户网站发挥集约优势，建成行业性电子商务公共服务平台，整合相关网络资源。

（七）以规范整治倒逼转型升级。

1. 严格落实《广州市房屋租赁管理规定》，加强对专业批发市场周边出租屋的管理和整治，全面清理生产、经营、仓储场所违规住人问题，中心城区的公有住房要发挥带头作用，一律不得出租作为专业批发市场的仓库与经营场所，坚决查处非法"住改商""住改仓"等行为，杜绝消防安全隐患。

2. 推进市场监管体系建设，针对重点地区和重点领域的重点市场，落实市场监管责任制和责任追究制度，明确市场开办者为"三打"工作及食品安全工作第一责任人，建立健全市场监管机制。

3. 强化专业批发市场的交通整顿，对各专业批发市场附近"五类车"交通违法和机动车非法营运行为聚集地开展集中整治行动，优化市场周边环境。加强对市场周边各类车辆，特别是"五类车"交通违法行为的整治力度，加强对车辆非法营运行为的监管查处力度。

（八）以招商对接带动转型升级。

1. 发挥会展业优势促进转型升级。举办系列大型招商推介会，吸引国内外知名投资商进驻我市新建的各大展贸中心（园区）；发展"网上交易会"，引导市场实现电子招商招展、网上参展参会，拓展海内外市场。

2. 推动存量传统市场与新建展贸市场对接。举办新建展贸中心（承接方）和中心城区传统批发市场（迁移方）对接会，引导中心城区内市场分期分批搬迁到广州国际商品展贸城等批发市场优先发展区发展。

（九）以商流物流分离推进转型升级。

1. 结合城市交通系统改善工作，加快中心城区货运站场的调整和清理，进一步优化全市货运站场布局，在现有货运站场中选择若干区位条件好、符合用地规划的地块用于建设仓储物流园区，推动市场商流、物流有序分离。

2. 加强展贸市场与物流园区对接。举办展贸中心和专业物流园区对接会，对于原地升级改造市场，引导其物流分离到专业物流园区发展，试点建立专业车队规范物流配送，减少市场物流对城市交通、环境和消防隐患等影响。

四、工作要求

（一）切实加强组织领导。建立由市、区分管领导任召集人的市、区（县级市）两级专业批发市场转型升级联席会议制度，联席会议办公室设在市、区（县级市）经贸部门，协调统筹推动专业批发市场转型升级。

（二）制定全市专业批发市场及汽车货运场布局规划。按照广州市"123"城市发展战略和功能区规划要求，编制全市专业批发市场布局规划，编制全市汽车货运场布局规划，各区、县级市按照全市规划布局制定相关细化内容。在中心城区以外交通便利的区域规划选址2～3个规模大、业态新的展贸市场园区；加强与清远市的产业协作，探索在清远规划选址建设1个专业市场园区。

（三）提高增量市场的准入门槛。建立由区、县级市相关职能部门组成的联合工作机制,实行"一票否决制",中心城区严禁新建及开办以现场、现货、现金交易为主的传统批发市场,市有关部门将涉及市场开办等管理事权下放至区、县级市政府。

(四)加大市场转型升级资金扶持。市、区进一步加强政策、资金等支持,连续3年在市战略性主导产业发展资金中对转型升级的重点市场项目予以扶持,充分利用各类财政资金的引导带动作用,市、区同步配套资金支持市场转型升级。

(五)支持市场用地按规划开发利用。充分利用省、市"三旧"改造政策,以"结构升级、节约集约"为导向,推动现有市场到外围城区(批发市场优先发展区)异地新建或转营,促进市场发展用地"二次开发"。

(六)加强批发市场及优先发展区的公共配套建设。对重点批发市场及批发市场优先发展区,与项目建设同期开展相配套的路网和轨道交通设施建设,提高项目的交通便利性。

(七)加强检查评估。市专业批发市场转型升级联席会议定期对市场转型升级工作情况进行监督检查和评估,对本实施意见中各项工作任务的完成情况进行通报与督办。

广州市南沙新区条例

(2014年6月20日广州市第十四届人民代表大会常务委员会第二十九次会议通过　2014年7月31日广东省第十二届人民代表大会常务委员会第十次会议批准)

第一章　总　则

第一条　为保障和促进广州南沙新区科学发展，发挥粤港澳全面合作示范区功能，根据有关法律、法规，结合本市实际，制定本条例。

第二条　本条例适用于广州南沙新区（以下简称"南沙新区"）的规划、建设、管理和服务等活动。

南沙新区的范围按照《广州南沙新区发展规划》的规定确定。

第三条　南沙新区的战略定位是建设粤港澳优质生活圈、新型城市化典范、以生产性服务业为主导的现代产业新高地、具有世界先进水平的综合服务枢纽和社会管理服务创新试验区，打造粤港澳全面合作示范区。

第四条　南沙新区应当按照以人为本、高端发展、改革创新的原则进行建设和发展，在经济体制、文化体制、行政体制、社会体制和生态文明体制等方面先行先试，加快形成体制机制优势。

第五条　市人民政府应当加强对南沙新区开发建设工作的领导和统筹协调，推进南沙新区的科学发展。

市人民政府应当定期向市人民代表大会常务委员会报告南沙新区的建设和发展情况。

第六条　市人民政府设立的南沙新区管理机构负责南沙新区的规

划、建设、管理和服务等工作,并组织实施本条例。

第七条 市人民政府应当在重大产业项目布局、基础设施建设、生态环境保护、公共服务配套以及相关专项资金投入等方面对南沙新区给予优先安排。

第八条 市人民政府各行政管理部门应当按照各自的职责,推进南沙新区的建设和发展,相关区人民政府应当予以协助。

有关南沙新区建设和发展的事项,依照规定需要由市人民政府行政管理部门向省级以上人民政府行政管理部门报请审批的,市人民政府行政管理部门应当优先报请审批;对由南沙新区管理机构直接向省级以上人民政府行政管理部门报请审批的,市人民政府行政管理部门应当提供便利和支持。

第九条 本市制定的地方性法规不适应南沙新区发展的,市人民政府可以提请市人民代表大会或者其常务委员会就其在南沙新区的适用作出决定或者对有关地方性法规进行修改。

市人民政府和南沙新区管理机构应当通过制定规范性文件等方式,支持、推进南沙新区先行先试。

第二章 行政管理与服务

第十条 南沙新区管理机构在南沙新区行使市人民政府相应的管理权限,依法履行下列职责:

(一)根据南沙新区建设和发展的需要制定相关文件;

(二)根据工作职能需要,按照协调、精简、高效的原则,设置和调整相应的工作机构;

(三)组织编制和实施南沙新区总体规划,审批控制性详细规划;

(四)编制南沙新区土地利用总体规划,对南沙新区的土地利用依法实施管理;

(五)管理南沙新区的发展改革、经贸、科技和信息化、财政、人力资源和社会保障、国土、房管、环保、建设、审计、国有资产监管、规划、统计、工商、教育、卫生、民政、知识产权、旅游、农业、林业和园林、水务等工作；

（六）法律、法规规定的其他职责。

南沙新区管理机构根据国务院及其行政管理部门、省人民政府及其行政管理部门的决定，行使其委托、下放或者以其他方式交由南沙新区管理机构行使的行政管理权。

市人民政府应当在本条例施行之日起一年内制定交由南沙新区管理机构行使的市级审批权限、执法权限目录并明确南沙新区管理机构的其他具体行政管理职责、公共服务的范围以及市人民政府各有关行政管理部门在南沙新区的职责，向社会公布。交由南沙新区管理机构行使的市级审批权限和执法权限原则上不得收回。

第十一条　南沙新区管理机构应当依托辖区人民政府实施行政管理和社会治理，探索和实施适合南沙新区综合发展的治理模式。

第十二条　南沙新区管理机构办理行政审批事项实行一站式受理、集中审批、限时办结、跟踪服务等制度。

南沙新区管理机构应当在本市规定的审批时限的基础上进一步简化审批流程、缩短审批期限，提高管理效率和服务水平，建立廉洁、高效、务实、便民的行政运行机制。

第十三条　南沙新区应当建立南沙新区重大事项决策咨询机制，设立决策咨询委员会。决策咨询委员会的组成、工作程序和工作方式等由南沙新区管理机构制定，并向社会公布。

编制南沙新区的城乡规划、确定重点工程项目、引进大型项目等重大事项以及对南沙新区发展或者生态环境有重大影响的其他事项在决策前，南沙新区管理机构应当组织决策咨询委员会中相关领域的专家进行论证。

第十四条　南沙新区管理机构应当为进驻南沙新区的海关、检验检疫、海事、边防、港务、金融监管等单位履行职责和落实国家支持南沙新区发展的优惠政策，提供便利和协助。

第三章 规划建设与土地利用

第十五条 南沙新区管理机构应当依据本市国民经济和社会发展规划、城市总体规划以及土地利用总体规划，按照《广州南沙新区发展规划》的要求，依法编制南沙新区规划，并对规划进行环境影响评价。

依法批准的规划应当严格执行，未经法定程序不得修改。

第十六条 南沙新区管理机构在编制南沙新区城乡规划时应当借鉴国内外先进的规划理念和建设标准，合理确定开发边界和开发强度，将南沙新区划分为优化开发区域、重点开发区域、限制开发区域和禁止开发区域，对优化开发区域和重点开发区域加强土地的节约集约利用，并在禁止开发区域设立保护标志。

第十七条 本市城乡规划应当统筹协调南沙新区与其周边地区的基础设施，使南沙新区的基础设施与周边地区及港澳地区相衔接。

市人民政府有关行政管理部门、相关区人民政府和南沙新区管理机构应当相互配合，按照城乡规划的要求组织建设南沙新区及其周边地区的基础设施。

鼓励港澳等境内外企业或者个人以独资、合资、合作、联营、项目融资等方式依法在南沙新区投资建设基础设施项目。

第十八条 市人民政府应当加大对南沙新区轨道交通、快速公路等重大公共基础设施建设的财政扶持力度，按照满足南沙新区发展实际需要的要求，组织建设南沙新区与市中心城区之间的快速直达交通干线，完善南沙新区及其与市中心城区之间的交通网络。

第十九条 南沙新区的土地利用按照下列规定执行：

（一）南沙新区管理机构应当建立土地节约集约利用的动态评估、监测机制，实行与现代产业相适应的差别化供地模式，创新土地利用管理方式，提高土地利用效率；

（二）南沙新区管理机构应当合理安排产业、住宅、公共设施等各类用地，形成合理的土地利用结构和空间布局；

（三）产业用地应当优先保障高新技术产业、先进制造业、战略性新兴产业的研发和产业化项目用地；

（四）土地使用权人不得擅自改变土地用途和建筑物的使用功能。

南沙新区管理机构应当根据土地管理法律、法规和南沙新区城乡规划、南沙新区土地利用总体规划、产业发展需要，制定国有土地使用权出让、转让和租赁的条件、标准和程序，并向社会公布。

第二十条　南沙新区应当建立和完善集体建设用地使用权的流转机制。符合规定条件的集体建设用地使用权可以出让、租赁或者入股。

第二十一条　南沙新区管理机构应当建立产业用地评估制度，对产业生命周期、投入产出效益等进行评估，依据评估结果对不同的产业确定相应的土地使用期限。评估应当委托第三方专业人士和机构进行。

第二十二条　南沙新区管理机构应当建立企业土地使用的退出机制，在国有土地使用权出让合同或者租赁合同中明确约定土地退出条件，当合同约定的情形发生时，南沙新区管理机构可以按照合同约定收回土地。

第二十三条　南沙新区可以依法采用国有土地使用权作价出资或者入股等方式，与进驻南沙新区的重要项目单位进行合作。

第二十四条　南沙新区国有土地使用权出让、租赁的收益全额留存南沙新区，按照国家规定扣除、计提有关税费和政策性资金后，作为南沙新区建设发展资金。

南沙新区管理机构应当每年将南沙新区国有土地使用权出让、租赁收益及其使用情况向社会公布。

第二十五条　南沙新区应当提高海域使用的效率，保证海域有效利用，并与环境保护相协调。

南沙新区可以依法申请使用符合海洋功能区划和土地利用总体规划的海域，并完善用海管理与用地、供地管理的衔接机制。

第四章　区域合作

第二十六条　南沙新区应当在产业发展、社会治理、综合服务、环境保护、人才培养等方面加强与港澳地区的全方位合作，以金融保险、商业服务、休闲旅游、航运物流、科技创新、研发设计、法律服务、文化创意、教育培训等为重点合作领域，提升区域产业核心竞争力。

第二十七条　南沙新区应当创新与港澳及国际合作的机制，营造国际化、法制化的营商环境，逐步实现与港澳服务贸易与投资的自由化。

第二十八条　南沙新区在作出涉及港澳合作重大事项的决策前应当听取港澳地区的专家和社会组织的意见，并为其参与决策提供便利和支持。

第二十九条　南沙新区应当推进与港澳地区的健康医疗服务合作，建立与港澳医疗机构的沟通机制，推进互认检验检查结果，使港澳居民享受更加便利的转诊等医疗服务。

南沙新区应当通过技术合作、学术交流、技能培训等多种方式集聚国内外高端医疗资源，扩大医疗服务市场，引入港澳高水平的医疗机构和先进管理模式。

第三十条　南沙新区可以采取资金资助、场租优惠等措施，支持港澳及国际知名高校与内地高校在南沙新区合作开展人才培养，建设国际教育合作实验区，探索创新国际教育合作模式；鼓励港澳地区职业教育培训机构与内地院校、企业、机构在南沙新区建立职业教育培训学校和实训基地，为产业发展提供人才培养服务。

第三十一条　南沙新区应当推进粤港澳科技合作，加强在科技创新领域的交流和信息资源共享，吸引港澳等境内外知名科研机构和高校科研创新机构进驻南沙，支持港澳等境内外企业在南沙设立研发中心，规划建设粤港澳创新产业基地。

第三十二条　南沙新区应当与周边地区合作开展珠江口海域海洋环境整治，推进区域空气质量监测合作与网络建设，建立和完善环境安全预警机制和区域大气污染联防联控工作机制，保护生态环境，提高生态文明水平。

南沙新区可以采用政策引导、资金资助等方式支持港澳企业在南沙新区开展清洁发展机制项目，加强与港澳企业在清洁生产、清洁能源及可再生能源发展等方面的合作，引导区内企业采用有效的污染物减控措施及清洁生产技术，建设良好的生态环境。

第三十三条　鼓励和支持跨区域的行业组织或者国际标准认证组织依法在南沙新区设立机构从事相关的认证活动。

鼓励港澳地区金融、医疗、保险、律师、会计、物流、咨询管理等服务组织和个人到南沙新区开展相关业务。

港澳地区的建筑、医疗等服务机构和执业人员可以持港澳地区许可（授权）机构颁发的证书，按照内地与港澳关于建立更紧密经贸关系安排的有关规定经备案或者许可后，在南沙新区开展相应业务。

第三十四条　南沙新区应当提升与港澳口岸合作水平，探索与港澳间口岸查验结果互认，简化通关手续，为人员往来和货物通关提供便利条件。

第三十五条　南沙新区内涉港澳、国外合同的当事人，可以依法约定选择处理合同争议所适用的法律，可以依法约定选择与争议有实际联系地点的法院管辖案件，但法律另有规定的除外。

第三十六条　符合担任人民陪审员条件的香港、澳门永久性居民中的中国公民可以经依法任命后，作为人民陪审员参与南沙新区涉港澳民商事案件的审理。

第三十七条　南沙新区内涉港澳、国外合同的当事人可以依法约定选择内地、港澳或者国外的仲裁机构对案件进行仲裁。

鼓励仲裁机构聘任符合条件的港澳人士作为仲裁员，在南沙新区设立的仲裁机构应当为港澳人士参加仲裁提供便利条件。

第五章　生态环境保护

第三十八条　南沙新区管理机构应当按照生态、宜居、可持续的要求制定和完善南沙新区生态环境保护和建设规划，并将其纳入南沙新区总体规划和控制性详细规划。

南沙新区实行环境保护目标责任制和考核评价制度。

第三十九条　南沙新区应当划定本辖区内重点生态功能区、生态环境敏感区和脆弱区等区域的生态保护红线，向社会公布，并建立配套保护机制。未经规定程序，不得改变生态保护红线内的用地性质、不得缩小生态保护红线的范围。

第四十条 南沙新区围填海项目应当经过科学论证，依法开展环境影响评价工作，保障河口地区泄洪纳潮安全，不得破坏海岸带、海域和海洋生态系统功能，统筹海岛保护、开发与建设。

第四十一条 南沙新区管理机构应当加强对本辖区内湿地的保护，制定湿地保护规划，建立湿地保护区，创新湿地保护机制，对湿地实施有效保护。

南沙新区管理机构应当将湿地保护区的范围向社会公布，并在保护区内设立保护界标。

第四十二条 南沙新区管理机构应当采取财政扶持等措施，推动生态环境保护的科学研究，推广清洁能源和节能减排等环境保护技术的应用，推进清洁生产，发展循环经济，支持企业节能、减排、降耗、增效，推广绿色建筑、绿色交通和生态农业。

南沙新区应当制定和实施严格的环保准入制度。南沙新区内建设项目的工艺、技术、装备、管理水平和环境保护措施应当达到国内清洁生产先进水平。

第四十三条 与南沙新区相邻两千五百米区域内的建设项目可能对南沙新区造成环境污染的，有关部门应当在办理项目选址、环境影响评价手续之前征求南沙新区管理机构的意见，南沙新区管理机构应当在收到征求意见书之日起十五日内答复。

跨区域、过境工程需要占用南沙新区用地或者从其地下穿越的，有关部门应当在办理项目选址、环境影响评价手续之前征求南沙新区管理机构的意见，南沙新区管理机构应当在收到征求意见书之日起十五日内答复。

南沙新区周边非本市的拟建或者在建项目影响南沙新区生态环境的，市人民政府应当向项目所在地的人民政府提出异议，或者提请省人民政府协调解决。

第六章 产业促进

第四十四条 南沙新区应当重点发展金融保险、文化创意、研发设计、航运物流、滨海旅游、重大装备、先进制造业等产业,构建以生产性服务业为主导的现代产业体系。

南沙新区管理机构应当制定南沙新区产业发展规划,并根据产业发展规划、政策以及环境影响、资源节约、技术水平、经济效益等要素,建立项目评价和准入、退出制度,编制产业发展目录,明确鼓励、限制和禁止发展的产业,并向社会公布。对目录中禁止发展的产业,不得引进;对限制发展的产业,限制引进,并明确引进的条件和程序。

第四十五条 南沙新区根据法律、法规的规定和上级人民政府的授权或者委托,对南沙新区产业发展目录中鼓励发展的产业项目落户南沙新区,给予资金扶持、土地供应和物业使用等方面的支持和便利。

南沙新区可以通过风险投资、股权投资、设立创业投资引导基金等方式支持中小企业技术创新和促进创新企业的设立。

第四十六条 南沙新区在国家金融政策的支持下,推进下列金融工作和事项:

(一)拓展跨境贸易的人民币结算业务,开展资本项目可兑换的先行试验。

(二)支持符合条件的港澳和国际大型金融机构在南沙新区设立法人机构、分支机构和开展业务。

(三)鼓励和支持广州地区的企业和金融机构在香港发行人民币债券用于支持南沙新区的开发建设。

(四)鼓励和支持在南沙新区新设金融机构,开办期货交易、信用保险、融资租赁、信托投资等业务;南沙新区可以引进信托机构,发行多币种的产业投资基金,开展多币种的土地信托基金(计划)试点。

(五)符合条件的港澳台机构可以在南沙新区设立合资证券公司、合资证券投资咨询公司和合资基金管理公司。

(六)符合条件的港澳保险机构可以在南沙新区成立自保公司、相互制保险公司等新型保险公司，发展再保险、航运保险、货运保险和信用保险等业务。

（七）鼓励港澳保险经纪公司在南沙新区设立独资保险代理公司；支持港澳等外资股权投资基金在南沙新区创新发展，探索外资股权投资企业在资本金结汇、投资、基金管理等方面的新模式。

（八）南沙新区内的金融机构可以为港澳台机构和居民提供跨境人民币结算金融服务，开发跨境人民币结算创新产品，促进贸易投资便利化；鼓励和支持粤港澳企业跨境直接融资；支持在南沙新区开展人民币计价业务试点。

（九）其他经国家批准开展的金融工作和事项。

第四十七条 南沙新区应当加强对市场主体生产、经营活动的监管，完善市场主体信用制度建设，建立市场主体信息公示制度，对市场主体基本登记信息、备案信息、许可审批和监管信息、银行记载的信用信息进行公示，并建立市场主体信用评级制度。

第四十八条 税务行政管理部门应当落实国家鼓励创新创业和扶持先进生产性服务业发展的税收政策，优化税收征管机制，提高纳税服务水平，创建有利于南沙新区建设和发展的良好税收环境。

南沙新区管理机构应当根据推动产业发展的需要，提请有关行政管理部门对符合规定的产业、行业和人员制定并实施税收优惠政策。

第四十九条 南沙新区在市级行政审批管理权限范围内对企业实行行政审批零收费制度，但资源补偿、环境保护和国际对等类行政事业性收费除外。

第五十条 市人民政府、南沙新区应当根据财力情况逐步加大对南沙新区科技研究与开发的经费投入，用于支持科技研究与开发工作，并创新科技投入的机制，建立和完善科技创新公共服务平台。

第五十一条 南沙新区应当设立产学研专项资金，用于支持企业、高等学校和科研机构建立产学研合作联盟，合作开展产业关键共性技术攻关，实现创新成果产业化。

第五十二条 南沙新区应当采取措施建立和完善科技创新服务体系，支持信用、法律、保险、知识产权、信息咨询、人才服务、资产评估、审计、会计、国际标准认证等服务组织在南沙新区建立机构和开展业务。

第五十三条 南沙新区应当鼓励知识产权创造，采取资助、奖励等多种措施，支持企业拥有和运用自主的知识产权。

南沙新区应当加强对知识产权的保护，采取有效措施防范和打击区域范围内侵犯知识产权的行为，建立和完善知识产权风险预警机制，为企业防范知识产权纠纷和在国际竞争中防范知识产权风险提供帮助。

南沙新区应当设立知识产权专项资金，用于知识产权的创造、运用、保护和管理工作。

第七章 人才保障

第五十四条 南沙新区管理机构应当确立人才优先发展战略，创建人才管理改革试验区，制定南沙新区人才发展规划，制定人才引进、培养、使用、流动、评价和激励的具体措施，鼓励和支持各方面专业人才到南沙新区工作，并为其在南沙新区工作提供便利和权益保障。

第五十五条 南沙新区管理机构应当建立专项资金，支持人才的培养与引进。

南沙新区管理机构应当为在南沙新区工作的人才在企业设立、创新创业、户口迁移、居住证办理、配偶就业、未成年子女教育、住房购买或者租赁、办公用房补贴、医疗保障等方面提供便利和帮助。

南沙新区管理机构应当积极向有关行政管理部门争取在港澳人才往来便利、与港澳职业资格互认、股权税收激励等方面在南沙新区进行先行先试，率先形成具有国际竞争力的人才制度优势。

第五十六条 南沙新区鼓励和支持优秀科学家在南沙新区领衔组建新型科研机构和主持科研项目，并对进驻南沙新区主持研究机构或者研究项目的优秀科学家，给予物质帮助或者资金资助。

南沙新区应当建立高层次人才居住证制度，为高层次人才积聚、发展创造有利的环境。

第五十七条 南沙新区对本区产业发展产生重要推动作用的科研项

目,可以给予相关研究机构或者人员奖励。

在南沙新区工作的科研人员,从事科研开发、科研服务和科研成果转让所获得的收入,依照法律、法规和国家政策的规定享受税收方面的优惠。

南沙新区支持本辖区内的高等院校、科研院所和企业按照国家和本市的有关规定,采取职务科技成果入股、科技成果折股、股权奖励、股权出售、股票期权、科技成果收益分成等方式,对作出贡献的科技人员和经营管理人员进行股权和分红激励。

第五十八条　南沙新区鼓励单位和个人在南沙新区设立教育培训机构,培养各类人才;鼓励高等院校、科研院所和其他各类人才培训机构为南沙新区的企业培训、输送技术以及管理人才;支持南沙新区企业通过为在校学生提供科研、实习、见习条件等参与南沙新区人才培养计划。

第五十九条　南沙新区鼓励社会组织、征信机构在南沙新区开展人才信用评价和管理,建立人才信用记录,推广使用人才信用报告等信用产品。

第八章　社会治理

第六十条　南沙新区应当探索建立以人为本、协商民主、多方参与、公平正义的治理机制,形成公开透明、办事高效的社会治理体制。

第六十一条　南沙新区应当推动在本辖区内居住的人员积极融入社区,并为其提供优质的教育、医疗、卫生、文化、体育、公共交通、就业培训、社会保障等公共服务,通过资金投入和政策引导,完善城市服务功能,促进城乡基本公共服务均等化。

第六十二条　南沙新区应当深化农村综合改革和镇街事权管理体制改革,建立有利于本地经济社会发展的基层治理机制。

南沙新区应当创新社会矛盾预防和化解机制,健全劳动关系三方协商机制,建立畅通有序的诉求表达、矛盾调解、权益保障制度,有效协调各方利益诉求,促进社会和谐稳定。

第六十三条 南沙新区应当根据新区建设发展需要，建设适量的公共租赁房屋、廉租住房等，完善普惠公平的住房保障体系，扩大住房保障的覆盖面，为人才引进、企业发展以及社会保障政策的落实提供物质保障。

第六十四条 南沙新区应当支持和引导本辖区内的单位和个人参与南沙新区的社会事务管理，保障其知情权、参与权、表达权和监督权。

南沙新区应当创新社会治理模式，推进城乡基层群众自治，健全基层人民调解机制。

第六十五条 南沙新区应当推动各类社会组织规范、健康、有序的发展，鼓励社会组织在提供公共服务、反映利益诉求、增强社会活力、促进社会发展等方面发挥作用，建立与南沙新区地位和作用相适应的社会组织发展体系，逐步实现社会组织自我管理、自主发展。

第六十六条 南沙新区可以将行业管理、社会事务治理、市场监督等职能依法转移给相关社会组织承接，为社会组织发展拓展空间。

第六十七条 南沙新区应当加大财政扶持社会组织发展的力度，以项目资助为主，推动建立公共财政对非营利性社会组织资助和激励机制，鼓励和支持社会组织从事公益活动和提供基层多元化的社会服务。

第六十八条 南沙新区应当建立社工职业水平评价制度、人才登记服务和保护制度以及考核评估制度，引导社工以及社工组织专业化发展。政府应当通过补助社会组织开发就业岗位，加大政府资助社会团体、民办非企业单位聘用社工力度的方式，支持社工组织的建设。

第六十九条 社会组织可以直接向社会组织登记管理机关申请成立登记，法律、行政法规另有规定的除外。

第九章 法律责任

第七十条 南沙新区管理机构及其工作机构的工作人员有下列行为之一的，由上级行政机关或者有关部门责令改正、通报批评；情节严重的，对直接负责的主管人员和其他直接责任人员依法给予处分：

（一）违反本条例第十六条规定，未在禁止开发区域设立保护标

志的;

（二）违反本条例第二十一条规定，未建立产业用地评估制度的;

（三）违反本条例第二十二条规定，未建立企业土地使用的退出机制的;

（四）违反本条例第三十九条规定，未划定生态保护红线的;

（五）违反本条例第四十一条规定，未制定湿地保护规划或者未在湿地保护区内设立保护界标的;

（六）违反本条例第四十四条第二款规定，未建立项目评价和准入、退出制度，或者未编制产业发展目录，或者未将产业发展目录向社会公布，或者违反条件、程序引进限制发展的产业的;

（七）违反本条例第五十四条规定，未制定人才引进、培养、使用、流动、评价和激励的具体措施的;

（八）其他未依法履行法定职责的行为。

第七十一条 违反本条例第八条第二款规定，市人民政府有关行政管理部门对由其上报的南沙新区建设和发展的事项未优先上报，或者对由南沙新区管理机构上报的有关事项，未提供便利和支持，影响或者延误工作的，由上级行政机关或者有关部门责令改正、通报批评。

第七十二条 违反本条例第四十三条第一款、第二款规定，有关部门在办理项目选址、环境影响评价手续之前未征求南沙新区管理机构意见的，由上级行政机关或者有关部门责令改正；情节严重的，对直接负责的主管人员和其他直接责任人员依法给予处分。

第七十三条 南沙新区进行的创新活动，未能实现预期效果，但同时符合下列情形的，免于追究有关人员的责任并不作负面评价：

（一）创新方案的制定和实施程序符合有关规定；

（二）个人和所在单位没有牟取私利；

（三）未与其他单位或者个人恶意串通的。

法律、法规另有规定的，从其规定。

第十章　附　则

第七十四条　市人民政府可以依据本条例制定实施细则。

第七十五条　市人民政府、南沙新区管理机构应当在本条例的实施细则或者其他规范性文件中，对本条例的"鼓励""支持"条款明确具体的鼓励、支持措施，并向社会公布。

第七十六条　南沙新区获得的优惠政策适用于南沙新区范围内的经济技术开发区、保税港区和高新技术产业园区。

第七十七条　本条例自2014年9月1日起施行。

广州市公共图书馆条例

(2014年10月29日广州市第十四届人民代表大会常务委员会第三十四次会议通过 2015年1月13日广东省第十二届人民代表大会常务委员会第十三次会议批准)

第一章 总 则

第一条 为促进公共图书馆事业发展，满足公众对知识、信息及相关文化活动的需求，实现与保障公众的基本文化权益，根据相关法律、法规，结合本市实际，制定本条例。

第二条 本条例适用于本市行政区域内公共图书馆的设立、管理与服务等活动。

第三条 本条例所称公共图书馆是指由各级人民政府设立，面向社会公众开放的，收集、整理、保存、研究和利用文献信息资源的公益性服务机构。

前款所称文献信息资源包括图书、报纸、期刊、缩微制品、音像制品、电子出版物、数字资源等。

第四条 市文化行政主管部门负责全市公共图书馆事业的管理工作，并组织实施本条例。

区文化行政主管部门负责本行政区域内公共图书馆事业的管理工作。

发展改革、财政、教育、规划、国土、人力资源、建设、交通等行政管理部门应当根据各自职责，协同实施本条例。

第五条 市、区人民政府应当将公共图书馆事业纳入国民经济和社会发展规划和年度计划、所需经费列入本级财政预算，使财政投入与经济社会发展和公共图书馆的服务人口、服务范围、服务需求、服务功能等相适应。

公共图书馆经费包括设施、设备、人员、文献信息资源、图书馆运行与维护等方面的费用。

第六条 鼓励国内外自然人、法人或者其他组织以捐赠资金、文献、设施、设备或者其他形式支持公共图书馆的发展。

鼓励和支持国内外自然人、法人或者其他组织兴办公益性图书馆，与公共图书馆合作提供或者单独提供公益性阅读服务，各级人民政府应当依照有关法律、法规的规定给予支持。

国内外自然人、法人或者其他组织按照本条第一款、第二款规定的方式参与图书馆建设或者提供公益性阅读服务的，依照有关法律、法规的规定享受税收等优惠待遇。公共图书馆可以以捐赠人的名字命名或者以其他适当方式给予捐赠人相应荣誉。

第七条 市、区人民政府可以发起设立公共图书馆发展社会基金。

鼓励国内外自然人、法人或者其他组织依法设立公共图书馆发展社会基金，或者向公共图书馆发展社会基金进行捐赠。

公共图书馆发展社会基金的设立、运作和管理依照有关法律、法规的规定执行。

第八条 市、区人民政府应当推动公共图书馆建立和运行法人治理机制，建立和完善理事会等法人治理机构。理事会由文化行政主管部门、有关行政管理部门、公共图书馆、专业人士、市民等有关方面代表组成。

第九条 每年四月为广州读书月。

文化行政主管部门、公共图书馆等行政管理部门和单位应当通过各种形式组织开展全民阅读推广活动。

第二章 公共图书馆的设立

第十条 市、区人民政府应当根据本地区社会、经济、文化发展和人口分布状况，统筹规划、合理布局，建立覆盖城乡的公共图书馆体系。

市文化行政主管部门应当根据国民经济和社会发展规划、城市总体规划以及土地利用总体规划编制公共图书馆事业建设规划，经市发展改革、规划、国土行政管理部门审查后，报市人民政府审批。

第十一条　公共图书馆选址应当位于人口相对集中、交通便利、市政设施配套良好的区域，符合安全、卫生、环保标准和服务半径合理的要求。

本条例实施前已经建成或者已经开工建设的公共图书馆选址不符合前款规定的，市、区人民政府应当逐步完善公共图书馆的配套公共交通、市政设施，并按照有关标准改善公共图书馆周边的安全、卫生和环境状况。

第十二条　市、区人民政府应当设立本级公共图书馆。

市人民政府设立的广州图书馆为全市公共图书馆的中心馆，中心馆可以根据公共图书馆发展规划和实际需要，设立直属综合性分馆或者专业性分馆。

区人民政府负责建设区和镇、街道公共图书馆，建立公共图书馆总分馆体系，区公共图书馆为区域总馆，镇、街道公共图书馆为分馆。省、市、区公共图书馆所在地的镇、街道可以不设立分馆。

第十三条　区人民政府应当因地制宜推进村、社区的图书室或者服务网点建设，可以在学校、企业、地铁站、火车站、汽车站、航空港等人口密集区域设立图书室或者服务网点。

有关单位应当根据实际情况为图书室或者服务网点建设在场地、配套设施设备等方面提供必要支持。

第十四条　市人民政府应当设立少年儿童图书馆。区人民政府可以设立少年儿童图书馆。市、区人民政府设立的少年儿童图书馆为中心馆、区域总馆的专业性分馆。

中心馆、区域总馆应当设置少年儿童阅览区域。

第十五条　中心馆、区域总馆应当独立建设。镇、街道分馆或者村、社区图书室可以与其他文化设施合建，或者利用其他现有建筑建设。

公共图书馆（室）与其他文化设施合建的，应当满足图书馆（室）的使用功能和环境要求，自成一区，设置单独出入口。

第十六条 公共图书馆的建筑面积依据服务范围内的常住人口数量并适当考虑人口增长因素确定。公共图书馆每千人建筑面积应当符合下列要求：

（一）市级公共图书馆达到十平方米以上；

（二）区域总馆和镇、街道分馆合计达到37.5平方米以上，但省、市公共图书馆所在地的区可以适当低于上述标准。

市、区公共图书馆和镇、街道分馆的建筑面积不得低于国家最低标准。

公共图书馆的少年儿童阅览区域面积应当不低于全馆借阅服务区域面积的百分之二十。

第十七条 公共图书馆的藏书总量应当高于国家标准。以公共图书馆服务范围内常住人口为基数计算，馆藏纸质信息资源人均拥有量到2020年应当达到下列要求：

（一）市级公共图书馆合计达到一册（件）以上；

（二）区域总馆和镇、街道分馆合计达到二册（件）以上。

第十八条 公共图书馆应当不断完善、丰富馆藏文献信息资源。文献信息资源建设应当兼顾纸质信息资源、数字信息资源和其他信息资源，满足服务人口的需求。

以公共图书馆服务范围内常住人口为基数计算，公共图书馆年人均入藏纸质信息资源应当达到下列要求：

（一）市级公共图书馆不少于0.06册（件）；

（二）区域总馆和镇、街道分馆合计不少于0.14册（件）。

第十九条 公共图书馆应当加强数字信息资源共建共享。中心馆应当建立全市统一的通用数字信息资源库，对数字信息资源与传统载体资源进行整合，为全市公共图书馆用户提供数字化、网络化服务；区域总馆可以建设具有本区域特色内容的数字信息资源库。区域总馆建设的数字信息资源库应当在中心馆网站建立链接。

数字信息资源建设中应当注重信息技术的应用，根据数字信息资源的用途，确定相应的加工级别和保存期，优秀文化遗产应当长期保存。

中心馆与区域总馆应当建立完善的数字信息资源管理平台，实现对数字信息资源的科学管理，加强知识产权保护，保证数字信息资源的合法使用。

第二十条　公共图书馆应当加强对地方文献的搜集、整理和保护，逐步形成资料齐全、体系完整、具有地方特色的馆藏体系或者专题系列。

第二十一条　任何单位和个人不得擅自拆除公共图书馆（室）或者改变其使用功能、用途。

经依法批准拆除公共图书馆（室）或者改变其功能、用途的，应当依照有关法律、法规和本条例的规定原址重建或者迁建。原址重建或者迁建的公共图书馆（室）应当符合规划要求，并不得小于原有规模。公共图书馆（室）迁建应当在新馆（室）建成后再拆除旧馆（室）。

第二十二条　全市公共图书馆实行统一标志，并纳入路标、路牌、公共交通等城市标志系统。

第三章　公共图书馆的管理

第二十三条　市、区人民政府应当按照服务的常住人口每一万人至一万五千人配备一名工作人员的标准，结合服务时间、馆舍规模、馆藏资源数量、用户服务量等因素合理配备相应数量的公共图书馆工作人员。工作人员可以多形式、多类型配备。

公共图书馆新进管理人员和专业技术人员应当具备大学本科以上学历和与工作岗位相适应的专业知识与技能，并按照相关规定实行公开招聘，具体要求由市文化行政主管部门另行规定并向社会公布。

公共图书馆应当根据图书馆事业发展和业务要求，建立和健全工作人员业务培训和继续教育制度。

第二十四条　公共图书馆实行馆长负责制。

市级公共图书馆的馆长应当具有相应专业的正高级专业技术职称或

者具有五年以上图书馆工作经验的相应专业副高级专业技术职称。

区域总馆的馆长应当具有相应专业副高级以上专业技术职称或者具有三年以上图书馆工作经验的相应专业中级专业技术职称。

第二十五条　中心馆应当履行下列职责：

（一）负责全市公共图书馆业务的指导和协调；

（二）负责制定和组织实施全市公共图书馆统一的业务标准和服务规范；

（三）负责统筹全市公共图书馆通借通还服务网络、信息化管理系统和数字图书馆建设；

（四）负责组织全市公共图书馆工作人员专业化培训工作；

（五）开展图书馆领域的国内外交流与合作。

第二十六条　区域总馆在中心馆的业务指导下，履行下列职责：

（一）负责所属分馆的统一管理；

（二）按照全市统一的业务标准，负责本馆和所属分馆文献信息资源的采购、编目和物流配送；

（三）按照全市统一的服务规范，制定本区公共图书馆（室）和服务网点的服务规范；

（四）负责本馆和所属分馆工作人员的统筹调配；

（五）开展图书馆领域的国内外交流与合作。

第二十七条　公共图书馆应当提高图书馆空间和馆藏纸质信息资源的利用率，定期对馆藏纸质信息资源进行清点，对于有利用价值但利用率相对较低的纸质信息资源，可以在图书馆之间调配使用，或者建立贮存图书馆进行收藏；对于破损严重或者陈旧等原因而无法使用的馆藏纸质信息资源可以根据有关程序予以剔除。

公共图书馆应当制定与本馆馆藏发展需要相适应的纸质信息资源剔除规定，报文化行政主管部门批准后执行。

第二十八条　公共图书馆应当做好文献信息资源的保存和保护工作，配备防火、防盗、防潮、防有害生物、消毒、容灾备份等必要设施，建立应急预案，落实有关的安全管理制度。

第二十九条　公共图书馆应当遵守国家知识产权保护的法律法规，

依法保护和合理使用文献信息资源。

第三十条 在本市依法登记注册的出版单位出版的图书、报纸、期刊、音像制品、缩微制品、电子出版物等,应当在出版之日起六十日内,向广州图书馆呈缴两册(件);少年儿童出版物应当同时向广州少年儿童图书馆呈缴两册(件)。

各级人民政府以及所属职能部门编印的内部资料性出版物,应当在编印之日起六十日内,向本级公共图书馆呈缴四册(件)作为资料保存。

鼓励自然人、法人或者其他组织通过各种方式向公共图书馆捐赠其出版或者编印的各类出版物和资料。

受缴、受赠公共图书馆应当向出版、编印单位出具接受呈缴或者捐赠凭证,定期编制呈缴本、受赠本目录并向社会公布。

第三十一条 公共图书馆应当建立文献信息资源采购咨询制度,广泛征求用户、专家以及相关行业组织对文献信息资源采购类别、数量等方面的意见。

第三十二条 市文化行政主管部门应当制定公共图书馆考核标准,建立第三方评估机制。

市、区文化行政主管部门应当定期对公共图书馆的设立、管理与服务情况进行考核。

第三十三条 鼓励建立图书馆行业组织,支持行业组织发挥行业自律、行业代表、行业服务、行业指导和行业协调作用。

图书馆行业组织的职责、议事规则等由其章程规定。

第四章 公共图书馆的服务

第三十四条 公共图书馆应当坚持普遍、平等、免费、开放和便利的服务原则。

第三十五条 公共图书馆应当为公众提供下列基本服务:

(一)文献信息资源的阅览、外借、查询、参考咨询等服务;

(二)政府公开信息的查询服务;

（三）开展全民阅读推广活动和信息素养教育，举办公益讲座、展览、培训等社会教育活动，为公众终身学习提供条件和支持；

（四）提供学习、交流和相关公共文化活动的空间、平台；

（五）其他基本服务。

第三十六条 公共图书馆除按照本条例第三十五条规定提供基本服务外，还应当根据自身的业务能力提供下列服务：

（一）为公众提供专题信息服务；

（二）为国家机关决策提供信息服务；

（三）为开展地方文献与地方历史文化研究提供服务。

第三十七条 公共图书馆应当利用互联网、手机等信息技术手段和载体，为用户提供远程查询、阅读等服务以及个性化信息服务。

公共图书馆应当借助计算机管理与书目检索系统，将纸质、电子和缩微等不同载体的馆藏文献目录向公众公开，提供题名、著者、主题等方便用户查询的基本检索途径。

公共图书馆应当为用户提供必要的数字服务空间和设施设备。

第三十八条 区域总馆应当根据村、社区居民的年龄结构、文化程度、就业状况等，有针对性地配置村、社区图书室的文献信息资源，改善阅读环境，提高服务水平。

公共图书馆应当通过流动站、流动车或者自助图书馆等形式，定点、定时在村、社区等基层组织和单位提供文献信息资源通借通还服务和其他公共图书馆服务。

第三十九条 公共图书馆应当通过推荐优秀读物、组织读书会、开展阅读辅导等形式，面向社会公众、重点面向少年儿童和青年倡导、推广阅读。

第四十条 中心馆、区域总馆及其分馆应当在2020年前实现文献信息资源的通借通还。

第四十一条 公共图书馆提供基本服务应当免费。

公共图书馆提供文献复制、文本打印、即时付费数据库检索、科技查新、专题信息服务、文献信息资源开发等服务，可以收取适当费用。收费项目和标准，由文化行政主管部门报送价格行政管理部门按照

《中华人民共和国价格法》的规定确定。公共图书馆的收费应当用于公共图书馆的建设和管理。

公共图书馆不得将馆内场地提供给第三方举办与公共图书馆功能和服务无关的商业性活动。经公共图书馆同意举办相关活动的，不得影响用户对公共图书馆的正常使用。

第四十二条　中心馆每周的开放时间不少于七十小时，区域总馆每周的开放时间不少于六十三小时，镇、街道分馆每周的开放时间不少于四十小时。

少年儿童图书馆每周的开放时间不少于四十八小时，在学校寒暑假期间，每天开放时间应当适当延长。

在国家法定节假日，公共图书馆可以根据实际情况调整开放时间。

第四十三条　公共图书馆应当将本馆的服务范围、服务指南、开放时间、收费项目及标准等事项在图书馆入口处、馆内显著位置公示，中心馆、区域总馆还应当在其网站上公示。

因故变更开放时间或者闭馆的，除遇不可抗力和意外事件外，应当提前七日公示。

第四十四条　公共图书馆用户享有以下权利：

（一）平等获取信息和知识；

（二）免费、平等获得公共图书馆基本服务；

（三）向公共图书馆或者文化行政主管部门提出建议和意见，并及时获得回复；

（四）依照有关规定获得公共图书馆提供的其他服务。

第四十五条　公共图书馆用户应当遵守下列规定：

（一）依法合理利用公共图书馆资源；

（二）爱护公共图书馆的文献信息资源和设施、设备，不得损毁；

（三）妥善保管并按照规定期限归还所借馆藏文献信息资源；

（四）服从公共图书馆的管理，遵守公共秩序，在公共图书馆内不得有追逐打闹、高声喧哗等干扰、影响其他用户的行为；

（五）遵守其他规章制度。

第四十六条　公共图书馆应当依法保护和使用用户信息，未经用户同意，不得擅自向第三方披露或者泄露。

第四十七条 公共图书馆不得限制文献信息资源的利用，但国家规定禁止公开传播的文献信息资源除外。

古籍和其他珍贵、易损文献信息资源，应当按照法律、法规的规定采取保护措施，利用数字化、善本再造或者缩微技术等提供保护性使用。对于其他不宜外借的文献信息资源，读者可以在馆内阅览。

第四十八条 公共图书馆应当为老年人、残疾人等特殊群体提供设施、设备、文献信息资源等方面的便利服务。

中心馆、区域总馆应当设置盲人阅览室和残疾人专座。

第四十九条 公共图书馆应当通过组建图书馆联盟或者其他方式，加强与学校图书馆、科学与专业图书馆及其他类型图书馆的交流与合作，通过馆际互借、文献传递、联合参考咨询、开放数字资源库等方式实现资源共享与联合服务。

少年儿童图书馆应当推进与中小学校图书馆的合作，通过流动站、流动车等方式向中小学生提供服务。

鼓励学校图书馆、科学与专业图书馆及其他类型图书馆承担公共图书馆职能或者参与设立公共图书馆（室），提供公益性服务。

第五十条 公共图书馆应当建立常态化志愿服务机制，加强与志愿服务组织的合作，根据需要组织志愿者参与公共图书馆的日常运行和服务工作。

第五十一条 公共图书馆可以向社会组织购买服务，吸纳社会组织参与公共图书馆的运营与管理。

公共图书馆购买服务应当有助于提升服务效能。

第五十二条 公共图书馆应当在馆舍显著位置设立用户意见箱（簿），公开监督电话，开设网上投诉通道，组建社会监督员队伍，定期召开用户座谈会。

公共图书馆应当自收到意见或者投诉之日起五个工作日内将答复意见或者处理情况向提出意见的人员或者投诉人反馈。

第五章　法律责任

第五十三条　文化行政主管部门和相关行政管理部门及其工作人员有下列行为之一的，由上级行政机关或者有关部门责令改正、通报批评；情节严重的，对直接负责的主管人员和其他直接责任人员依法给予处分：

（一）违反本条例第十条规定，未按规定编制公共图书馆事业建设规划的；

（二）违反本条例第二十一条规定，未经批准擅自拆除公共图书馆（室）或者改变其使用功能、用途，或者未按规定原址重建或者迁建公共图书馆（室）的；

（三）违反本条例第三十二条规定，未制定考核标准，未定期对公共图书馆进行考核，或者未进行第三方评估的；

（四）其他违反本条例规定的行为。

第五十四条　公共图书馆及其工作人员有下列行为之一的，由文化行政主管部门责令限期改正；情节严重的，对直接负责的主管人员和其他直接责任人员，由任免机关或者有关部门依法给予处分：

（一）违反本条例第二十一条规定，未经批准擅自拆除公共图书馆（室）或者改变其使用功能、用途，或者未按规定原址重建或者迁建公共图书馆（室）的；

（二）违反本条例第二十八条规定，未按规定做好文献信息资源的保存和保护工作，导致文献信息资源损毁或者灭失的；

（三）违反本条例第二十九条规定，未依法保护和合理使用文献信息资源侵犯知识产权的；

（四）违反本条例第四十三条规定，未按规定将有关事项公示的；

（五）违反本条例第四十六条规定，未依法保护、使用用户信息，或者擅自披露、泄露用户信息的；

（六）违反本条例第四十七条第一款规定，擅自限制文献信息资源利用的；

（七）违反本条例第四十八条规定，未为老年人、残疾人等特殊群体提供设施、设备、文献信息资源等方面便利服务的；

（八）其他违反本条例规定的行为。

公共图书馆在提供服务过程中，违反规定向公众收取费用的，由价格行政管理部门依法查处。

第五十五条 违反本条例第二十一条规定，国内外自然人、法人或者其他组织未经批准擅自拆除公共图书馆（室）或者改变其使用功能、用途，或者未按规定原址重建或者迁建公共图书馆（室）的，由文化执法机构责令限期改正，并可以处以十万元以上五十万元以下的罚款。

第五十六条 出版单位未按照本条例第三十条第一款规定呈缴出版物的，广州图书馆或者广州少年儿童图书馆可以通知出版单位限期呈缴；仍不呈缴的，由市文化执法机构责令改正，给予警告。

第五十七条 用户违反本条例第四十五条第（二）项规定，损毁公共图书馆文献信息资源、设施设备的，应当依法赔偿；违反治安管理规定的，由公安机关依法给予治安管理处罚。

用户违反本条例第四十五条第（三）项规定，逾期未归还所借文献信息资源的，公共图书馆可以按照服务合同的约定收取违约金；经公共图书馆合理催告后仍不归还的，公共图书馆可以暂停其读者证的使用权限，并记入个人信用记录。丢失所借文献信息资源的，应当依法赔偿。

用户违反本条例第四十五条第（四）、（五）项规定，不遵守公共秩序，有干扰、影响其他用户的行为，或者不遵守其他规章制度的，公共图书馆工作人员有权予以劝阻、制止，情节严重的，予以劝离；违反治安管理规定的，由公安机关依法给予治安管理处罚。

第六章 附 则

第五十八条 本条例自 2015 年 5 月 1 日起施行。

广州市人民政府关于进一步发展和利用资本市场的若干意见

(穗府〔2015〕19号 2015年7月21日)

各区、县级市人民政府,市政府各部门、各直属机构:

为贯彻落实国务院《关于进一步促进资本市场健康发展的若干意见》(国发〔2014〕17号)、《中国(广东)自由贸易试验区总体方案》(国发〔2015〕18号)和中国证监会《关于进一步推进证券经营机构创新发展的意见》(证监发〔2014〕37号)、《关于大力推进证券投资基金行业创新发展的意见》(证监发〔2014〕50号)、《关于进一步推进期货经营机构创新发展的意见》(证监发〔2014〕77号)以及中国人民银行等十部委《关于支持广州南沙新区深化粤港澳台金融合作和探索金融改革创新的意见》(银发〔2014〕337号)等文件精神,利用CEPA(《内地与香港关于建立更紧密经贸关系安排》)框架下粤港澳服务贸易自由化政策,推动我市资本市场健康发展,健全多层次资本市场体系,促进我市产业转型升级和新型城市化建设,现提出以下意见。

一、总体要求

(一)指导思想

发展和利用多层次资本市场是打造现代金融服务体系、建设广州区域金融中心的必然要求。我市应充分发挥资本市场优化资源配置功能作用,善于利用多层次资本市场加快发展,促进体制机制创新,提高资本运营能力，改进企业经营管理，并以中国（广东）自由贸易试验区建设为契机，加快金融市场平台建设，服务"一带一路"，推进广州区域金融中心建设，全面提升我市金融发展水平。

（二）基本原则

一是利用与发展并重。一方面要充分利用全国性资本市场促进我市经济发展，另一方面要紧密结合我市实际，积极发展区域性资本市场，拓宽资本市场发展的广度和深度，服务实体经济及中国（广东）自由贸易试验区、21世纪海上丝绸之路建设。

二是境内与境外并重。要充分发挥广州的区位和开放优势，在利用境内资本市场加快发展的同时，重视利用境外尤其是香港资本市场加快发展，推动与港澳台地区和海上丝绸之路沿线国家在资本市场领域展开合作、优势互补、资源共享，营造开放的资本市场环境。

三是场内与场外并重。推进我市多层次资本市场体系建设，满足市场对投融资和风险管理等金融服务的多层次需求，拓展我市中小微企业融资渠道，提升广州大宗商品市场的定价能力。

四是创新与风险防范并重。创新是资本市场发展的动力，也是提高市场服务能力和效率的需要。创新与风险并存，创新的同时要高度重视风险防范，确保我市多层次资本市场健康稳定发展。

（三）主要任务

加快建设我市多层次资本市场体系，进一步增强全市各级政府、企业利用多层次资本市场的自觉性和主动性，进一步优化投融资结构，提高直接融资和资产证券化比例，提升资本运作水平，增强风险管理能力，推进企业上市"双百工程"，加快市属金融机构及竞争性国有企业上市、挂牌步伐，推动我市发展和利用多层次资本市场再上新台阶。

二、发展和利用多层次股权市场

（四）积极推进企业在境内市场上市、挂牌。完善企业上市、挂牌工作服务协调机制，强化专业指导，加大培育力度，推动我市发展前景好、成长性高的企业早日启动改制工作，推动国有企业进行改制重组。建立金融工作部门与中介服务机构、行业协会等的信息共享机制，加大扶持力度，鼓励我市处于不同发展阶段的企业通过主板、中小板、创业板、全国中小企业股份转让系统、广州股权交易中心等获得多层次服务和支持。

（五）积极推进企业在境外资本市场上市。强化与境外证券交易所的联系机制，引导符合条件的拟上市企业根据实际情况合理选择发行地点，规划发展路径。联合境外证券交易所定期举办培训活动，帮助企业加深对境外资本市场的了解，利用境外资本市场实现上市融资和规范发展。鼓励境外上市公司利用境外募集的资金投资我市战略主导产业和新兴产业。

（六）发展和壮大区域性股权市场。大力支持广州股权交易中心创新发展，优化股东结构，发挥市场机制作用，加大创新力度，强化市场服务，尤其是进一步提升企业挂牌后的辅导及相关配套服务，打造立足广州、服务全省、辐射华南的中小微企业投融资综合服务平台。推进与中国证券业协会机构间私募产品报价和服务系统互联互通，建设互联网金融股权众筹平台，拓展服务内容和市场衔接。创新建设"青年大学生创业板"，将服务向前延至创业期项目，引导社会资本设立创业基金，打造全国性的青年大学生创新创业综合金融服务平台。

（七）提高我市上市公司质量。促进我市上市公司利用资本市场完善法人治理结构，健全公司内部控制制度，严格履行信息披露义务，加强诚信建设，实现透明运营、规范运作，为股东创造价值。支持上市公司探索并规范激励机制。鼓励上市公司建立市值管理制度。配合国家金融监管部门规范上市公司控股股东或实际控制人的行为，保障公司独立主体地位，维护各类股东平等权利，稳妥做好退市、摘牌工作。支持机构投资者对上市公司治理发挥外部制约作用。

（八）鼓励市场化并购重组。尊重企业自主决策，鼓励各类资本公平参与并购。鼓励上市公司通过并购重组、定向增发等方式实现整体上市，解决同业竞争，减少关联交易。鼓励全国中小企业股份转让系统挂牌企业参与做市，开展并购、定向增发。鼓励企业跨境并购先进制造业、生物医药、节能环保等成长性产业，获取先进技术，进入国际市场。配合国家金融监管部门，完善政府管理和服务，继续推进我市产权交易市场建设，推进公司产权和控制权跨地区、跨所有制顺畅转让，推动行业整合与产业升级。

三、发展和利用债券市场

（九）利用不同债券市场融资发展。鼓励我市企业利用银行间、交易所市场发行企业债、公司债、中期票据，利用境外市场发行本外币债券等多种方式进行融资，解决中长期资金需求。鼓励城市基础设施建设投资主体探索资产证券化、项目收益债券等创新直接融资方式，解决项目资金需求。支持各类金融机构针对多样化的市场需求丰富债券品种，推进资产证券化发展。

（十）发展私募债市场。利用证券交易所私募债券，满足企业和特定投资者的需求。利用中国（广东）自由贸易试验区政策，加快广州金融资产交易中心创新发展，在推进跨境金融资产、融资租赁资产、保险资产交易业务同时，发展适合中小企业的私募债市场，利用互联网平台小额、快速发行私募债，做到"发行一批、储备一批、研发一批"。鼓励广州金融资产交易中心与广州商品清算中心在地方私募债券市场建设领域进行合作，共同探索开展交易产品和服务创新。

（十一）强化债券市场信用约束。加强投资者教育，提高风险识别能力。配合国家金融监管部门和有关机构，强化对发债主体的约束和监督，规范信息披露制度，完善信用评级体系，探索完善债券增信机制，加强投资者保护。

四、培育和发展私募基金市场

（十二）进一步鼓励股权投资类企业发展。为股权投资类企业营造良好的市场与政策环境，充分利用中国（广东）自由贸易试验区、南沙新区金融改革创新政策，鼓励内外资股权投资机构在穗集聚创新发展，开展境内外股权投资。在我市设立股权投资类企业不设行业准入审批。发挥财政资金杠杆作用，引导社会资本投资创业企业、科技企业，推动科技、金融与产业融合发展。支持广州产业投资基金管理有限公司做优做强，建设成以股权投资为特色的金融控股集团。加强广州股权投资基地建设，鼓励股权投资机构和人才在穗集聚发展。积极推进互联网股权众筹发展。

（十三）促进私募基金行业规范发展。允许设立以非公开方式募集资金投资于股票、债券、期货、实物标的等领域的私募基金。设立私募基金机构和发行私募基金不设行业准入审批，私募基金机构名称中可使用"私募投资基金"或"私募基金"字样，营业范围可为"从事私募投资基金业务"。申请设立私募基金机构直接在工商部门办理工商注册登记，取得营业执照后应在中国证券投资基金业协会登记备案。私募基金的募集和运作应符合国家金融监管部门的相关规定，依法严厉打击以私募为名的各类非法集资活动。

五、发展和利用多层次商品市场

（十四）利用好期货市场。企业要善于利用期货市场管控好风险。鼓励企业利用商品期货市场套期保值和价格发现功能，锁定生产成本，指导生产经营，对市场发展趋势做出合理判断，规避市场风险；利用金融期货市场加强利率、汇率风险管理，提高外资利用水平，促进外贸发展。市各有关部门要加强对企业的培训和引导。积极争取各期货交易所支持，在南沙等区域设立更多期货交割仓库。

（十五）推进创新型期货交易所筹建工作。《中国（广东）自由贸易试验区总体方案》提出研究设立以碳排放为首个交易品种的创新型期货交易所，我市将继续积极配合国家和省有关部门，按照省政府部署和要求加快推进设立创新型期货交易所有关工作。

（十六）积极推进大宗商品场外市场发展。广州商品清算中心是我市多层次商品市场体系建设的重要抓手。要通过统一清算机制将各交易场所纳入监管，在风险可控的基础上指导各交易场所对交易品种、交易模式进行创新，探索开展大宗商品、航运指数等场外衍生品交易试点。支持广州商品清算中心开展仓单登记、托管、串换、融资服务，设立融资仓库，解决中小企业融资难、融资贵问题。争取在2016年前将广州地区所有大宗商品交易场所纳入统一清算，并将广州商品清算中心打造成立足广州、辐射泛珠三角的商品金融综合服务平台。

六、发展壮大我市证券、基金、期货业

（十七）支持在穗新设资本市场金融机构。鼓励证券、基金、期货公司等资本市场金融机构在广州设立总部或地区总部。充分利用国家金融监管部门放宽证券、基金、期货行业准入和交叉持牌政策，支持在广州新设一批证券、基金、期货公司，增加我市资本市场金融机构数量，营造良好资本市场环境。加快推进在我市设立CEPA框架下合资全牌照证券公司。

（十八）支持资本市场金融机构在穗发展。鼓励在穗证券、基金、期货公司等资本市场金融机构做大做强，提高广州金融机构在全国的影响力。鼓励在穗资本市场金融机构股权结构多元化，参与国企改制，探索混合所有制改革和实施股权激励。支持在穗资本市场金融机构参与地方政府债券承销和交易，争取开展地方社保基金境内外委托投资管理业务。

支持在我市注册的资本市场金融机构通过增资扩股、发行优先股、并购重组以及利用新型股权、债权融资工具进行资本补足，适应"互联网+金融"的发展趋势，创新发展理念，创新体制机制，创新业务产品，创新服务模式，不断提高竞争能力。

（十九）积极推进机构做大做强改革创新试点。研究选择一批发展理念先进、创新需求迫切、发展基础良好以及我市需要重点发展的资本市场金融机构进行试点。通过3年左右的努力，使试点机构在财务指标、核心竞争力和市场影响力方面显著提升。

（二十）支持证券、基金、期货等领域高层次人才在穗发展。对在

穗证券、基金、期货等领域金融领军人才、高级管理人才、高级专业人才给予政策支持。支持在穗证券、基金、期货领域高层次人才参选国家"千人计划""万人计划"和广东省"珠江计划""特支计划"等重大人才工程。鼓励在穗金融机构开展核心员工持股，实施长效激励机制，增强我市资本市场金融机构对高层次人才的吸引力。

七、推动资本市场开放发展

（二十一）推进各类新区开展资本市场创新。

充分利用广州区位优势和中国（广东）自由贸易试验区政策，推动南沙片区开展资本市场开放创新。积极配合国家金融监管部门建立资本市场负面清单管理制度，鼓励区内各类资本市场金融机构根据市场和客户需求依法开展产品和业务创新。支持广州股权交易中心设立"自由贸易试验区板"，为区内挂牌企业提供境内外资本融资服务。支持广州金融资产交易中心在区内开展面向港澳地区、21世纪海上丝绸之路沿线国家的股权、债券、基金等金融产品发行和转让业务。支持贵金属交易平台在区内开展跨境贵金属（除黄金外）现货交易。鼓励设立各类互联网金融平台。

积极争取中新知识城、空港经济区开展资本市场创新试点。

（二十二）争取机构和个人直接投资境外资本市场。向国家相关部门争取合格境内投资者境外投资试点（QDIE）和合格境内个人投资者试点（QDII2），实现我市机构和个人投资者直接投资境外资本市场。

八、加强资本市场风险的防范和化解

（二十三）完善风险监测预警和处置机制。健全资本市场风险监测预警，建立资本市场风险监测网络，全面监测我市资本市场风险信息，及时发现、化解重大风险隐患。配合国家金融监管部门完善风险处置机制，加强市各部门沟通协调，打击各类非法金融活动，确保我市各交易场所规范发展。

（二十四）从严查处违法违规行为。支持国家金融监管部门与我市司法部门建立顺畅的衔接机制，提高执法效率和效果。支持利用网络技术等高科技丰富行政调查手段，提升违法违规线索发现能力，增加违法违规行为成本，严厉打击违法违规行为。

九、营造发展和利用资本市场的良好环境

（二十五）落实发展和利用资本市场的相关政策。贯彻落实《中共广州市委广州市人民政府关于全面建设广州区域金融中心的决定》（穗字〔2013〕12号）、《中共广州市委办公厅广州市人民政府办公厅印发〈关于加快发展民营经济的实施意见〉10个配套文件的通知》（穗办〔2010〕10号）、《广州市人民政府关于印发支持广州区域金融中心建设的若干规定的通知》（穗府〔2013〕11号）、《广州市人民政府办公厅印发关于促进广州股权投资市场规范发展暂行办法（修订）的通知》（穗府办〔2015〕5号）等文件精神，支持发展和利用资本市场，建设广州区域金融中心。市各部门根据本意见精神制定具体实施办法，重点研究落实中国（广东）自由贸易试验区和南沙新区金融创新改革政策、场外市场规范发展管理办法、开展机构做大做强改革创新试点和促进科技、金融与产业融合发展办法等实施文件。

（二十六）加强对发展和利用资本市场的宣传指导。通过各种媒体宣传发展和利用资本市场的重要意义，强化全社会对资本市场的认识。开展各种形式的培训活动，引导企业利用资本市场发展壮大。积极开展投资者教育，提高投资者风险防范意识。支持我市开展金融理财知识教育试点工作，鼓励我市有条件的学校开展金融理财教育，争取将金融理财知识纳入国民教育体系。

（二十七）配合国家金融监管部门完善监管。全力配合国家金融监管部门依法履行监管职责，建立顺畅高效的信息共享、沟通协调和合作机制，切实承担地方政府监管责任，防范和化解资本市场风险，打击非法金融活动，促进我市资本市场健康稳定发展。探索推进市政府与国家

金融监管部门在南沙新区建立更紧密的监管合作机制，全面推动南沙新区利用资本市场创新发展。

附件：重点工作分工表（略）。

广州市人民政府
关于加强法治政府建设的若干意见

(穗府〔2015〕21号　2015年8月17日)

各区人民政府、市政府各部门、各直属机构：

国务院《全面推进依法行政实施纲要》颁布实施十年来，我市推进依法行政、建设法治政府工作取得了明显成效，但距离党的十八大和十八届三中、四中全会关于深入推进依法行政、加强法治政府建设的要求还有一定的差距。为深入贯彻落实党的十八届四中全会通过的《中共中央关于全面推进依法治国若干重大问题的决定》，进一步有效实施《国务院关于印发全面推进依法行政实施纲要的通知》（国发〔2004〕10号）、《国务院关于加强市县政府依法行政的决定》（国发〔2008〕17号）和《国务院关于加强法治政府建设的意见》（国发〔2010〕33号），实现率先基本建成法治政府的目标，为经济建设和社会发展提供坚实的法治保障，现提出以下意见。

一、指导思想。认真贯彻落实党的十八大和十八届三中、四中全会精神，高举中国特色社会主义伟大旗帜，以马克思列宁主义、毛泽东思想、邓小平理论、"三个代表"重要思想、科学发展观为指导，深入贯彻落实习近平总书记系列重要讲话精神和"四个全面"的战略布局，根据《中共广州市委贯彻落实〈中共中央关于全面推进依法治国若干重大问题的决定〉的意见》的总体部署，围绕建设国家中心城市，创新理念，转变观念，统筹规划，协同推进，以城市治理现代化为目标，以转变政府职能为核心，以规范行政权力运行为重点，以提高政务服务水平为抓手，深入推进依法行政，建设职能科学、权责法定、执法严明、公开公正、廉洁高效、守法诚信的法治政府，营造国际化、市场化、法治化的营商环境。

二、全面公开政府权责清单。推行市政府各部门和依法承担行政职能的事业单位的权责清单制度，市机构编制部门和政府法制机构会同有关部门积极做好权责清单制定工作，全面梳理、清理和规范现有行政职权和对应的责任，依照法律法规审核审查，审查后的权责清单按规定程序由同级党委和政府确认。2015年年底前将权责清单通过政府门户网站、部门网站、广东省网上办事大厅广州分厅等公开途径向社会公布。市政府各部门应当健全权责清单动态管理机制，定期和不定期开展权责清单信息维护，及时更新公开的权责清单，确保信息公开的真实性和时效性。

三、深入推进行政审批制度改革。严格按照《中华人民共和国行政许可法》的要求推进行政审批制度改革，全面取消市级非行政许可审批类别。实行行政审批事项目录管理、动态调整和监管制度。完成行政审批前置环节的技术审查、评估、鉴证、咨询等有偿中介服务事项的全面清理，保留的事项要规范时限和收费，并向社会公示。推动行政审批标准化建设，制定行政审批事项办事指南、业务手册和统一规范的格式文本，并向社会公布。

四、提升政府公共服务水平。2015年年底前完成公共服务事项清理和规范工作，制定《市政府各部门实施公共服务事项目录》并向社会公布。规范公共服务行为，统一公共服务办理事项和时限，规范办理条件和流程。完善政府购买公共服务的制度，明确政府购买公共服务的范围、目录、具体规则和监管办法，推动形成提供主体多元化、提供方式多样化的公共服务新格局。

五、积极推进政务服务便利化。探索市、区政务服务中心工作模式改革，建立"前台受理，后台办理"机制。健全网上办事大厅功能，推动行政审批和公共服务事项网上办理，完善网上交表、网上申报、电话查询、电话咨询或申请等便民措施，严格按照承诺的办理时限，提升便民服务的能力和水平。实行一卡通行（市民卡）、一号接通（"12345"政府服务热线）、一格管理（网格化服务管理）、一网办事（网上办事）、一窗服务（政务大厅）新型政务服务模式，为企事业单位和个人提供一站式的综合服务。

六、健全科学立法、民主立法机制。注重立法对改革的引领和规范，及时将有关改革的立法纳入立法年度计划，有效配合改革工作的深入推进。坚持立、改、废并重，加强城乡建设与管理、环境保护、历史文化保护等领域立法。健全立法建议项目公开征集制度，完善人大代表建议、政协委员提案涉及立法建议事项的吸纳机制，以及公民、社会组织、企事业单位提出立法建议机制。加强市政府法制机构对政府立法的主导作用，坚持政府法制机构组织起草与部门起草、委托专家起草相结合，重要规章项目由市政府法制机构自主起草，防止和克服"部门利益法制化"。加强和改进立法调研，建立基层立法联系点制度，提高立法可操作性。拓宽公民有序参与立法途径，完善专家论证会、公众座谈会、网络听证会等公众参与规章制定的平台和渠道。推进规章制定政治协商制度化，将重要规章项目报请市委列入年度政治协商计划。完善法规、规章草案公开征求意见和采纳情况反馈机制，及时公布意见采纳情况。建立规章与地方性法规衔接机制，应当制定地方性法规，因行政管理紧迫需要而先行制定规章的，实施满两年后应当上升为地方性法规。

七、提高行政规范性文件质量。探索建立行政规范性文件年度制定计划编制制度，制定行政规范性文件应当按规定开展调研、论证。完善法制机构牵头起草重要行政规范性文件的工作机制，加强统筹协调工作。严格行政规范性文件审查程序，未经政府法制机构合法性审查的政府规范性文件，政府不予审议；未经政府法制机构审查同意的部门规范性文件不得发布。深化合法性审查的专家参与，成立合法性审查专家委员会。落实行政规范性文件统一登记、统一编号、统一公布制度，市政府规范性文件由市府办公厅进行单独统一编号。行政规范性文件应当在政府公报和"市政府行政规范性文件全文检索系统"统一发布，未向社会统一发布的行政规范性文件不得作为实施行政管理的依据。

八、加强政府规章的配套制度建设。政府规章的实施需要有关部门对专门事项作出配套制度规定的，有关部门应当自施行之日起一年内完成配套制度建设；未能在规定期限内完成配套制度建设的，应当向制定机关说明情况。市政府法制机构应当把完成配套制度建设的情况纳入依法行政考核和规章执法检查的内容。政府规章和关系人民群众切身利益的重要行政规范性文件，起草部门或者实施机关应当对其内容进行解读；适用中产生的问题和需要对具体条款进行解释的，由制定机关进行解释；对公众咨询的有关问题由实施机关进行解答。

九、完善政府规章和行政规范性文件实施的动态监管机制。完善行政规范性文件有效期制度，完善政府规章和行政规范性文件的评估、清理和实施监督机制。政府规章和行政规范性文件实行廉洁性评估和立法后评估。后评估结果作为政府规章和行政规范性文件修改或者废止的重要依据。建立政府规章和行政规范性文件的定期清理机制，对不符合法律法规规定的，因法律法规调整造成依据缺失的，以及不符合改革发展实际的政府规章和行政规范性文件进行清理，并向社会公布。完善社会公众参与行政规范性文件监督机制，依法处理公民、法人或其他组织提出的行政规范性文件审查建议，依法撤销和纠正违法、越权制定的行政规范性文件。

十、进一步完善行政决策程序制度。行政决策由市、区人民政府及其部门在法定职权范围内依法作出。对一般行政决策和重大行政决策实行分类管理，加强一般行政决策程序制度建设；重大行政决策实行目录管理，目录由市、区人民政府制定。重大行政决策必须遵循公众参与、专家论证、风险评估、合法性审查、集体决定的程序。完善重大行政决策听取公众咨询监督委员会意见制度，发挥其连结社会公众、专家学者及利益相关者的纽带和桥梁作用。坚持重大民生决策的民意调查和公开听证制度，探索由第三方机构对专业性强的行政决策开展咨询论证。

十一、落实重大行政决策效果评估和责任追究制度。重大行政决策在实施后，实施部门要及时追踪和搜集决策的运行情况，并向决策层进行反馈。重大行政决策实施后，还应当定期开展实施效果的评估，并将评估结果作为行政决策调整或者废止的参考依据，市、区人民政府应当建立行政决策记录制度。落实行政决策责任追究制度和责任倒查机制。对违反决策程序作出决策，或者出现决策严重失误，或者依法应该及时决策但久拖不决造成重大损失、恶劣影响的，严格追究决策责任。

十二、推动行政执法体制改革。合理配置行政执法力量，减少执法层级，推进执法重心下移、力量下沉，重点在食品药品安全、市场监管、文化旅游、资源环境等领域内推行综合执法。探索跨部门综合执法，解决多头执法和重复执法问题。在行政执法过程中，对管辖区域、管辖事项、执法依据、执法衔接与配合等发生争议的，由同级政府法制机构进行协调并提出意见，报同级人民政府决定。

十三、严格规范行政执法行为。建立执法行为全过程记录制度，从登记立案、监督检查、调查取证到作出决定，都要明确具体的执法流程，建立执法档案。规范调查取证行为，全面、客观收集证据材料，不得以非法手段收集证据材料，不得选择性收集证据。严格执行重大执法决定法制审核制度，建立行政检查、抽查、巡查档案和执法信息管理系统。重点规范行政许可、行政处罚、行政强制、行政征收、行政收费、行政检查等执法行为。落实"谁执法谁普法"的普法责任制，加强法制宣传和解答工作。

十四、统一行政执法文书。行政执法机关在执法过程中，应当使用统一格式的行政执法文书，并及时将执法文书、证据等资料整理归档，一案一卷妥善保存。除国家、省已制定统一的行政执法文书格式文本的外，2015年年底市级行政执法部门应当制定统一的行政执法文书格式文本，明确各种执法文书的法律含义、填写或者修改的要求和注意事项。

十五、建立行政执法公示、通报和分析报告制度。建立行政执法公示制度，推行重大执法案件结果公开。强化政府对工作部门和下级政府执行法律、法规和规章情况的检查监督，完善行政执法投诉案件办理程序，对行政执法中存在的不作为、乱作为等违法行政行为予以纠正和通报。探索行政执法监督中发现的违纪违法线索移交机制。建立行政执法分析报告制度，加强行政执法情况的年度统计、分析，各行政执法机关对本单位行政执法情况进行统计、分析，形成上一年度分析报告，于每年1月31日前报送同级政府法制机构；政府法制机构进行综合分析，形成分析报告，于每年3月31日前向市、区人民政府报告。

十六、健全行政执法和刑事司法衔接机制。建立行政执法机关与公安机关、检察机关、审判机关信息共享、案情通报、案件移送制度。完善案件移送标准和程序，梳理行刑衔接临界点，制定证据收集指引。行政执法机关认为应当将案件移交公安机关的，由部门法制机构对移交案件进行审核，实现行政处罚和刑事处罚无缝对接。

十七、加强政府信息的主动公开。坚持公开为常态、不公开为例外的要求，把政务公开贯穿于政务活动的全过程。对于需要社会公众广泛知晓或者参与的事项、行政机关的职能及办事程序、政府及部门财政预算和决算报告等依照法律、法规和国家有关规定应当主动公开的政府信息，通过政府信息公开查阅场所提供信息免费查询服务，为公众在政府网站快捷查询、检索信息提供便利有效的服务。政府规章、重要的行政规范性文件以及重大行政决策在经市政府常务会议通过后，通过新闻发布对重点内容进行解读，政府规章、行政规范性文件于印发后20个工作日内在政府公报、政府网站或者广州市范围内发行的报纸上刊载，并以市政府公报上刊登的规章文本为标准文本。重大行政决策应当在做出决策之日起20个工作日内，通过新闻发布会、政府门户网站等公开途径，向社会公开决策事项、依据和决策结果，依法不应当公开的事项除外。

十八、加强政府信息的依申请公开。市、区政府各部门应当创新便民渠道，按照法定期限，受理申请人的政府信息公开申请，不得设置不合理的限制条件，确实不能提供的信息要有法定依据。申请获取政府信息的，应当采用书面形式（包括数据电文形式）；采用书面形式确有困难的，申请人可以现场口头提出申请，并由受理该申请的单位代为填写政府信息公开申请。

十九、加强政府信息的互联、互通与共享。市、区政府各部门设计开发的公共服务、社会管理、市场监管和行政执法信息系统应当接入市、区两级政府共享信息平台，实现跨层级、跨部门的政府信息共享。统一全市的信息采集、更新和录入机制，通过市民网页个人信息专区，逐步采集户籍、教育、就业、医疗、社会福利、电子证照等信息。市政府共享信息库已经录入的个人基本信息和企业（机构）基本信息，不得要求镇（街）和社区重复采集，不得要求市民或企业（机构）反复提供。

二十、完善依法行政考核。按照依法行政考核纳入法治广州建设检查考核的新要求，完善行政机关考核指标，改革行政机关考核的模式和内容，推动考核结果的运用，强化依法行政考核对法治政府建设的推动作用。把依法行政、法治政府建设成效作为衡量各级政府和政府各部门领导班子和领导干部工作实绩的重要内容，纳入政绩考核指标体系。

二十一、建立健全领导干部依法行政能力考察制度。明确政府和部门主要负责人推进依法行政、建设法治政府第一责任人职责，完善由行政机关主要负责人牵头的依法行政领导协调机制。对拟任政府各部门领导职务的人员，要进行任职前的法律知识测试，考察对相关法律知识的掌握情况。领导干部任职期间依法行政的情况，作为年度考核和任期考核的重要内容。领导干部任前法律知识测试情况和任职期间依法行政情况，要与奖惩与任免挂钩。

二十二、加强政府法制机构和队伍建设。加强市、区人民政府和政府各部门的法制机构和队伍建设，强化政府法制机构对部门法制机构的业务指导与监督。增强法制机构人员的专业化程度，到2016年年底，法制机构中法律专业人员的比例不少于80%。加强区政府法制机构建设，充实区政府法制队伍力量，推动各区建立政府部门和镇（街）法制员队伍，探索区政府法制机构统一组建政府部门法制员和镇（街）法制员机制，完善基层依法行政工作体系。

二十三、普遍建立法律顾问制度。2015年年底前，以市、区政府法制机构为平台，全面设立政府法律顾问室，吸收社会律师、公职律师、法学专家及研究人员参与。已经设有法制机构且法律事务较多的镇（街）尽快以法制机构为平台设立法律顾问室，未设有法制机构的其他镇（街）指定专职人员负责政府法律顾问工作。推行市、区政府部门和镇（街）聘请法律顾问制度，法律业务较少、执法任务较轻的政府部门，可以联合聘请或由市、区政府法制机构统一聘请法律顾问。推进在市、区政府和部门普遍配备公职律师，明确公职律师权利义务。分批分步骤全面推动建立市属国有企业总法律顾问制度。探索建立事业单位法律顾问制度，完善内部法律风险防控体系。

二十四、继续推进行政复议规范化建设。加大行政复议案件纠错力度。加强市、区政府行政复议工作机构能力建设,选择部分条件成熟的区推行行政复议权集中试点工作。畅通行政复议申请渠道,继续推进镇(街)设立行政复议受理点工作。积极落实行政复议案件庭审制度,采用听证会、调查会、庭审等公开方式审理案件,增加行政复议案件审理透明度。从2015年起,全市行政复议机关制作生效的行政复议决定书,必须在网上进行公开。切实加强对行政复议决定、行政复议意见书和建议书履行情况的监督。

二十五、严格执行行政机关负责人出庭应诉制度。行政机关应当自觉接受司法监督,严格执行法院的判决、裁定。严格落实行政机关负责人依法出庭应诉制度。建立行政机关败诉案件备案制度和行政机关执行人民法院生效判决、裁定和司法建议、检察建议书监督制度。

二十六、加强行政权力的制约。加强对政府内部权力的制约,完善政府内部监督流程,强化对重点部门和岗位的监督,对财政资金分配使用、国有资产监管、政府投资、政府采购、公共资源转让、公共工程建设等权力集中的部门和岗位,实行分事行权、分岗设权、分级授权,定期轮岗。

二十七、加强行政问责工作。拓宽群众监督渠道,完善行政不作为、乱作为举报投诉制度。严格执行《广州市关于进一步加强党政机关工作人员问责工作的意见》,加强对行政机关工作人员特别是行政首长、领导干部的行政问责。健全内部行政管理责任制度,切实加强行政层级监督。

广州市人民政府关于加快养老服务业综合改革的实施意见

(穗府〔2015〕27号 2015年11月25日)

各区人民政府,市政府各部门、各直属机构:

2014年9月,省民政厅、省发展改革委《转发民政部办公厅发展改革委办公厅关于做好养老服务业综合改革试点工作的通知》(粤民发〔2014〕135号)确定我市为全国养老服务业综合改革试点城市之一。为深入推进该项改革试点工作,根据《国务院关于加快发展养老服务业的若干意见》(国发〔2013〕35号)、《广东省人民政府关于加快发展养老服务业的实施意见》(粤府〔2015〕25号)精神以及上级有关工作部署和要求,结合我市实际,现提出如下实施意见。

一、总体要求

(一)指导思想

深入贯彻落实党的十八大和十八届三中、四中、五中全会精神,坚持保障基本,创新体制机制,激发社会活力,注重统筹发展,在财政、用地、金融、收费、人才、技术及服务模式等方面先行先试,积极推进养老服务业综合改革,加快建成具有广州特色的养老服务体系,满足老年人日益增长的养老服务需求,努力使养老服务业成为保障和改善民生、促进养老与健康产业发展、推动经济转型升级的重要力量。

（二）基本原则

1. 法治与改革并行实施。用法治思维和准则推进养老服务管理工作，以改革推动养老服务业创新发展，积极构建法治化框架内养老服务业改革创新的体制机制。

2. 事业与产业协同发展。以养老服务体系建设为基础，大力培育具有较强市场竞争力的养老服务产业，实现全市养老服务事业与产业"两促进、两繁荣"。

3. 政府与市场相辅相成。积极履行政府"保基本、兜底线"的职责，着力保障特殊困难老年人的养老服务需求。发挥市场在养老服务资源配置中的决定性作用，逐步形成基本养老服务、其他公益性养老服务和市场化养老服务相结合的供给机制。

4. 城市与农村协调发展。统筹配置城乡养老服务资源，建立养老服务对口支援与合作机制，将城市养老服务资源向农村延伸，实现城乡养老服务一体化发展。

（三）主要目标

通过开展养老服务业综合改革，进一步完善以居家为基础、社区为依托、机构为支撑，功能完善、规模适度、覆盖城乡的社会养老服务体系。到2017年，法规政策体系更加完善，政府定位更加明晰，市场主体活力充分激发，服务水平明显提升，老年人基本权益得到充分保障。全市96%的老年人在社会保障和社会服务体系支持下通过家庭照顾养老，其中社区照料、社区康复等专业化居家养老服务覆盖6%的老年人；4%的老年人可通过入住养老机构实现养老。到2020年，进一步形成以改革推动养老服务业创新发展的良好格局，支持养老服务业发展的氛围更加浓厚，全市养老服务社会化、医养融合发展、养老产业集聚、跨境养老服务合作等四方面改革创新效果突显，养老服务业年产值超过800亿元；养老服务业对关联产业带动效应明显，成为全市现代服务业的重要组成部分和新的经济增长点。

二、主要任务

（一）健全社会养老服务体系

1. 优化养老服务设施规划布局。按照人均用地不少于0.25平方米的标准，在城市总体规划、控制性详细规划中分区分级规划设置养老服务设施。推进《广州市养老服务机构设施布局规划（2013—2020年）》及其补充规划的实施。严格执行《广州市社区公共服务设施设置标准》，新建城区和居住（小）区养老服务设施按每千人4.5张床位的标准配套建设养老院、日间照料中心以及老年人活动站点，并与住宅同步规划、同步建设、同步验收、同步交付使用。凡老城区和已建成居住（小）区无养老服务设施或现有设施没有达到规划和建设指标要求的，要加快通过购置、置换、租赁等方式开辟养老服务设施，不得挪作他用。

2. 提升养老服务设施功能。加强社区养老服务设施建设，巩固和提升现有养老服务设施功能，符合标准的日间照料中心、老年人活动站点等服务设施覆盖城乡社区。推进养老服务设施与卫生、文化、体育、教育、助残等设施的功能衔接，提高资源配置效率，社区具有为老年人服务功能的设施全部面向老年人开放。加快老年人家庭及居住区公共服务设施无障碍改造，对特殊困难老年人家庭无障碍设施改造给予资助。支持机关、企事业单位将所属的度假村、培训中心、招待所、疗养院等转型，鼓励社会力量对企业厂房、商业设施及其他可利用的社会资源进行整合和改造，按程序调整控制性详细规划或临时变更使用功能举办养老机构设施。到2017年全市养老床位达到6.5万张，2020年达到7.2万张（其中，民办养老机构床位占70%以上），每千名老年人拥有床位数40张以上，养老机构建筑面积达260万平方米。

3. 发展社区居家养老便捷服务。建设市、区两级居家养老服务指导中心，发挥指导管理、区域统筹、规范服务、服务评估、人员培训等作用。以街道为单位整合政府和社会的各类为老服务资源，建设居家养老综合服务平台,具体开展"一站式""到户式"服务,逐步完善街道、社区服务网络,打造"10分钟社区居家养老服务圈"。支持医疗卫生、护理康复、家政服务、社会工作、养老服务等专业机构进入社区居家养老服务领域,引导有条件的居家养老服务企业实行规模化、网络化、品牌化经营。探索建立长期照护保险制度,为失能、半失能老年人照顾和护理提供有力保障。将社区居家养老服务纳入社区网格化服务管理基础事项,建立社区养老服务巡查、报告、解决、督查、反馈工作机制。加快退休人员社会化管理服务体系建设,促使老年人口就近安养、融入社区。

4. 提升机构养老服务整体水平。公办养老机构实行评估轮候制度,为特殊困难老年人提供无偿、低偿服务,切实履行政府保障职能,发挥示范引领作用。强化公办养老机构为失能、半失能老年人提供护理服务功能,建设失智老人护理专区。鼓励养老机构参与省社会福利机构等级评定,到2020年,市、区公办养老机构全部达到省一级以上等级,政府资助向达到省等级的民办养老机构倾斜,加快实现养老机构服务管理的专业化、标准化、精细化和信息化。支持养老机构利用自身优势延伸社区居家养老服务功能,创新推动"虚拟养老院"建设。建立公办与民办、城区与农村养老机构间对口支援和合作机制。鼓励社会力量举办规模化、连锁化养老机构,鼓励养老机构跨区联合、资源共享,发展异地互动养老,推动形成一批具有较强竞争力的养老机构。

5. 完善农村养老服务网络。持续推广农村"幸福计划",以保障农村困难老人为重点逐步实现农村养老服务全覆盖。全面解决农村敬老院消防改造验收(备案)、土地和附属建筑物确权、事业单位法人登记等历史遗留问题。各镇(街)不断完善农村敬老院、日间托老机构、五保互助安居点、老年人活动站点等养老服务机构和设施,促进其服务功能相互补充、相互衔接。积极探索邻里互助、结对帮扶等符合农村实际的居家养老服务模式。

6. 创新推行"互联网+养老"运行模式。积极推进居家和社区养老服务信息网络建设试点、养老机构信息网络试点,整合全市涉及老年人服务的各类信息资源,2020年前建成涵盖服务对象、服务提供方、服务内容、服务形式、服务管理的全市统一的养老服务信息平台，完善老年人基本信息和服务信息数据库，促进养老服务与社区服务、健康服务、家政服务以及其他公共服务信息资源共享。协助老年人建立市民网页，为老年人获取政府服务和办事提供便利。全面推广社区居家老年人智能终端救急系统，为老年人提供紧急援助、家政、医疗保健、电子商务、服务缴费等一站式便捷服务，不断提升养老服务信息化水平。

（二）推进养老服务社会化运行

1. 支持和鼓励社会力量参与养老服务。完善养老机构运营资助、新增床位资助政策，鼓励和扶持社会力量举办养老机构。落实行政审批事项下放，优化养老机构设立许可办理流程，降低准入门槛。深化商事登记制度改革，对举办营利性养老机构实行"先照后证"，优化前置审批。提高服务效能，对香港、澳门服务提供者或其他社会力量办理养老机构设立许可、民办非企业登记实行并联审批，逐步实现同步受理、同步发证。建立市场形成价格为主的养老机构服务收费管理机制，进一步规范养老机构服务收费行为。推行社区居家养老服务社会化运作，以政府购买服务、合资合作等方式引入社会力量参与社区居家养老服务设施运营管理和提供服务。

2. 稳妥推进公办养老机构社会化改革。鼓励公办养老机构在明晰产权和优先保障"三无"（无劳动能力，无生活来源，无赡养人和扶养人或其赡养人和扶养人确无赡养和扶养能力）老人、低收入老人和经济困难的孤寡、失能、高龄等老年人服务需求的基础上，逐步实现运行机制市场化。积极稳妥将专门面向社会提供经营性服务的公办养老机构转制成为企业或民办非企业单位，妥善处理好机构性质、职工利益、国有资产等关键问题。

3. 积极培育为老服务社会组织。发挥社会组织公益创投等平台作用，重点培育社区居家养老服务社会组织、养老产业社会组织。健全老年协会两级网络，发挥基层老年协会组织作用。鼓励养老类社会组织承接政府转移职能、购买服务和授权委托事项。支持社会力量参与制定养老服务行业标准，推动行业标准化建设。营造良好的社会养老文化氛围，弘扬孝亲敬老传统文化，加强家庭赡养义务宣传。到2020年，全市养老服务专业社会组织达到500家、95%以上的城镇社区和80%的农村社区（村）成立基层老年协会。

（三）促进养老产业集聚式发展

1. 完善养老产业布局。根据经济发展能力和资源环境优势，围绕老年人的衣、食、住、行、医、文化娱乐等需要，着眼于生活服务和生产服务两大领域，先行先试，助推养老服务产业链的形成和延伸，加快形成强有力的产业支撑体系，努力使养老产业成为我市新的经济增长点。越秀、荔湾区着重在医养融合服务、老年用品批发零售等方面创新发展；海珠、天河区着重在养老服务人才培养、养老服务业会展等方面创新发展；白云、黄埔区着重在健康养老产业园区建设、老年产品研发制造等方面创新发展；番禺、花都、南沙区着重在跨境项目合作、产品物流开发等方面创新发展；从化、增城区着重在健康养老产业园区建设、休闲养老等方面创新发展。到2020年，打造10个左右健康养老产业为主的产业集聚（园）区，规模化经营的养老服务企业和社会组织达到500家。

2. 加快老年用品生产与服务集聚。引导成立市老年产业孵化中心，带动相关产业资源的聚合和高效利用。加快推进广州国际健康产业城开发建设，在继续做强药品生产和药品商贸的同时，引导医疗器械、康复辅具、保健用品、保健食品、健身产品等相关产业项目落户。选择条件较成熟的园区，扶持建设养老服务产业专区，促进医、养、产、研、教融合，以及老年产业的孵化。打造医疗、养生养老及健康会展、商贸为主体的健康综合服务示范区，通过网络延伸，扩大服务对象范围，有效发挥引领和带动作用，在较大区域逐步形成集养老、医疗、教育、休闲、健身、旅游以及商品批发零售等于一体的产业经济带。充分发挥行业协会的桥梁纽带作用，引导养老服务领域的企事业单位在养老护老产品的研发设计、服务模式创新、产品制造、商贸会展、电子商务、物流配送与服务等方面形成较为完整的产业链，提升养老产业增加值在服务业中的比重。

3. 推动老年人生活服务升级。建立和完善公共信息平台,利用互联网技术模式,为供需双方提供配套服务,激发养老服务消费市场活力。培育扶持养老产业创意、设计、老年用品专业批发零售市场,形成涵盖产品设计、批发、零售的老年用品专业交易市场。结合养老机构及社区和居家养老服务设施的布点建设和运营,配套跟进老年人衣、食、住、行、医、文化娱乐等方面的创意设计、展示及销售。鼓励商场、超市、批发市场等设立老年用品专区专柜。鼓励电商平台完善服务功能,增加适应老年人消费需求及特点的商品和服务。支持社会资本投资商业养老地产,开发老年住宅、老年公寓等老年人生活设施。充分发挥广州地域优势,强化老年旅游信息集散区、老年休闲观光区、疗养区等综合功能区建设,创新推广"海丝文化""岭南风情""南方暖冬"等老年休闲旅游品牌。

(四) 加快医疗卫生与养老服务融合发展

1. 提升医疗卫生机构服务老年人能力。医疗机构为老年人就医提供优质服务。鼓励有条件的二级以上综合医院开设老年病科,增加老年病床数量,做好老年慢性病防治和康复护理。医疗机构、社区卫生服务机构为老年人建立健康档案,对适合在家庭条件下护理的老年患者提供居家护理服务,符合条件的可为其升设家庭病床服务。到2020年,家庭医生服务覆盖所有城乡社区。建立健全医师多点执业的人事(劳动)关系管理制度、医疗责任承担机制以及行业监管体系,推行公办医院医生到养老服务机构内设医疗机构开展多点执业,开展面向养老机构的远程医疗服务试点。结合公立医院改革,引导和鼓励部分医疗机构转型为老年专科医院及护理院。支持医疗机构利用闲置场地举办养老机构或养老护理专区。

2. 推动医疗卫生与养老服务融合发展。加快建设医养结合型健康养老示范基地。推动医疗卫生机构与养老机构、日间托老机构及老年人家庭建立医疗契约服务关系,支持和鼓励养老机构以多种形式设立医疗机构,符合广州市社会保险定点医疗机构资格条件的,依申请优先纳入定点范围。到2020年,养老机构、日间照料中心的医疗卫生服务覆盖率均达到 100%，专业护理、康复水平明显提升。创建老年人健康生活指导管理模式研究试验基地，提高全市老年人健康生活管理水平。探索促进医养融合发展的费用支付方式，保障老年人基本医疗需求。

（五）推动跨境养老服务合作

1. 加大养老服务贸易开放力度。支持引进国际知名养老服务品牌企业、管理团队运营公办养老机构，支持境外资本合资、合作或独资方式举办民办养老机构，引进国际养老服务先进理念和专业方式开展养老服务。结合广东自贸区广州南沙新区片区特点，推动在港澳注册的国际性养老服务机构、社会组织在南沙开展养老服务，推动养老服务贸易自由化。

2. 推动穗港澳养老服务合作。充分借鉴香港、澳门在养老服务理念、护理人才培训、服务质量提升等方面的经验和做法。加强穗港澳养老护理转诊合作，推进养老护理员职业资格互认。到 2017 年，建立起穗港澳养老服务机构交流合作的有效平台和长效机制。到 2020 年，建立 1—3 个穗港澳养老产业合作开发示范基地，推动跨境养老服务产业发展。全市养老服务业人才实训基地建立穗港澳养老康复护理技术交流合作机制。

三、政策措施

（一）完善财政支持政策

1. 保障养老服务业财政资金投入。将老年事业发展经费纳入财政预算，建立与人口老龄化和养老服务发展需求相适应的财政投入增长机制。确保市、区两级 50% 以上的福彩公益金用于社会养老服务体系建设，并根据老龄化发展水平逐步提高比例，其中支持民办养老服务发展的资金不得低于 30%。重点支持护理型机构（专区）和居家养老服务设施建设运营、为老年人服务社会组织培育、养老护理培训以及养老服务创新性项目。建立事权与财权相匹配的补贴制度，界定市和区养老服务财权与事权的关系,建立基于支出责任和服务职能的资金分担制度。

2. 建立健全政府购买养老服务制度。建立政府购买为老服务目录清单,界定服务项目、范围、内容。纳入购买服务目录的养老服务项目,全市各级政府必须实施购买服务。逐步加大对社区康复护理、老年教育、科技助老、互助服务、失能半失能老人家庭照顾等服务领域的支持力度。逐步提高政府购买居家养老服务标准,提高对"三无"、高龄、独居等特殊困难老人服务保障水平。

(二)完善用地保障政策

1. 保障土地使用供应。优先将养老服务设施建设用地纳入年度土地储备计划、年度土地利用计划;加强养老机构用地指引和用地监管,指导和规范单位、个人取得建设用地及办理有关手续,保障养老机构建设用地供应。民间资本举办的非营利性养老机构与政府举办的养老机构享有相同的土地使用政策。严禁将养老设施建设用地违规改变用途、容积率等土地使用条件用于房地产开发。

2. 提升土地使用效益。通过三规合一、功能片区土地利用总体规划编制等,逐步解决养老机构用地与控制性详细规划、土地利用总体规划不符合确权问题。通过城市更新盘活存量闲置公益性用地优先用于发展养老服务,对现有空闲的厂房、学校、社区用房依据有关规定进行改造和利用兴办养老机构,经规划批准改变建筑使用功能从事符合国家划拨目录非营利性养老服务的,不增收土地年租金或土地收益差价。

(三)完善投融资支持政策

1. 鼓励开发养老服务金融产品。鼓励金融机构开发适合养老服务发展需求的金融保险产品和担保方式。鼓励保险机构开发长期护理险以及与健康管理、养老等相关的健康保险产品,积极试点老年人住房反向抵押养老保险。全面推行养老机构意外责任保险。根据国家规定开展个税递延型商业养老保险。充分发挥商业保险对基本养老保险的补充作用,扩大商业养老、健康保险覆盖面和保障人群,完善社会保障体系。发展养老融资租赁服务,拓宽信贷抵押担保物范围,允许民办养老机构利用有偿取得的土地使用权、产权明晰的房产等固定资产办理抵押贷款。

2. 促进养老服务业投资。建立完善养老服务业重大项目审批服务、协调督办和信息共享机制。依托市重大项目投资推介平台，吸引民间资本投资养老产业。利用财政贴息、小额贷款等方式，加大对养老服务业的有效信贷投入。加大企业债券融资方式对养老产业的支持力度，支持专门为老年人提供生活照料、康复护理等服务的营利性或非营利性养老项目发行养老产业专项债券。鼓励民间资金设立养老产业发展基金和组建养老机构资产管理公司。支持社会力量采取股份制、股份合作制、政府和社会资本合作（PPP）等模式投资养老服务业。民办非营利性养老机构享有对其资产的法人财产权，捐资人（举办者）不拥有对所捐赠财产的所有权。对于举办者以租赁形式给予组织使用的固定资产，以及以借款方式投入组织运营的流动资金，允许其收取不高于市场公允水平的租金和利息。探索非营利性养老机构按一定比例提取年度盈余收益，用于奖励投资者。

（四）落实税费优惠政策

1. 落实税收优惠政策。对养老机构提供的养护服务免征营业税，城市维护建设税、教育费附加和地方教育附加随主税减免而同时减免。对非营利性养老机构自用房产、土地免征房产税、城镇土地使用税，对通过非营利组织免税资格认定的养老机构，按照企业所得税有关政策规定享受优惠政策。养老机构在资产重组过程中涉及的不动产、土地使用权转让，不征收增值税和营业税。落实养老机构企业年金、职业年金个人所得税递延纳税政策。对企事业单位、社会团体和个人向非营利性养老机构的捐赠，符合税法规定的，准予在计算其应纳税所得额时按税法规定比例扣除。境内外资本举办养老机构享有同等的税收优惠政策。

2. 落实行政事业性收费和价格优惠政策。对非营利性养老机构建设全额免征行政事业性收费，对营利性养老机构建设减半收取行政事业性收费，减免收费项目包括土地复垦费、土地闲置费、耕地开垦费、土地登记费、房屋登记费、白蚁防治费、村镇基础设施配套费（仅对乡镇规划区收取）、绿化补偿费、恢复绿化补偿费、占用利用公路路产补（赔）偿费（指在公路开设或改造路口）、水土保持补偿费、河道管理范围占用费、防空地下室易地建设费。对非营利性养老机构建设全额免征城市基础设施配套费，对营利性养老机构建设减半收取城市基础设施配套费，其他政府性基金项目按规定相应减免。养老机构使用水、电、燃气，按照居民生活类价格标准收费；免收民办非企业单位登记的养老机构固定电话、有线（数字）电视、宽带互联网一次性接入费用，减半收取有线（数字）电视的基本收视维护费和固定电话的月租费。凡我市登记失业人员、残疾人、退役士兵以及毕业2年内的普通高校毕业生创办养老服务机构的，自其在工商部门首次注册登记之日起3年内免收管理类、登记类和证照类等有关行政事业性收费。

（五）完善人才支持和就业政策

1. 健全养老服务人才培养体系。支持大中专院校开设养老服务相关专业，鼓励建立"校企合作""校院合作"等人才培养机制。充分发挥开放大学的作用，开展养老护理员继续教育和远程学历教育。扩大中等职业教育免学费政策范围，将养老护理、社会工作等专业纳入扶持专业目录。大中专院校养老服务相关专业毕业生在养老机构从事养老护理工作满3年的，对其助学贷款或学费给予一定比例的补偿。

2. 加强养老服务人才技能培训。落实养老护理员免费培训政策，对外地户籍在我市养老机构从事养老护理的人员实行与本市户籍人员相同的免费培训政策。依托示范性养老机构和居家养老综合服务平台，建立10个以上实训基地，开展养老护理员职业技能培训和管理人员培训。加强与专业社会组织、高校以及境外养老服务机构的培训合作，提高从业人员服务意识和职业技能。到2020年，中高级职业资格养老护理员占20%以上。提供10万个以上养老服务就业岗位。

3. 保障与提高养老服务从业人员待遇。强化用工主体责任，各类养老服务机构要加强养老护理员劳动保护和职业防护，依法足额缴纳社会保险费。根据我市经济社会发展水平，建立养老护理员薪酬指导价定期发布制度和养老服务岗位补贴制度。对吸纳就业困难人员就业的养老机构，按规定给予社会保险补贴和岗位补贴。积分制入户政策、公租房政策向养老护理员倾斜。按照有关规定引导养老服务从业人员子女按时接受义务教育。民办养老服务机构内设医疗机构聘用医护人员在注册考核、职称评审、岗位津贴、课题申报、业务培训、技能鉴定、推荐评优等方面与公办医疗机构同类人员享受同等待遇。将养老服务机构及其从业人员资质统一纳入社会信用体系。

（六）鼓励公益慈善力量支持养老服务

建立养老服务领域慈善行为导向机制，促进公益慈善资源与财政等行政资源有机衔接和优势互补。发挥"广州慈善推介会"平台作用，引导公益慈善力量进入养老服务领域，鼓励将无定向的慈善捐款重点投向养老福利事业。支持街道（镇）、社区组建专业社工队伍、志愿服务队伍和互助服务队伍，搭建健康老年人参与志愿互助服务平台。推行互助养老服务模式，发挥社区居民自治组织和基层老年协会作用，强化社区养老服务功能。运用义务（志愿）服务计时系统，创新推行为老义务（志愿）服务"时间银行"，打造义务（志愿）服务与养老服务相结合的"广州模式"。

四、加强组织实施

1. 加强组织领导。将市养老服务业综合改革试点工作联席会议并入市社会保障工作联席会议，下设市养老服务业综合改革试点工作办公室（设在市民政局），负责全市养老服务业综合改革试点工作具体措施的落实和协调。各区根据实际情况，建立相应机构，形成部门协同推进养老服务业机制。

2. 落实工作职责。建立健全推进养老服务业发展目标责任制度和分工协作机制，确定综合改革试点的主要任务和工作职责、完成时间并逐一落实相应的责任单位，加快推进养老服务业综合改革实施和项目建设。联席会议成员单位、各区政府要定期报告试点工作情况。市民政局要牵头会市发展改革委建立工作督办制度，确保责任到位、任务落实。

3. 加强行业监督。建立老年人口和养老服务业统计调查制度，完善老年人口和养老服务业统计指标。制定、推广养老服务行业标准体系，建立健全养老服务质量评价和监测体系，开展养老服务满意度调查。推动设立市养老服务业发展专家咨询委员会，建立社会各界参与综合改革决策、监督的机制。

4. 总结试点经验。市民政局要牵头会市发展改革委总结试点过程中取得的经验，按要求向上级民政、发展改革部门报告试点工作情况。要加大试点工作的宣传力度，及时向社会通报养老服务业综合改革进展情况，积极总结推广试点经验，促进我市养老服务业全面发展。

附件：重点工作分工（略）。

广州市历史文化名城保护条例

(2015年10月27日广州市第十四届人民代表大会常务委员会第四十四次会议通过 2015年12月30日广东省第十二届人民代表大会常务委员会第二十二次会议批准)

第一章 总 则

第一条

为加强本市历史文化名城的保护与管理，传承优秀历史文化遗产，促进城乡建设与社会文化协调发展，根据《中华人民共和国城乡规划法》《历史文化名城名镇名村保护条例》和《广东省城乡规划条例》等法律、法规，结合本市实际，制定本条例。

第二条

本条例适用于本市历史文化名城的规划、保护、利用和管理等活动。历史文化名城的保护对象包括历史城区的自然格局和传统风貌、历史文化街区、历史文化名镇、历史文化名村，历史建筑、历史风貌区、传统村落，古树名木、传统地名、文物和非物质文化遗产等。在历史文化名城保护范围内涉及文物、古树名木、传统地名、非物质文化遗产等保护的，执行有关法律、法规的规定。

第三条

历史文化名城的保护应当遵循科学规划、分类管理、严格保护、合理利用的原则，维护历史文化遗产的真实性和完整性，保护与其相互依存的自然和人文景观，保持、延续历史文化名城的传统格局和风貌。

第四条

市人民政府负责本市历史文化名城的保护和监督管理工作。区、镇人民政府负责本辖区内历史文化名城的保护和监督管理工作。街道办事处按照本条例的规定履行历史文化名城保护的相关职责。

第五条

城乡规划行政主管部门负责组织编制全市历史文化名城、历史文化街区、历史文化名镇、历史文化名村、历史建筑和历史风貌区的保护规划等工作，并组织实施本条例。文物行政管理部门负责法律、法规和本条例规定的有关历史文化名城保护和监督管理的工作。房屋行政管理部门负责历史文化街区、历史文化名镇、历史文化名村、历史风貌区和传统村落核心保护范围内的建筑物、构筑物和历史建筑的结构安全、使用和修缮的监督管理工作。城市管理综合执法机关依照本条例的规定行使行政处罚权。财政、土地、建设、城市管理、公安、环境保护、水务、交通、林业园林、旅游、工商、民政、农业、宗教、港务、民防、地震等有关行政管理部门依据各自职责，共同做好历史文化名城保护的相关工作。

第六条

市、区人民政府可以通过购买服务、设立片区保护管理组织等方式，对历史文化街区、历史文化名镇、历史文化名村、历史建筑、历史风貌区和传统村落等实施日常保护和管理。

第七条

市、区人民政府设立的历史文化名城保护委员会履行以下职责：

（一）审议历史文化名城的保护规划和历史文化名城的重大政策措施，并督促落实；

（二）审议历史文化名城保护名录的内容和调整方案；

（三）指导、协调、监督历史文化名城保护的有关工作；

（四）指导、协调历史文化名城保护方面重大突发事件的处理，审议历史文化名城保护工作中重大问题的解决方案；

（五）本级人民政府认为与历史文化名城保护有关的其他重大事项。历史文化名城保护委员会由同级人民政府及其相关职能部门负责人组成，其产生、任期和议事规则由同级人民政府制定。历史文化名城保护委员会召开会议，可以邀请有关专家、人大代表、政协委员和公众代表参加，充分听取各方面的意见。

第八条

市、区人民政府应当将历史文化名城保护工作纳入本级国民经济和社会发展规划、年度计划，历史文化名城保护所需经费列入本级财政预算，保障经费投入。市人民政府应当根据各区历史文化名城保护工作实际需要，突出重点、统筹安排市本级财政对区级财政的转移支付资金。历史文化名城保护经费用于普查、测量、认定、抢险、学术研究、规划编制、修缮补助、资助、奖励等方面。

第九条

市、区人民政府应当加强历史文化名城保护的宣传教育，增强公民的保护意识，可以通过授权或者委托符合条件的企事业单位、研究机构、行业协会和其他社会组织开展与历史文化名城保护相关的基础研究、专业培训等工作。

第十条

鼓励单位和个人通过捐赠、资助、投资、成立公益性组织、提供技术或者志愿服务等多种方式，依法参与历史文化名城保护工作。

第二章　保护名录

第十一条

市人民政府应当建立历史文化名城保护名录制度，将下列保护对象纳入保护名录：

（一）历史文化街区、历史文化名镇、历史文化名村和历史建筑；

（二）历史风貌区；

（三）传统村落；

（四）法律、法规规定的其他保护对象。保护名录应当载明保护对象的名称、区位、建成时间和历史价值等内容。

第十二条

历史文化街区、历史文化名镇和历史文化名村的认定标准按照国家和省的有关规定执行。

第十三条

建成三十年以上且未被确定为不可移动文物，符合下列条件之一的建筑物、构筑物，可以确定为历史建筑：

（一）反映广州历史文化和民俗传统，具有特定时代特征和地域特色；

（二）建筑样式、结构、材料、施工工艺或者工程技术反映地域建筑、历史文化、艺术特色或者具有科学研究价值；

（三）与重要政治、经济、文化、军事等历史事件或者著名历史人物相关的建筑物、构筑物；

（四）代表性、标志性建筑物或者著名建筑师的代表作品；

（五）其他具有历史文化意义的建筑物、构筑物。建成不满三十年，但符合前款规定之一，突出反映历史风貌和地方特色的建筑物、构筑物，也可以确定为历史建筑。

第十四条

未被确定为历史文化街区，符合下列条件的区域，可以确定为历史风貌区：

（一）历史建筑集中连片分布，并具有一定规模；

（二）空间格局、景观形态、建筑样式等较完整地体现地方某一历史时期地域文化特点。

第十五条

符合下列条件之一的村落，可以确定为传统村落：

（一）历史建筑、乡土建筑、文物古迹等集中连片分布或者总量超过村庄建筑总量的三分之一，较完整体现一定历史时期的传统风貌；

（二）选址和整体格局鲜明体现有代表性的传统文化、传统生产和生活方式；

（三）拥有较丰富的非物质文化遗产资源，传承形式较好，民族或者地域特色鲜明，且拥有省级以上非物质文化遗产代表性项目。

第十六条

市人民政府应当组织各区人民政府开展历史文化遗产的普查工作。区人民政府应当将在普查中发现并经专家论证认为具有保护价值的建筑物、构筑物、建筑群、村、镇确定为预先保护对象。任何单位和个人发现有保护价值的建筑物、构筑物、建筑群、村、镇，可以向城乡规划行政主管部门或者文物行政管理部门报告。城乡规划行政主管部门或者文物行政管理部门接到报告后，应当立即通知建筑物、构筑物、建筑群、村、镇所在地的区人民政府。区人民政府应当在接到通知后的七日内组织专家进行论证，经核实具有保护价值的，应当确定为预先保护对象，并立即采取相应的保护措施。

第十七条

区人民政府应当对辖区内的预先保护对象实施预先保护，在确定为预先保护对象之日起两日内向其所有权人、使用权人或者代管人发出预先保护通知，并在当地居民委员会、村民委员会的公示栏上公告，当地镇人民政府或者街道办事处应当派员到现场开展日常巡查和保护。任何单位和个人不得损坏、拆除预先保护对象。建筑物、构筑物、建筑群、村、镇被确定为预先保护对象的，由城乡规划行政主管部门或者文物行政管理部门在预先保护通知发出之日起十二个月内按照有关法律、法规的规定处理。预先保护对象超过十二个月未被纳入保护名录的，预先保护决定自行失效。因预先保护对有关单位或者个人的合法权益造成损失的，区人民政府应当给予补偿。

第十八条

历史建筑、历史风貌区和传统村落保护名录的制定和调整，由市城乡规划行政主管部门会同市文物行政管理部门组织专家论证后提出方案，通过政府网站和主要新闻媒体向社会公示，征求公众意见，公示时间不得少于三十日，并通过召开座谈会、论证会等方式征求有关部门、建筑物所有权人和其他利害关系人的意见，经市历史文化名城保护委员会审议后，报市人民政府批准。城乡规划行政主管部门应当充分考虑专家、建筑物利害关系人和公众的意见，并在报送审批的材料中附具相关意见及其采纳情况和理由。

第十九条

市城乡规划行政主管部门应当建立列入保护名录的保护对象档案。保护档案应当包括下列资料：

（一）普查获取的资料；

（二）有关保护对象的文化艺术特征、历史特征、历史沿革、历史事件、名人轶事和技术资料等；

（三）使用现状和权属变化情况；

（四）保护规划；

（五）设计、测绘信息资料；

（六）修缮、维修、迁移、拆除过程中形成的文字、图纸、图片和影像等资料；

（七）其他需要保存的资料。任何单位和个人都有权依法查询保护档案所记载的相关信息。

第三章　保护规划

第二十条

城乡规划的编制应当符合本条例有关历史文化名城保护的要求，延续城市文化传承，保存城市文化记忆；城市更新规划应当包括历史文化遗产、民俗文化风格和传统风貌保护的内容，促进功能提升与文化文物保护相结合；新城新区建设规划应当注重融入传统文化元素，与原有城市自然人文特征相协调；乡村规划应当注重保护历史风貌、自然环境与乡土人文资源，在保持地区活力、延续传统文化的同时，推动乡村人居环境的改善。

第二十一条

市人民政府组织编制历史文化名城保护规划，经市人民代表大会常务委员会审议后，报省人民政府批准。市人民政府组织编制历史文化街区保护规划，并按照规定报批。区人民政府组织编制辖区内的历史文化名镇保护规划、历史文化名村保护规划，经市人民政府审查同意后，报省人民政府批准。市城乡规划行政主管部门组织编制历史建筑保护规划和历史风貌区保护规划，报市人民政府批准。保护规划在报人民政府批准前，应当经历史文化名城保护委员会审议。

第二十二条

保护规划组织编制机关应当按照国家和本条例的要求编制历史文化名城、历史文化街区、历史文化名镇、历史文化名村、历史建筑和历史风貌区的保护规划。保护规划的编制应当在历史文化名城、历史文化街区、历史文化名镇、历史文化名村、历史建筑和历史风貌区批准之日起一年内完成。编制保护规划应当保持和延续历史文化名城、历史文化街区、历史文化名镇、历史文化名村、历史建筑和历史风貌区的自然格局、传统格局和历史风貌，维护历史文化遗产的真实性和完整性，继承和弘扬优秀传统文化，正确处理经济社会发展和历史文化遗产保护的关系。历史文化名镇、历史文化名村和传统村落核心保护范围内以居住功能为主的，编制保护规划应当延续其居住功能，控制人口密度，完善公共服务设施和市政基础设施配套，改善人居环境，传承传统文化，核心保护范围内的土地使用权不得实施整体转让用于商业地产开发。

第二十三条

历史文化名城保护规划应当单独编制，其规划深度应当达到国家有关规划编制的要求。历史文化街区保护规划应当依据历史文化名城保护规划单独编制，其规划深度应当达到国家有关规划编制的要求，并可以作为该街区的控制性详细规划。历史文化名镇保护规划应当依据历史文化名城保护规划单独编制，其规划深度应当达到国家有关规划编制的要求，并可以作为该镇的控制性详细规划。历史文化名村保护规划应当依据历史文化名城保护规划、历史文化名镇保护规划单独编制，其规划深度应当达到村庄规划深度，并可以作为该村的村庄规划。历史建筑保护规划和历史风貌区保护规划应当根据国家、省、市有关规划编制的要求进行编制，并可以作为该地块的控制性详细规划。

第二十四条

在本市历史文化名城保护规划中应当明确下列重点保护内容：

（一）历史城区的传统格局和历史风貌；

（二）越秀山城墙遗址和中山七路交叉口附近的西门瓮城遗址等广

州古城城廓遗存、遗址和民国时期树立的广州市界碑；

（三）从北京路至天字码头的古代城市传统中轴线和从越秀山镇海楼经中山纪念碑、中山纪念堂、人民公园、起义路、海珠广场至海珠桥的近代城市传统中轴线；

（四）黄埔军校旧址、广州农民运动讲习所旧址等近现代革命史迹；

（五）沙面、沙湾镇等反映本市历史文化风貌的历史文化街区、历史文化名镇、历史文化名村、历史风貌区、传统街巷、骑楼街、不可移动文物和历史建筑；

（六）小洲村、陈家祠等具有岭南文化特色的传统村落及民居、祠堂；

（七）光孝寺、圣心大教堂等具有历史价值的宗教文化场所；

（八）南海神庙、黄埔古港遗址等体现海上丝绸之路历史的文物古迹、港口码头；

（九）白云山、帽峰山、九连山等山体山脉以及以珠江为主体的河流、河涌水系和以护城河、西关涌为代表的历史水系；

（十）白云山至中山大学北门广场和白云山至越秀山至珠江的山江视廊；

（十一）珠江两岸景观带；

（十二）传统文化艺术、民俗风情、民间工艺等突出反映岭南文化的非物质文化遗产；

（十三）市人民政府确定的其他保护重点。

第二十五条

历史文化街区、历史文化名镇、历史文化名村、历史建筑和历史风貌区的核心保护范围和建设控制地带按照下列规定划定：

（一）历史文化街区、历史文化名镇、历史文化名村和历史风貌区的核心保护范围应当包括该区域内传统格局、历史风貌较为完整和历史建筑集中成片的地区，在核心保护范围之外划定建设控制地带；

（二）历史建筑的保护范围包括历史建筑本身和必要的建设控制地带；

（三）核心保护范围和建设控制地带应当边界清楚，四至范围明确，便于保护和管理。

第二十六条

村庄规划或者控制性详细规划应当明确下列保护传统村落的内容：

（一）评估历史文化价值、特色和存在问题；

（二）划定核心保护范围；

（三）提出整体格局和历史环境要素的保护措施；

（四）提出核心保护范围内建筑物、构筑物和历史环境要素的分类保护措施和要求；

（五）提出延续传统文化、保护非物质文化遗产的规划措施；

（六）提出科学利用传统村落历史资源的措施，保持地区活力、延续传统文化。除前款规定外，国家、省对传统村落规划编制另有规定的，从其规定。

第二十七条

历史文化名城、历史文化名镇保护规划的核心内容应当分别纳入城市总体规划、镇总体规划，历史文化名村保护规划应当与村庄规划的范围一致。历史文化街区、历史文化名镇、历史文化名村、历史建筑和历史风貌区的核心保护范围和建设控制地带的控制性详细规划和村庄规划应当符合经批准的保护规划。本市城市交通、市政、绿化、消防、人防等其他专业规划应当与保护规划相协调。

第二十八条

保护规划报送批准前，组织编制机关应当依法公示保护规划草案，并采取论证会、听证会等方式征求有关行政管理部门、专家和公众的意见，公示时间不得少于三十日。保护规划应当自批准之日起三十日内，在政府网站和主要新闻媒体上公布。

第二十九条

区人民政府应当根据经批准的保护规划，制定保护与利用保护对象的具体实施方案，明确工作任务，落实实施主体和具体措施，推动保护规划实施。

第三十条

市城乡规划行政主管部门应当根据国家、省有关规定和本市实际情况，制定和完善保护规划的编制技术指引，按照有关规定报批后公布实施。

第三十一条

保护规划经依法批准后不得擅自修改。确需修改的，由原组织编制机关提出修改论证报告，经原审批机关批准后按照原编制、审批程序修改、报批，并依照有关规定向国务院城乡规划行政主管部门报告。保护对象从保护名录中撤销的，保护规划中相应的内容自行失效，撤销程序按照本条例第十八条的规定执行。

第四章　保护措施

第三十二条

市、区人民政府应当按照下列规定确定历史文化街区、历史文化名镇、历史文化名村、历史风貌区、传统村落的保护责任人，并向社会公布：

（一）历史文化街区、历史风貌区所在地的街道办事处为保护责任人；

（二）历史文化名镇所在地的镇人民政府为保护责任人；

（三）历史文化名村、传统村落所在地的村民委员会为保护责任人；

（四）市、区人民政府设立保护对象的保护管理组织的，该组织为保护责任人。跨村的保护对象的保护责任人由所在地的街道办事处或者镇人民政府指定，跨街道、镇的保护对象的保护责任人由所在地的区人民政府指定，跨区的保护对象的保护责任人由市人民政府指定。

第三十三条

历史建筑的保护责任人按照下列规定确定：

（一）国有历史建筑，其代管人为保护责任人；没有代管人的，其使用权人为保护责任人；代管人、使用权人均不明确的，房屋行政管理部门为保护责任人；

（二）非国有历史建筑，其所有权人为保护责任人；所有权人下落不明、无法与所有权人取得联系或者房屋权属不清晰的，代管人为保护责任人；所有权人下落不明、无法与所有权人取得联系或者房屋权属不清晰，且没有代管人的，房屋使用权人为保护责任人。所有权人、使用权人或者代管人均不明确的，房屋行政管理部门为保护责任人。历史建筑纳入保护名录后，区人民政府应当根据本条第一款、第二款规定明确历史建筑的保护责任人，并予以书面告知。书面告知无法送达的，公告送达，自发出公告之日起六十日后，视为送达。在送达后，单位或者个人对保护责任人的确定提出异议的，区人民政府应当根据举证情况决定是否予以调整。

第三十四条

历史文化街区、历史文化名镇、历史文化名村、历史风貌区、传统村落的保护责任人应当按照保护规划和下列要求履行保护责任：

（一）保持保护范围内建筑物、构筑物的传统格局、历史风貌、特色装饰、空间尺度和历史环境要素的完整性；

（二）开展日常巡查，发现危害历史文化遗产行为的及时制止，并告知相关行政管理部门；保持保护范围内整洁美观；协助有关部门确保消防、防灾等公共设施、设备的正常使用；

（五）本条例规定和市、区人民政府确定的其他要求。

第三十五条

历史建筑保护责任人对历史建筑履行下列保护责任：

（一）保持原有的高度、体量、外观形象和色彩；

（二）保护传统格局、历史风貌、特色装饰和历史环境要素的完整性；

（三）保障结构安全，发现险情时及时采取排险措施，并向有关行政管理部门报告；

（四）按照本条例的规定进行修缮；

（五）防渗防潮防蛀；

（六）确保消防、防灾等设施、设备的正常使用；

（七）保持整洁美观；

（八）按照保护规划的要求合法合理地使用、利用；

（九）法律、法规规定的其他要求。转让、出租历史建筑的，双方当事人应当在合同中约定保护及修缮义务，出让人、出租人应当将保护修缮要求告知受让人、承租人。

第三十六条

在历史文化街区、历史文化名镇、历史文化名村、历史建筑、历史风貌区和传统村落的核心保护范围以及建设控制地带内进行建设活动，应当符合保护规划，并遵守下列要求：

（一）在历史文化街区、历史文化名镇和历史文化名村的核心保护范围内，除建设必要基础设施和公益性公共服务设施外，不得进行新建、扩建活动；

（二）在历史建筑核心保护范围内，除因保护需要建设附属设施外，不得新建建筑物、构筑物；建设附属设施的，应当报城乡规划行政主管部门批准，城乡规划行政主管部门应当征求文物行政管理部门的意见；

（三）在历史风貌区、传统村落的核心保护范围内进行新建、改建、扩建等建设活动，不得改变传统格局和历史风貌；

（四）不得新建污染环境的设施，本条例实施前已经存在的污染环境的设施和企业等应当限期搬迁或者治理；

（五）修建道路、地下工程以及其他市政公用设施的，应当采取有效的保护措施，不得损害保护对象；

（六）设置户外广告、招牌等外部设施的，应当符合保护规划。在历史文化街区、历史文化名镇、历史文化名村、历史建筑、历史风貌区和传统村落的建设控制地带内进行新建、扩建、改建活动的，应当符合保护规划或者保护措施确定的建设控制要求，在高度、体量、色彩等方面与历史风貌相协调，不得破坏传统格局和历史风貌。

第三十七条

历史文化名镇、历史文化名村、历史风貌区和传统村落所在地的区人民政府应当按照集约用地原则，统筹安排建设用地指标，优先保障因保护规划实施所需的农村住宅建设。历史文化名镇、历史文化名村、历史风貌区和传统村落因保护需要在保护范围内另行择地新建村民居住区的，其新村建设规划及建设方案应当符合保护规划的要求，确保新村建设风貌、产业安排与保护规划相协调。

第三十八条

在历史城区内以及历史文化街区、历史文化名镇、历史文化名村、历史建筑、历史风貌区和传统村落的核心保护范围和建设控制地带内，禁止进行下列活动：

（一）开山、采石、开矿等破坏传统格局和历史风貌的活动；

（二）占用园林绿地、河湖水系、传统街巷、道路等；

（三）修建生产和储存易爆易燃、放射性、毒害性、腐蚀性物品的工厂、仓库等；

（四）对保护对象可能造成破坏性影响的其他活动。

第三十九条

在历史文化街区、历史文化名镇、历史文化名村、历史建筑、历史风貌区和传统村落的核心保护范围和建设控制地带内依法进行新建、扩建以及改变外立面或者结构的活动，建设单位或者个人在申请办理规划许可时，应当同时提交历史文化保护的具体方案。市城乡规划行政主管部门在作出规划许可前，根据工程具体情况征求文物、房屋行政管理部门的书面意见，必要时应当组织专家论证和征求公众意见。其中，涉及在历史文化街区、历史文化名镇和历史文化名村核心保护范围内新建、扩建本条例第三十六条第一款第一项规定的基础设施和公共服务设施的，城乡规划行政主管部门在作出规划许可前应当会同文物行政管理部门组织专家论证和征求公众意见。

第四十条

房屋行政管理部门应当会同城乡规划行政主管部门对历史文化街区、历史文化名镇、历史文化名村、历史建筑、历史风貌区和传统村落核心保护范围内的建筑物、构筑物编制修缮图则，明确其修缮的具体要求。房屋行政管理部门应当对历史文化街区、历史文化名镇、历史文化名村、历史建筑、历史风貌区和传统村落的核心保护范围内建筑物、构筑物的修缮进行监督管理。具体管理办法由市人民政府制定，并向社会公布。

第四十一条

房屋行政管理部门应当对历史文化街区、历史文化名镇、历史文化名村、历史建筑、历史风貌区和传统村落核心保护范围内的建筑物、构筑物安全进行监管。房屋行政管理部门发现前款规定的建筑物、构筑物有损毁危险的，应当及时通知其所有权人、使用权人或者代管人按照相关规定履行修缮义务；建筑物、构筑物经鉴定为危房的，所在地房屋行政管理部门应当督促所有权人、使用权人或者代管人进行危房治理，所有权人、使用权人或者代管人应当立即实施治理；情况危急或者所有权人、使用权人或者代管人未在限期内实施治理的，由所在地房屋行政管理部门进行紧急排险，房屋所有权人、使用权人或者代管人应当配合，不得阻挠。

第四十二条

在历史文化街区、历史文化名镇、历史文化名村、历史建筑、历史风貌区和传统村落的核心保护范围内，拆除历史建筑以外的建筑物、构筑物或者其他设施的，申请人应当向城乡规划行政主管部门提出申请，城乡规划行政主管部门应当在收到申请之日起二十日内会同文物行政管理部门作出决定，涉及新建、扩建项目的，可以与新建、扩建建设工程规划许可一并作出审查决定。申请人在拆除建筑物、构筑物时，应当符合建设工程管理的有关规定。

第四十三条

因建设施工导致历史文化街区、历史文化名镇、历史文化名村、历史建筑、历史风貌区和传统村落的核心保护范围内的建筑物、构筑物有损毁危险的，建设等行政管理部门应当责令施工单位立即停止施工。因施工造成损害的，施工单位或者建设单位应当承担修复、赔偿责任，其修复方案应当征求城乡规划行政主管部门和房屋行政管理部门的意见。

第四十四条

在历史建筑核心保护范围内禁止下列活动：

（一）在建筑物上刻划、涂污；

（二）在建筑物内堆放易燃、易爆和腐蚀性的物品；

（三）在屋顶、露台或者利用房屋外墙搭建建筑物、构筑物；

（四）占地违章搭建建筑物、构筑物；

（五）擅自拆改院墙、改变建筑内部或者外部的结构、造型和风格；

（六）实施损坏建筑主体承重结构或者其他危害建筑物安全的行为；

（七）其他影响历史建筑保护的行为。

第四十五条

市、区房屋行政管理部门应当建立历史建筑结构安全年度核查制度，并在听取历史建筑保护责任人意见后制定历史建筑的年度修缮计划。区房屋行政管理部门应当根据年度修缮计划通知历史建筑保护责任人对历史建筑进行修缮，保护责任人应当按照规定进行修缮。保护责任人不按照规定进行修缮的，历史建筑所在地的区房屋行政管理部门可以对其进行修缮，费用由保护责任人承担。

第四十六条

修缮历史建筑应当符合有关技术规范、质量标准和修缮图则的要求。历史建筑修缮前，保护责任人可以向所在地的区房屋行政管理部门提出修缮技术咨询，区房屋行政管理部门应当免费为保护责任人提供咨询服务，并根据修缮的具体情况指导保护责任人执行本条第二款的规定。除对历史建筑进行日常保养或者进行不涉及体现历史风貌特色的部位、材料、构造、装饰等轻微修缮外，保护责任人应当在修缮前按照区房屋行政管理部门的技术指导意见制定修缮设计、施工方案，报区房屋行政管理部门审核。设计、施工方案经审核通过后，保护责任人应当委托具有相应资质的施工单位实施修缮。其中，修缮涉及改变外立面或者改变房屋结构的，保护责任人还应当依法申请办理建设工程规划许可证或者乡村建设规划许可证，许可实施机关在作出许可前根据工程情况征求文物行政管理部门的意见。历史建筑修缮期间，施工单位应当在现场展示历史建筑的保护价值、修缮效果图等资料。区房屋行政管理部门可以根据实际需要，通过购买服务的方式委托具有相应资质的单位，对历史建筑修缮提供技术服务。区房屋行政管理部门应当对历史建筑进行巡查，发现修缮历史建筑的行为不符合有关技术规范、质量标准或者修缮图则要求的，应当指导其改正。对历史建筑进行日常维护、修缮的，与历史建筑毗邻的建筑物、构筑物的所有权人、使用权人应当予以配合，并提供必要的便利。

第四十七条

非国有历史建筑保护责任人按照技术规范、质量标准、修缮图则和修缮设计、施工方案等要求进行修缮的，保护责任人可以向市或者区人民政府申请补助，政府补助的费用不低于修缮费用的百分之二十。非国有历史建筑保护责任人获得前款规定的修缮补助后，承担修缮费用仍有困难的，可以向市或者区人民政府申请困难补助。修缮补助的具体办法由市人民政府制定，并向社会公布。

第四十八条

历史建筑应当实施原址保护，任何单位或者个人不得损坏或者擅自迁移、拆除历史建筑。因建设国防设施等重大公共利益需要，必须迁移或者拆除历史建筑的，由城乡规划行政主管部门会同文物行政管理部门对迁移方案、补救措施等进行论证、公示和听证，市人民政府应当根据论证和听证意见作出是否迁移或者拆除的决定，并按照规定报批。迁移或者拆除非国有历史建筑的，应当听取非国有历史建筑所有权人的意见。经批准迁移或者拆除历史建筑的，由建设单位按照建设工程管理的有关规定组织迁移、拆除，建设行政管理部门应当进行监督管理。

第四十九条

城市更新和新区建设过程中，非国有历史建筑所有权人同意该历史建筑被征收或者改造的，房屋征收部门或者改造主体应当按照保护要求将非国有历史建筑纳入征收补偿方案或者改造方案，并依据房屋征收评估办法评估房屋价值，给予该历史建筑所有权人不低于房屋征收决定公告之日征收地块内类似房屋市场价格的百分之一百二十的补偿。非国有历史建筑所有权人不同意被征收或者改造的，所有权人应当按照保护要求对其进行保护、利用。根据本条例第四十八条第二款的规定拆除非国有历史建筑的，相关部门或者单位应当按照本条第一款的规定给予非国有历史建筑所有权人补偿。

第五十条

房屋征收部门在征收房屋前，应当核实征收地块内历史文化遗产的普查情况，作出普查结论的时间超过五年或者尚未完成普查的，区人民政府应当在房屋征收前完成普查或者对该征收地块进行历史文化遗产调查。未完成普查或者调查的，不得开展征收工作。

第五十一条

历史建筑的利用应当与其历史价值、内部布局结构相适应，在对其进行有效保护的前提下，注重历史建筑的科学研究、审美、教育等社会效益，发挥历史建筑的经济效益，实现保护与利用的协调发展。

第五十二条

市人民政府应当制定促进历史建筑合理利用的具体办法，通过政策引导、资金资助、简化手续、减免国有历史建筑租金、放宽国有历史建筑承租年限、减免历史建筑土地使用权续期费用等方式，促进对历史建筑的合理利用。市、区人民政府通过以下措施支持和鼓励历史建筑的合理利用：

（一）鼓励根据历史建筑的特点开展多种形式的利用，可以用作纪念场馆、展览馆、博物馆、旅游观光、休闲场所、发展文化创意、地方文化研究等；

（二）鼓励社会资本和个人参与历史建筑的保护和利用；

（三）市、区人民政府可以采取收购、产权置换等方式对非国有历史建筑进行保护利用。历史建筑所有权人出售政府给予修缮补助的非国有历史建筑的，市、区人民政府可以在同等条件下优先收购；

（四）市、区人民政府可以通过出让、出租等方式对国有历史建筑进行合理利用。在符合结构、消防等专业管理要求和历史建筑保护规划要求的前提下，历史建筑保护责任人可以按照本条第二款第一项的规定对历史建筑进行多种功能使用，历史建筑实际使用用途与权属登记中房屋用途不一致的，无需经城乡规划行政主管部门和房屋行政管理部门批准；不增加历史建筑建筑面积、建筑高度、不扩大其基底面积、不改变其四至关系、不改变外立面或者结构的，无需经城乡规划行政主管部门批准。

第五十三条

纳入保护名录的保护对象应当设置保护标志。保护标志应当在纳入保护名录后六个月内设置完毕。保护标志应当载明保护对象的名称、编号、区位、建成时间、文化信息等内容，并根据实际需要翻译成相应的外文。保护标志由市人民政府统一样式，区人民政府组织设置。任何单位和个人不得擅自设置、移动、遮挡、涂改或者损毁保护标志。

第五十四条

市人民政府应当建立包含地理信息、地名信息、历史信息等历史文化名城保护信息系统，提高历史文化名城保护的信息化水平。城乡规划、文物、房屋、城市管理、建设、民政、农业、林业园林、旅游、工商等行政管理部门应当根据各自职责采集、录入、管理和维护历史文化名城保护的相关信息，并实现信息共享。

第五十五条

市、区人民政府应当依据保护规划优先安排并组织有关部门建设和完善历史文化街区、历史文化名镇、历史文化名村、历史建筑、历史风貌区和传统村落周边的道路、供水、排水、供电、环卫、消防等基础设施。因保护需要无法按照现行技术标准和规范进行建设和管理前款规定的基础设施的，城乡规划、文物、房屋、城市管理、建设、环境保护、水务、交通、公安消防、民防、地震等相关行政管理部门，应当制定适应保护需要的建设、管理要求和保障方案。

第五十六条

有下列情形之一的，房屋行政管理部门应当在房屋登记簿中予以注明，城乡规划行政主管部门应当在建设用地规划许可证或者规划条件的附图、附件中载明保护要求：

（一）建筑物、构筑物在历史文化街区、历史文化名镇、历史文化名村、历史风貌区、传统村落的核心保护范围或者建设控制地带内；

（二）建筑物、构筑物是历史建筑。

第五十七条

因保护历史文化名城的需要，行政机关可以依法变更或者撤销已生效的行政许可，造成被许可人合法权益损失的，行政机关应当依法补偿。补偿形式包括货币补偿和开发权益置换等。具体补偿方案由市城乡规划行政主管部门会同财政、房屋、建设等行政管理部门制定，报市人民政府批准后执行。

第五章　监督检查

第五十八条

市、区人民政府应当严格执行保护规划，加强对有关行政管理部门落实保护规划情况的监督检查，对保护状况进行评估，并定期向本级人民代表大会常务委员会报告历史文化名城保护工作情况，接受本级人民代表大会常务委员会的监督。市、区人民代表大会常务委员会应当有计划地通过组织执法检查、听取和审议专项工作报告等方式，加强对同级人民政府关于历史文化名城保护工作的监督检查。

第五十九条

市人民政府应当加强对区人民政府的历史文化名城保护具体工作的监督检查，对工作中存在的问题及时进行处理。区人民政府应当每年向市人民政府报告本行政区域内历史文化名城保护工作的落实情况和面临问题。区人民政府应当加强对作为保护责任人的镇人民政府、街道办事处、村民委员会和保护管理组织履行保护责任的监督检查，对其工作中存在的问题及时进行纠正、处理。

第六十条

市人民政府应当建立健全历史文化名城保护联动制度工作责任制。市、区人民政府及其城乡规划、文物、建设、土地、房屋、城市管理综合执法机关等行政管理部门应当按照联动制度的要求，加强普查、日常巡查、预先保护、应急处理和许可审批等方面的工作协同。市人民政府应当定期对历史文化名城保护工作进行评估，将保护工作成效作为市、区人民政府及其联动部门考核的重要内容。

第六十一条

城乡规划行政主管部门、文物行政管理部门、房屋行政管理部门、城市管理综合执法机关应当利用视频监控、遥感监测等手段加强对历史文化街区、历史文化名镇、历史文化名村、历史建筑、历史风貌区和传统村落的核心保护范围和建设控制地带内建筑物、构筑物的监测，及时发现、制止和处理破坏历史建筑或者擅自设置、移动、涂改、损毁保护标志等违法行为。

第六十二条

市城乡规划、文物、房屋行政管理部门应当在办事窗口和政府网站上公布预先保护对象、经批准的历史文化名城保护的普查结果、保护名录、保护规划和保护方案等信息。

第六十三条

任何单位和个人有权对损坏历史文化街区、历史文化名镇、历史文化名村、历史建筑、历史风貌区和传统村落的核心保护范围和建设控制地带内的建筑物、构筑物的行为进行举报和投诉。城乡规划、文物、房屋行政管理部门应当公布举报、投诉的方式，接受单位或者个人对违反历史文化名城保护法律、法规规定的行为的举报和投诉，接到举报或者投诉后应当及时进行核实、处理、答复。

第六章　法律责任

第六十四条

区人民政府及其有关工作人员有下列行为之一的，由市人民政府责令改正、予以通报批评；情节严重的，由任免机关或者监察机关对负有直接责任的主管人员和其他直接责任人员，依法追究行政责任：

（一）未按照法定程序、期限或者编制要求组织编制、修改历史文化名镇保护规划、历史文化名村保护规划的；

（二）未按照本条例第十六条、第十七条规定采取保护措施的；

（三）未按照本条例第二十九条规定制定保护与利用的具体实施方案的；

（四）未按照本条例第三十二条规定指定跨街道、镇的保护对象的保护责任人的；

（五）未按照本条例第五十条规定在房屋征收前完成调查或者普查工作的；

（六）未按照本条例第五十八条规定向人民代表大会常务委员会报告历史文化名城保护工作情况的；

（七）未按照本条例第五十九条规定向市人民政府报告本行政区域内历史文化名城保护工作的落实情况和面临问题的；

（八）其他玩忽职守、滥用职权、徇私舞弊的行为。

第六十五条

城乡规划、文物、房屋、城市管理等有关行政管理部门及其有关工作人员有下列行为之一的，由本级人民政府或者上级人民政府有关行政管理部门依据管理权限责令改正、予以通报批评；情节严重的，由任免机关或者监察机关对负有直接责任的主管人员和其他直接责任人员，依法追究行政责任：

（一）未按照法定程序或者认定标准提出历史建筑、历史风貌区或者传统村落保护名录制定方案或者调整方案的；

（二）未按照法定程序组织编制或者未在规定的期限内编制完成历史建筑或者历史风貌区保护规划的；

（三）未按照本条例第三十五条、第四十五条规定履行历史建筑保护责任人的保护责任的；

（四）未按照本条例第四十条规定编制历史文化街区、历史文化名镇、历史文化名村、历史建筑、历史风貌区和传统村落的核心保护范围内的建筑物、构筑物修缮图则或者未按照规定对该核心保护范围内建筑物、构筑物的修缮进行监督管理的；

（五）未按照本条例第四十一条规定对历史文化街区、历史文化名镇、历史文化名村、历史建筑、历史风貌区或者传统村落的核心保护范围内建筑物、构筑物的安全进行监管的；

（六）批准拆除建筑物、构筑物或者其他设施违反本条例第四十二条规定的；

（七）未按照本条例第四十五条规定制定历史建筑的年度修缮计划或者未根据该计划通知保护责任人对历史建筑进行修缮的；

（八）实施建设项目规划许可违反本条例第三十九条、第四十六条规定的；

（九）迁移或者拆除历史建筑违反本条例第四十八条规定的；

（十）开展房屋征收违反本条例第五十条规定的；

（十一）未按照本条例第五十五条规定制定适应保护需要的建设、管理要求或者保障方案的；

（十二）未按照本条例第五十六条规定载明相关信息的；

（十三）未按照本条例第六十二条规定公布信息的；

（十四）未按照本条例第六十三条规定接受举报或者投诉的；

（十五）其他玩忽职守、滥用职权、徇私舞弊的行为。

第六十六条

街道办事处、镇人民政府及其有关工作人员未按照本条例第十七条规定开展日常巡查或者保护的，由区人民政府责令改正；情节严重的，由任免机关或者监察机关对负有直接责任的主管人员和其他直接责任人员，依法追究行政责任。

第六十七条

区人民政府、街道办事处、镇人民政府、村民委员会或者保护管理组织及其有关工作人员未按照本条例第三十四条规定履行保护责任的，由上级行政机关或者监察机关责令改正、予以通报批评；情节严重的，由任免机关或者监察机关对负有直接责任的主管人员和其他直接责任人员，依法追究行政责任。

第六十八条

历史建筑保护责任人未按照本条例第三十五条第一项、第二项或者第五项规定履行保护责任，对历史建筑构成破坏性影响的，城市管理综合执法机关应当责令其限期履行保护责任；逾期不履行的，城市管理综合执法机关可以委托他人代为履行，费用由保护责任人承担；造成严重后果的，对单位并处五万元以上十万元以下的罚款，对个人并处一万元以上五万元以下的罚款。历史建筑保护责任人未按照本条例第三十五条第三项规定保障历史建筑结构安全，发现险情时未及时采取排险措施，对历史建筑构成破坏性影响的，由房屋行政管理部门按照本条第一款的规定进行处罚。

第六十九条

违反本条例第三十六条第一款第一项、第二项、第三项或者第五项规定进行建设活动的，由城市管理综合执法机关、镇人民政府责令停止建设，限期拆除，并处建设工程造价百分之十以下罚款。

第七十条

违反本条例第四十六条第二款规定，未办理建设工程规划许可证或者乡村建设规划许可证改变历史建筑外立面或者房屋结构的，由城市管理综合执法机关、镇人民政府按照违法建设查处的相关规定予以处理。

第七十一条

违反本条例第三十六条第一款第四项规定，在历史文化街区、历史文化名镇、历史文化名村、历史建筑、历史风貌区和传统村落的核心保护范围和建设控制地带内新建污染环境的设施，或者现有污染环境的设施或者企业未按规定限期搬迁或者治理的，由环境保护行政管理部门按照环境保护有关法律、法规的规定予以处罚。

第七十二条

违反本条例第三十六条第一款第六项规定，设置户外广告、招牌等外部设施不符合保护规划规定的，由城市管理综合执法机关责令限期改正或者恢复原状，造成严重后果的，对单位并处五万元以上十万元以下罚款，对个人并处一万元以上五万元以下罚款。

第七十三条

违反本条例第三十八条、第四十四条规定有下列行为之一的，按下列规定处理：

（一）进行开山、采石、开矿等破坏传统格局和历史风貌活动的，由城市管理综合执法机关、镇人民政府按照有关法律、法规予以处罚；

（二）占用园林绿地的，由绿化行政管理部门按照有关法律、法规的规定予以处罚；

（三）占用河湖水系的，由水务行政管理部门按照有关法律、法规的规定予以处罚；

（四）占用道路的，由交通行政管理部门或者城市管理综合执法机关按照有关法律、法规的规定予以处罚；

（五）在历史建筑上刻划、涂污的，由城市管理综合执法机关按照有关法律、法规的规定予以处罚；

（六）在历史建筑内堆放易燃、易爆和腐蚀性的物品的，由公安消防机构按照有关法律、法规的规定予以处罚；

（七）搭建或者占地违章搭建建筑物、构筑物的，由城市管理综合执法机关、镇人民政府按照有关法律、法规的规定予以处罚；

（八）擅自拆改院墙、改变建筑内部或者外部结构、造型或者风格的，由城市管理综合执法机关、镇人民政府按照有关法律、法规的规定予以处罚；

（九）实施损坏建筑主体承重结构或者其他危害建筑安全的行为，由建设行政管理部门或者房屋行政管理部门按照有关法律、法规的规定予以处罚；

（十）对保护对象造成破坏性影响的其他活动的，由城市管理综合执法机关、镇人民政府按照有关法律、法规的规定予以处罚。

第七十四条

违反本条例第三十五条第一款第四项、第四十五条第二款、第四十六条规定，未按照规定履行修缮义务，对历史建筑构成破坏性影响的，由城市管理综合执法机关责令改正，限期恢复原状或者采取其他补救措施；逾期不恢复原状或者不采取其他补救措施的，城市管理综合执法机关可以指定有能力的单位代为恢复原状或者采取其他补救措施，所需费用由违法者承担；造成严重后果的，对单位并处五万元以上十万元以下罚款，对个人并处一万元以上五万元以下罚款。

第七十五条

违反本条例第四十二条规定，未经批准，擅自拆除核心保护范围内历史建筑以外的建筑物、构筑物或者其他设施的，由城市管理综合执法机关按照《历史文化名城名镇名村保护条例》的有关规定进行处罚。

第七十六条

违反本条例第四十八条规定,损坏或者擅自迁移、拆除历史建筑的,由城市管理综合执法机关责令停止违法行为,限期恢复原状或者采取其他补救措施;逾期不恢复原状或者不采取其他补救措施的,城市管理综合执法机关可以指定有能力的单位代为恢复原状或者采取其他补救措施,所需费用由违法者承担;造成严重后果的,对单位并处二十万元以上五十万元以下罚款,对个人并处十万元以上二十万元以下罚款。城市管理综合执法机关对前款规定的违法行为是否应当责令限期恢复原状,可以书面征求城乡规划行政主管部门的意见,城乡规划行政主管部门应当自收到征求意见之日起三十日内书面回复意见。限期恢复原状的,当事人应当按照处理决定和经审定的复建方案规定的时限内完成,并经城市管理综合执法机关会同城乡规划、文物、房屋等部门予以核实。

第七十七条

违反本条例第五十三条规定,擅自设置、移动、涂改或者损毁保护标志的,由城市管理综合执法机关责令限期改正,逾期不改正的,对单位处以一万元以上五万元以下的罚款,对个人处以一千元以上一万元以下的罚款。

第七章 附 则

第七十八条

本条例自 2016 年 5 月 1 日起施行。1999 年 3 月 1 日起施行的《广州历史文化名城保护条例》同时废止。

广州市人民政府关于进一步推进户籍制度改革的实施意见

(穗府〔2016〕3号 2016年2月22日)

各区人民政府,市政府各部门、各直属机构:

为深入贯彻落实《国务院关于进一步推进户籍制度改革的意见》(国发〔2014〕25号)、《广东省人民政府关于进一步推进户籍制度改革的实施意见》(粤府〔2015〕63号),统筹我市户籍制度及相关社会领域改革,有力促进来穗人员有序实现市民化,稳步推进基本公共服务向常住人口覆盖,现就我市户籍制度改革工作提出以下实施意见。

一、总体要求

(一)工作目标。我市户籍制度改革以邓小平理论、"三个代表"重要思想、科学发展观和习近平总书记系列重要讲话精神为指导,坚定不移地推进新型城镇化发展,合理引导农业人口有序向城镇转移,逐步完善来穗务工人员市民化成本分担机制,积极推进常住人口享有城镇基本公共服务,逐步实现人口管理一体化,基本公共服务均等化;到2020年,全面建成与小康社会相适应,以人为本、科学高效、规范有序的新型户籍制度,实现人口规模适度、结构优化、分布合理和素质提升的人口发展格局。

(二)基本原则。坚持积极稳妥、以人为本、切实尊重居民意愿、维护群众合法权益的原则;坚持总量控制、有序推进的原则;坚持政府主导、多方参与、权责匹配的原则;坚持统筹规划,全面布局,着力完善相关配套制度政策的原则;坚持因地制宜、保障就业,全力促进地区经济社会发展和提高城市综合承载能力的原则。

二、进一步调整城市户口迁移政策

（三）科学控制城市人口规模，优化人口结构。广州作为超大城市，要严格按照党的十八届三中全会"加快户籍制度改革，全面放开建制镇和小城市落户限制，有序放开中等城市落户限制，合理确定大城市落户条件，严格控制特大城市人口规模"精神，根据我市综合承载能力和经济社会发展需要，严格控制人口规模，不断优化人口结构，逐步形成与我市经济发展、产业结构相匹配的入户政策体系以及非户籍常住人口市民化的政策体系，重点吸纳我市社会经济发展急需的高层次人才和技术技能型人才落户。

（四）有序解决来穗人员落户。重点解决进城时间长、就业能力强、可以适应产业转型升级和市场竞争环境、长期从事特殊艰苦行业一线、为广州作出特殊贡献的人员落户问题。进一步完善积分制入户政策，按照总量控制、公开透明、公平公正的原则，达到规定分值、符合相关条件的来穗务工人员，可以申请登记常住户口。

（五）积极推进设立公共集体户。在各区推进设立公共集体户并完善日常管理，解决我市户籍管理工作中的落户地址"兜底"问题及人才类集体户口人员结婚难、子女入户入学难等问题。各区设立至少一个公共集体户，并安排人员专职负责日常管理。

三、创新人口管理

（六）实现城乡户籍"一元化"登记。在全市范围内取消农业、非农业以及其他户口性质划分，统一登记为广州市居民户口，实现户籍"一元化"登记管理，真实反映户籍制度的人口登记管理功能。

（七）完善与户籍"一元化"相适应的社会服务管理制度。加快建立与统一城乡户口登记制度相适应的教育、卫生计生、就业、住房、民政、社会保障、土地及人口统计规划等制度，实现户籍制度改革各项工作紧密结合，整体推进。

（八）建立居住证积分管理制度。建立以居住证为载体、以积分制为办法的基本公共服务提供机制。根据居住证持有人连续居住年限、合法稳定就业、合法稳定居所、文化程度、缴纳社保、依法纳税、技术能力、社会服务等情况进行积分，阶梯式享有劳动就业、基本公共教育、基本医疗卫生服务、计划生育服务、住房保障服务、社会救助及社会福利服务、公共文化服务等权利。各部门要积极创造条件，不断扩大向居住证持证人提供公共服务的范围，积极拓展居住证的社会应用功能。

（九）加强人口基础信息平台建设和人口信息管理应用。建设和完善覆盖全市实有人口、以公民身份号码为唯一标识、以人口基础信息为基准的人口基础信息库。结合市"五个一"（一卡、一号、一格、一网、一窗，即市民卡、"12345"政府服务热线、社区网格化服务管理、网上办事大厅、政务服务大厅）社会治理政府公共平台建设，依托市级政府信息共享平台，整合各有关部门的人口信息资源，建立市级人口综合信息服务管理平台，分类完善劳动就业、教育、收入、社保、房产、信用、卫生计生、税务、婚姻、民族、养老等信息系统，逐步实现跨部门、跨地区信息整合和共享。建立健全实际居住人口登记制度，完善实有人口动态采集更新机制，全面、准确掌握人口规模、人员结构、地区分布等情况，提升人口基础信息采集率、准确率。实时掌握人口变化情况，加强人口数据统计分析，为政府决策提供参考依据。

四、切实保障农业转移人口及其他常住人口合法权益

（十）完善农村产权制度。加快推进农村土地承包经营权确权、登记、颁证，依法保障农民的土地承包经营权、宅基地使用权。推进农村集体经济组织产权制度改革，建立健全农村产权流转管理服务平台，开展集体林权抵押担保、继承等制度改革试点，探索建立转户农民权益保障机制，鼓励户口迁出集体经济组织的农民按照依法、自愿、有偿的原则通过市场流转方式流转承包地，并获得财产收益。

（十一）有序推进基本公共服务向常住人口覆盖。

1. 积极推动城乡教育事业均衡协调发展。根据常住人口规模，进一步加大财政教育投入，合理规划公办学校布局，进一步挖掘公办学校潜力，扩大服务容量，科学核定教师编制，足额拨付教育经费，落实《广州市人民政府关于促进民办教育发展的意见》（穗府〔2014〕12号），继续加大民办学校补助力度，切实保障来穗务工人员适龄儿童少年平等接受免费义务教育的权利；进一步完善义务教育经费保障机制，推动标准化学校建设，提高办学质量，促进义务教育均衡优质发展。建立非义务教育多元投入体制，重视继续教育和职业培训，最大限度地满足城市新增居民多样化的学习需求，加强面向农村的职业教育培训，探索制定以积分制为办法的来穗务工人员随迁子女享受公共教育政策。逐步完善来穗务工人员随迁子女学前教育、中等职业教育、普通高中教育的招生和教学。

2. 进一步建立健全统一的人力资源市场。完善"培训券"职业培训补贴制度，做好"培训券"政策与省技能晋升补贴政策的衔接；积极整合职业培训资源，推进职业技能实训基地建设，强化企业开展来穗务工人员岗位技能培训责任；加大来穗务工人员创业政策的扶持力度，健全来穗务工人员劳动权益保护机制。

3. 加快统一城乡居民卫生计生服务制度。将农业转移人口及其他常住人口纳入社区卫生和计划生育服务体系；健全基层医疗卫生服务体系，实施好基本公共卫生服务项目和重大公共卫生服务项目。建设覆盖全部实有人口的计划生育服务信息网络，有序调整计划生育服务政策。

4. 建立完善统一的城乡居民社会保障和医疗保险制度。落实好《广州市社会医疗保险办法》，进一步完善医疗保险转移接续、异地就医实时结算等方面的政策措施。完善以最低生活保障制度为核心的社会救助体系，实现城乡社会救助统筹发展。

5. 加快构建健全有序的住房保障体系。研究制定来穗务工人员住房保障政策文件，市、区两级政府和用人单位共同负责，以用人单位为主，鼓励其他社会力量参与，逐步解决来穗务工人员住房困难；加大保障性住房建设力度，多渠道增加保障性住房用地来源和建设资金等，推动民间资本参与保障性住房建设运营,鼓励社会力量利用自用土地建设公共租赁住房,着力解决户籍(含新增入户)低收入家庭的住房困难问题;探索完善城乡居民住房公积金制度,充分发挥住房公积金支持城乡居民住房消费的作用。

6. 加强基本公共服务财力保障。建立健全由政府、企业、个人共同参与的来穗务工人员成本分担机制,初步形成与常住人口规模相适应、事权与支出责任相匹配的来穗务工人员市民化财政成本分担机制;完善促进基本公共服务均等化的公共财政体系,逐步理顺事权关系,建立事权和支出责任相适应的制度,市和区按照事权划分相应承担和分担支出责任。

五、切实加强组织领导

(十二)落实组织领导责任。在市层面建立户籍管理制度改革工作协调机制,确定1名市领导总负责,市发展改革、人力资源社会保障、来穗人员服务管理、民政、教育、公安、财政、国土规划、住房城乡建设、卫生计生、农业、法制等部门积极参与,统筹领导和协调推进户籍管理制度改革工作。相关职能部门要确保改革工作落实到位,加强考核督查和行政问责,实施成效纳入科学发展评价指标体系。各区要充分认识户籍制度改革的重大意义,进一步统一思想,加强领导,周密部署,积极稳妥推进。

(十三)抓紧落实政策措施。各区、各部门要按照国家和省、市有关户籍制度改革的政策要求和统一部署,抓紧制订具体措施,于2016年年底前落实教育、就业、医疗、养老、住房保障等方面的配套政策,统筹规划,扎实推进,加强指导监督。

(十四)积极做好宣传引导。户籍制度改革政策性强,社会关注程度高,各区、各部门和新闻单位要坚持正确舆论导向,全面准确阐释中央和省、市有关精神,回应群众关切,合理引导预期。要大力宣传在解决群众实际困难、保障群众合法权益等方面的好经验好做法,形成改革合力,营造良好的社会环境。

广州市供给侧结构性改革总体方案
（2016—2018）

（2016年4月8日）

为认真贯彻落实中央和省关于供给侧结构性改革的决策部署，统筹抓好去产能、去库存、去杠杆、降成本、补短板等重点任务，结合我市实际，制定本方案。

一、总体要求

（一）指导思想

深入贯彻党的十八大和十八届三中、四中、五中全会以及中央经济工作会议精神，牢固树立和贯彻落实创新、协调、绿色、开放、共享发展理念，坚持稳中求进，突出创新引领，按照中央和省关于供给侧结构性改革的要求，在适度扩大总需求的同时，着力加强供给侧结构性改革，积极稳妥去产能、去库存、去杠杆，多措并举降低企业成本，集中资源补齐发展短板，提高供给体系质量和效率，全面增强国际航运中心、物流中心、贸易中心、现代金融服务体系和国家创新中心城市功能，为加快建设广州国家重要中心城市、率先全面建成小康社会提供强大经济支撑。

（二）基本原则

1. 坚持立足实际，破解发展难题。认真贯彻落实中央和省关于"去降补"的工作部署，紧密结合广州实际，积极稳妥去产能、去库存、去杠杆；突出打好降低企业制度性交易、物流、生产要素、税费等成本"组合拳"，提高实体经济竞争力；着力补齐创新型经济、城市规划建设管理、公共产品和公共服务、制度供给创新等方面的短板，切实解决瓶颈问题，提高供给体系的质量和效率，推动经济持续健康发展。

2. 坚持供需平衡，提升发展水平。把解决供给与需求不匹配、不协调、不平衡问题作为出发点和落脚点，在适度扩大总需求的同时，从供给侧发力，加快发展高端高质高新产业，不断完善城市基础设施和公共服务，全面扩大中高端产品和优质服务供给，在更高水平上实现新的供需平衡，推动社会生产力水平整体提升。

3. 坚持创新驱动，增强发展动力。把创新驱动发展战略作为供给侧结构性改革的关键支撑，大力发展创新型产业，显著提升科技创新、金融创新、总部经济发展水平。大力弘扬企业家精神，充分调动企业的主动性和积极性，激发创新创造活力，加快实现先进制造业和现代服务业双轮驱动发展。

4. 坚持市场导向，激发发展活力。充分发挥市场在资源配置中的决定性作用，主要运用市场机制去产能、去库存、去杠杆，实现优胜劣汰和市场出清，加快淘汰落后过剩产能，有序推进产业梯度转移，促进传统产业转型升级，实现新旧发展动能平稳接续转换，提高生产端资源配置效率和公平性。

5. 坚持深化改革，促进发展稳定。加强制度供给创新，着力完善市场化国际化法治化营商环境，提高投资贸易便利化水平。加强政策引导和协调服务，切实做好补短板兜底线工作，有效防范化解各类风险，确保各项工作稳妥有序推进。

二、工作目标

经过 3 年努力，供给侧结构性改革攻坚取得重要进展，"去降补"工作取得明显成效，供给结构对需求变化的适应性和灵活性显著提高，创新型产业成为经济发展的重要支撑，企业生产经营成本明显下降，城乡生态环境持续改善，公共产品和公共服务供给质量进一步提升，初步建成与国家重要中心城市功能相适应的多层次、高质量供给体系。

1. 去产能方面。巩固"退二进三"和产业结构调整成果，到2018年底，"僵尸企业"基本实现市场出清，经营性亏损企业亏损额显著下降，企业退出机制更加规范完善。产能结构进一步优化，全面完成省下达的淘汰落后产能任务，淘汰印染行业产能7846万米，重点行业产能利用率达到合理水平。实现省下达的产业转移年度目标。

2. 去库存方面。保持合理供需关系，避免房地产市场大起大落，到2018年年底，全市商品房库存规模争取比2015年年底减少180万平方米，其中2016年争取化解45万平方米、2017年争取化解63万平方米、2018年争取化解72万平方米。商品住房去库存周期基本控制在16个月以内，非商品住房去库存周期明显缩短。

3. 去杠杆方面。坚持防风险、严监管，到2018年年底，市属法人银行、证券、期货机构杠杆率达到监管要求，保险公司偿付能力充足率以及小额贷款公司、融资担保机构、融资租赁公司杠杆率保持达标。全市银行机构不良贷款率保持低于全国和全省平均水平，金融业务主要风险指标严格达到监管要求。企业融资渠道更加多样，融资成本进一步下降，直接融资占全部融资金额的比重超过40%。

4. 降成本方面。降低实体经济运行成本，切实保持竞争优势。到2016年年底，为全市企业减负约705亿元，其中实施普遍性降费（含政府性收费、基金）约63亿元、人工成本约95亿元、生产要素成本约5亿元、物流成本约4亿元、税负成本约520亿元、融资成本约18亿元，企业综合成本比2014年下降5%～8%。到2018年年底，企业负担持续减轻，企业竞争力明显提升。

5. 补短板方面。坚持问题导向、精准发力，到2018年底，创新型经济发展水平明显提升，实现先进制造业和现代服务业双轮驱动发展，财政科技经费增加到110亿元以上，技术市场合同成交金额超335亿元，规模以上工业企业建立研发机构比例超40%，高新技术企业超3000家，高新技术产品产值突破1万亿元，战略性新兴产业增加值超2800亿元，金融业增加值超2500亿元。城市规划建设管理水平明显提升，城市拥堵治理取得明显成效，交通更加畅通便捷，地铁运营里程超

520公里，新建或改扩建道路运营里程180公里，空气质量优良天数比例达86%，干净整洁平安有序城市环境建设的长效机制基本形成。公共服务品质化均等化水平明显提升，新建或改扩建中小学校127所，每千名老人养老床位数达40张，城乡低保标准年均提高10%左右。市场化国际化法治化营商环境明显改善，现代市场体系更加完善，全方位高水平对外开放规则体系和制度框架基本形成，投资贸易便利化水平显著提高。

三、重点任务和政策措施

（一）积极稳妥淘汰落后过剩产能，提升发展质量效益

坚持优化存量、引导增量、主动减量相结合，主要依靠市场力量，引导企业兼并重组，优化区域和产业布局，提高产能利用率，增强产业核心竞争力。

1. 分类处置"僵尸企业"。重点处置国有"僵尸企业"，出台国有企业出清重组"僵尸企业"促进结构优化实施方案，优先兼并重组，积极稳妥做好出清工作。推进国有企业混合所有制改革，鼓励非国有资本参与国有"僵尸企业"改制重组。运用市场机制、经济手段、法治办法，稳妥推进非国有"僵尸企业"有序退出。完善规范有序的企业退出机制，开设"僵尸企业"兼并重组审批和破产处置绿色通道，落实支持企业兼并重组的财税、用地等优惠政策，鼓励金融机构参与企业兼并重组。出台实施"僵尸企业"职工安置方案，明确职工安置途径、经费来源和促进再就业等措施。

2. 加快淘汰落后产能。制定淘汰印染行业等落后产能计划，分解落实年度目标任务。对能耗超过现有国家和地方限额标准的，同时实行惩罚性电价、水价政策，倒逼落后产能退出。加大财政支持力度，简化能评、环评、用地等审批流程，支持产能技术改造或转产。加强对城中村、城乡结合部"五小场所"的清理整治，坚决淘汰严重污染环境、有重大安全隐患的落后产能。

3. 严禁新增低端产能。严格执行国家投资管理政策，严禁违规建设钢铁、水泥、平板玻璃、船舶等行业新增产能项目。对不符合《广州制造2025战略规划》政策方向、有过剩趋势的低端产能项目一律不安排新的用地指标。提高产业准入的能耗、物耗、水耗和生态环保标准，以及投资强度、土地产出率等指标要求，杜绝低端产能项目上马。加强对新上重大项目产能利用情况监测评估，防止出现重复投资和产能过剩。

4. 有序推进产业梯度转移。推动化工、食品加工、建材、家居等行业产能向环境承载力强、有承接条件的周边区域转移，引导龙头企业在广州中心区域重点发展研发、销售、结算等企业综合功能，将生产环节放在粤东西北地区，合理布局产业链和价值链。推动市属国有企业与省产业转移园开展合作，加大对粤东西北地区投资力度。着力推进广梅、广清产业园建设，引导企业在梯度转移过程中集中入园、更新设备、提高技术水平。

5. 推动产业转型升级。推进新一代信息技术与制造业深度融合，开展新一轮技术改造，支持企业应对市场变化增加适销对路产品供给，优化提升汽车、电子、石化等工业支柱产业，引导纺织服装、食品饮料等传统优势产业创新供给提高效率。加大财税、用地等方面的支持力度，大力发展服务型制造业、工业总部及都市消费工业，促进新一代信息技术、生物与健康、新材料与高端装备制造、新能源与节能环保等战略性新兴产业做大做强，培育发展个体化医疗、机器人、可穿戴设备、云计算与大数据、3D打印等新兴业态。

（二）保持房地产供需平衡，促进房地产市场平稳健康发展

坚持总量平衡、合理调控的政策导向，按照属地责任、分类施策原则，完善多层次住房体系，优化房地产供需结构，保持合理供需关系，确保房地产库存保持在合理区间，促进房地产市场平稳健康发展。

1. 合理引导住房消费。结合房地产市场实际，及时分类做好政策优化调整。落实国家有关个人住房金融和调整房地产交易环节税收政策。完善人才住房支持政策。推进个体工商户、灵活就业人员及港澳台

同胞、享有中国永久居留权的外国人缴存住房公积金，开展公积金贴息贷款工作，拓宽贷款资金来源，降低居民购房成本。

2. 优化商品房供应结构。科学管控土地供应规模和时序，分区分类优化土地供应结构。在规划条件许可和不改变用地性质和容积率前提下，允许在建商品住房项目适当调整套型结构。推动中心城区优质公共服务资源向外围城区覆盖，促进房地产市场均衡发展。

3. 加快商业地产转型升级。支持房地产开发企业将库存商业、工业地产改造为孵化器和众创空间，支持创新型经济发展。鼓励社会力量利用企业厂房、商业设施及其他可利用的社会资源进行整合和改造，按规定程序调整规划或临时变更使用功能举办养老机构设施，出台涉及建筑物临时变更使用功能举办养老机构的工作指引等配套政策。

4. 完善住房保障和租赁市场体系。积极推进棚户区改造工作，加强与国家开发银行、农业发展银行等金融机构合作，提高棚改项目融资效能，鼓励实施棚改货币化安置优惠措施，2016—2018年完成棚户区改造约1.24万户、新开工约2.8万套。完善房屋租赁服务管理综合平台，全面推广房屋租赁"网上备案"，加快修订《广州市房屋租赁管理条例》，进一步规范住房租赁行为。组织实施来穗务工人员申请承租公共租赁住房保障工作，多渠道逐步解决非户籍常住人口住房困难。

（三）加强金融风险防控，提升金融服务实体经济能力

加强监测预警和风险监管，有效防范和稳妥处理各类金融风险，确保不发生区域性系统性风险，促进实体经济健康发展。

1. 推动金融机构和产品去杠杆。推动金融机构通过增加自有资本降低杠杆。规范金融机构同业业务，减少金融资产风险传递的杠杆效应。严控小额贷款公司、融资担保机构、融资租赁公司等杠杆率过度增长，督促风险控制能力较弱的公司退出市场。加强"首付贷"、担保债务凭证和贷款违约保险等高杠杆化金融产品风险防控。

2. 加强风险监测管控。建立去杠杆监测和信息通报机制，开发建设金融风险信息监测系统，针对重点领域、关键环节的风险点，制定实施防范化解风险预案。推动市属商业银行和村镇银行提高信贷资产质

量。规范证券、期货公司信息系统的外部接入,坚决清理私募资产管理产品下设子账号、分账号、虚拟账户等情形,严查代持、养券等灰色操作。加强保险公司资产配置审慎性监管。规范信托公司和信托业务发展。建立政府债务风险预警和应急处置机制,积极向省申请发行地方政府债券置换存量债务,有效控制债务规模。督促企业完善债券信息披露制度,加强跟踪企业债券兑付情况。加大打击非法集资和善后处置力度。

3. 加快处置不良资产。对贷款质量谨慎核查,确保商业银行真实完整反映不良资产。鼓励商业银行通过资本市场、联合运作、企业并购重组、信托处置等手段处置不良资产。打击失信行为和逃废债务行为。发挥资本市场功能,盘活"僵尸企业"金融资产。

4. 加大金融支持实体经济力度。支持企业利用多层次资本市场融资,积极引入保险资金投资城市建设。加快实施"金融+"3年行动计划,加大对我市战略性新兴产业等重点领域的信贷支持,深入开展金融、科技、产业融合创新发展试验,积极争取投贷联动试点。创新中小微企业投融资机制。积极稳妥推动金融创新。

(四)切实帮助企业降低成本,优化企业生产经营环境

大力实施降低制度性交易成本、人工成本、生产要素成本、物流成本、税费负担、融资成本等一揽子政策措施,切实减轻企业负担,激发企业发展活力。

1. 降低制度性交易成本。持续推进简政放权,加快行政审批标准化,规范技术审查和公共服务事项,优化建设工程审批管理模式,实现"多规合一"全覆盖,提高项目落地建设服务效率。加大财税、用地等支持力度,降低企业转型发展成本。加快投融资体制改革,完善市场准入机制,务实推行政府和社会资本合作(PPP)模式,吸引更多社会资本投资基础设施和公共服务领域。深入推进商事登记改革,进一步方便企业落户。简化商品进出口环节手续,提高通关服务效率。

2. 实施普遍性降费。落实中央和省减免涉企行政事业性收费的优惠措施,开展行政事业性收费改革,逐步推进审批管理"零收费"制

度。取消和降低部分涉企经营服务性收费，全面清理规范我市公益一类事业单位经营服务性收费。规范行政审批中介服务项目和收费，按规定将收费项目控制在100项以内。减免部分政府性基金。建立健全涉企收费、涉企政府性基金目录清单管理制度，主动接受社会监督，切实提高收费透明度。

3. 降低企业人工成本。进一步优化社会保险种类结构，精简归并"五险一金"，适当降低社会保险费率。结合企业实际情况，按规定降低住房公积金缴存比例。建立与经济发展水平相适应的最低工资标准调整机制，将现行最低工资标准调整由2年一调改为3年一调。加强公共就业服务，降低企业招工成本。将援企稳岗补贴发放范围扩大到所有行业企业，鼓励符合条件的企业申请稳岗补贴。

4. 降低企业生产要素成本。加快电力体制改革，进一步推进直购电工作，降低企业用电成本。建立健全天然气购进价格与终端销售价格动态调整机制，合理下调分销用户配气价格。放开电力、天然气、热力等领域竞争性环节价格，合理确定用水类别和调整水价格。创新土地供应模式，降低企业用地费用。

5. 降低企业物流成本。及时开展交通运输收费检查，落实免费通行政策。配合省做好辖区内公路收费站点的清理和撤并，规范公路收费。清理客运站场收费。推进港口、机场、铁路价格改革。开展物流标准化试点，推进国内贸易流通体制改革试点，提高物流效率。

6. 降低企业税收负担。按照国家统一部署，将"营改增"范围扩大到生活性服务业、建筑业、房地产业、金融业等领域，落实降低制造业增值税税负政策。落实好支持小微企业发展、鼓励创新创业、加快转型升级、支持高新技术产业发展等一系列税收优惠政策。

7. 降低企业融资成本。推进金融服务创新，优化信贷结构。支持企业上市，扶持发展区域股权交易市场，扩大债券融资规模，提高直接融资比例。建立中小微企业信用信息和融资对接平台，开展政策性小额贷款保证保险试点，争取开展股权众筹融资试点，缓解中小微企业融资难融资贵问题。通过股权投资、事后奖补等方式，支持企业增加研发和技改投入。

（五）加快补齐关键领域短板，增强国家重要中心城市功能

围绕补齐创新型经济、城市规划建设管理、公共产品和公共服务、制度供给创新等方面的短板，加快发展高端高质高新产业，突出抓好软硬基础设施建设，促进民生保障体系优质均衡发展，营造市场化国际化法治化营商环境。

1. 培育壮大先进制造业和战略性新兴产业。加快实施《广州制造2025战略规划》，推进建设一批智能装备及机器人、新一代信息技术、生物医药等十大重点领域重大项目。充分发挥30亿元工业转型升级扶持资金作用，推动传统工业智能化改造，促进工业和信息化融合，提升生产工艺和质量水平。推动新能源汽车全产业链发展，支持汽车企业导入新能源汽车新产品，加快充电基础设施规划建设，推广应用新能源汽车。加快做实琶洲互联网创新集聚区产业链，培育更多基于互联网和移动互联网的智能制造和新业态、新模式。加快完善以广州开发区、南沙开发区和增城开发区三大国家级开发区为中心，多个市级先进制造业基地集聚发展的园区格局。

2. 加快科技、金融、总部经济发展。重点推进珠江两岸创新带、广州科技创新走廊以及广州高新区"一区五园"、广州国际创新城、广州国际生物岛等科技创新载体建设。大力实施高新技术企业和科技创新小巨人培育计划，加快中新国际联合研究院等新型研发机构发展，培育壮大科技创新主体。落实加快集聚产业领军人才的意见及配套政策，支持创新创业领军团队、创新领军人才和创新创业服务领军人才在穗发展。大力实施财政科技经费倍增计划，引导社会资本投入科技创新。加强国际科技创新合作，引进建设一批联合实验室、联合研发中心、国际技术转移中心。加快建设珠三角国家自主创新示范区和全面创新改革试验区，积极探索科技体制机制创新和政策先行先试。加快发展众创空间、科技企业孵化器等创新创业载体，积极创建全国"双创"示范基地。争取设立创新型期货交易所、花城银行（民营银行）、银行卡清算机构等创新型金融机构和平台，做大做强广州股权交易中心、广州金融资产交易中心和广州航运交易所，加快广州国际金融城等重点功能区建

设。落实总部企业扶持政策，做好总部项目跟踪协调服务，争取一批总部项目尽快签约或落地建设，引进一批龙头企业设立区域总部、结算中心、共享服务中心等，支持总部企业提升能级、做大做强。

3. 进一步优化城市空间布局。对接"十三五"规划和城市发展总体规划，调整完善土地利用规划，强化空间规划"一张图＋规划控制线"管理。推动落实三大战略枢纽、一江两岸三带、黄金三角区、多点支撑等城市空间和生产力布局规划。出台实施城市地下综合管廊建设实施方案，加快南沙自贸试验区、琶洲互联网创新集聚区等区域地下综合管廊建设。

4. 提升城市交通畅通便捷水平。完善市政路网，打通断头路拓宽瓶颈路段，改造重要交通节点。落实全市交通拥堵治理工作30项具体措施，提高城市智能交通管理水平，充分挖掘路网通行潜力。推进公交站点港湾式改造，动态优化调整和新增公交线路，提高公交出行率。支持更多有资质的企业申报国家停车场专项债券，增加和优化停车场供给，缓解停车难、停车贵问题。加强城市轨道交通线网建设，加快推进地铁十四号线一期等11条在建线路建设，完善多种交通方式换乘。提升南沙新区、空港经济区等重点功能区的路网通达性。加快建设广州白云国际机场扩建工程、南沙港三期工程、广汕客专等重大项目，强化国际性综合交通枢纽功能。

5. 建设优质安全市政公用设施。推进排水、防涝系统和"海绵城市"建设，有效解决街区内涝问题。加快天然气利用、管网建设，提高管道燃气覆盖率，加快供电设施建设，加快供水水源和水厂建设，改造提升供水管网运行维护水平，提高能源供给和安全运行保障能力。

6. 加强城市精细化品质化管理。全面完成59条城中村安全隐患治理。稳步推进村改居工作。突出抓好城乡结合部等重点地区"六乱"整治，持续开展校园周边环境整治。积极打造"样板路"，提升城市道路养护、清洁水平，加快形成建设干净整洁平安有序城市环境的长效机制。

7. 实施生态环境综合治理工程。实施"南粤水更清"行动计划，加强城镇污水处理及管网建设，重点推进35条黑臭河涌整治工程。大力推进自备燃煤机组、工业窑炉和高污染工业锅炉淘汰或改造。推广完善"定时定点"垃圾分类投放模式，加快第二、三、四、五、六、七资源热力电厂等垃圾处理设施建设。

8. 提升镇村发展条件。出台建设新型城镇化试点和美丽乡村实施方案。巩固中心镇建设成果，加快建设30个左右特色小镇，提升城镇人口、产业、公共服务承载力。深入推进美丽乡村建设，加快农村污水处理设施、垃圾集中处理设施、农田水利基础设施和农村电网建设。提高农村一、二、三产融合发展能力，促进农村发展、农民增收。

9. 完善优质均衡公共服务体系。加快教育、医疗、文化基础设施建设，推动中心城区优质公共资源向农村地区、外围城区及新区布局。扩大基础教育资源供给，加快义务教育学校标准化和公办幼儿园、普惠性民办幼儿园建设。提高紧缺医疗服务能力，积极应对全面两孩政策放开形成的医疗压力，加强妇幼健康服务网络建设，优化产科儿科资源布局。加强养老基础设施建设，探索养老服务业政府和社会资本合作模式。全面落实医疗救助制度，加大对弱势群体参加社会保险的资助力度。

10. 营造市场化国际化法治化营商环境。深化行政审批制度改革，进一步简政放权，提高项目落地建设效率。加快投融资体制改革，积极推动城市基础设施和公共服务领域向社会资本开放，完善市场准入机制和价格形成机制。以南沙自贸试验区建设为突破口，构建国际化营商规则，优化口岸通关环境，提高投资贸易便利化水平。

四、保障措施和督查考核

1. 加强组织领导。各区、各部门要把思想和行动统一到中央、省和市委、市政府关于推进供给侧结构性改革的决策部署上来，把落实本方案和去产能、去库存、去杠杆、降成本、补短板等专项行动计划作为重中之重的工作，加强组织协调，完善工作机制，形成齐抓共管、整体推进的工作格局。市有关部门要及时研究工作落实中的突出问题，加强与国家、省有关部门的沟通，制定完善产业、金融、财政、用地、用电等配套政策。各区要结合本区实际，研究制定"去降补"方案和配套政策，发挥政策协同作用。

2. 明确责任分工。市发展改革委、工业和信息化委、财政局、住房城乡建设委、金融局作为各专项行动计划的牵头部门，对落实相关专项行动计划负总责，要建立各专项行动计划工作任务台账，完善工作动态跟踪机制。相关参与单位要各司其职，主动配合牵头部门，全力落实各项工作任务。2016年，全面实施供给侧改革工作的各项政策措施，完善工作机制和工作措施。2017年，供给侧结构性改革各项工作取得明显进展。2018年，全面完成各项主要目标任务。

3. 强化宣传引导。要充分利用报刊、电视、互联网等各种新闻媒体，广泛宣传供给侧结构性改革的重大意义、目标要求和政策措施，做好总体方案和专项行动计划的政策解读，总结推广好经验好做法，及时回应社会关切，正确引导社会预期，最大限度凝聚共识，调动社会各界的主动性、积极性和创造性，共同营造推进供给侧结构性改革的良好舆论氛围。

4. 严格督查考核。各专项行动计划牵头部门要加强统筹协调，各区、各部门要切实抓好落实，每季度结束后5个工作日内将推进供给侧结构性改革的工作落实情况报牵头部门汇总后报市政府督查室。市政府督查室要会同各专项行动计划牵头部门共同做好督促检查工作，视情况采取下达督查通知书、组织实地督查等方式推动工作落实，并将落实供给侧结构性改革总体方案和5个专项行动计划工作纳入部门年度考核。对工作落实不到位的，按有关规定严格问责。

广州市人民代表大会常务委员会
关于促进改革创新的决定

(2016年8月24日广州市第十四届人民代表大会常务委员会第五十五次会议通过)

为了充分调动和保护全社会改革创新的积极性，营造鼓励创新、宽容失败的社会氛围，深入推进理论创新、制度创新、科技创新、文化创新等各方面创新，推动本市经济社会全面持续健康发展，结合本市实际，决定如下。

一、改革创新是新形势下本市谋求新发展、实现新跨越的根本途径，必须把改革创新摆在发展全局的核心位置，深入实施创新驱动发展战略，着力形成有利于促进改革创新的制度环境和社会环境，把广州建设成为具有国际影响力的国家创新中心城市和国际科技创新枢纽。

二、推进改革创新应当进一步解放思想，坚持实事求是，善于运用法治思维和法治方式，综合考虑改革力度、发展速度和社会承受度，注重改革创新的系统性、协同性和实效性，处理好整体推进和重点突破的关系，充分调动全市人民参与改革创新的主动性和积极性。

三、各级人民政府应当正确处理政府与市场、政府与社会的关系，切实转变政府职能，规范权力运行，积极推进行政管理体制改革创新，增强政府公信力和执行力，着力建设创新政府、廉洁政府、法治政府、服务型政府。

市、区人民政府应当按照简政放权、放管结合、优化服务的要求，深入推进行政审批制度改革创新，加强事中事后监管，进一步精简行政审批事项，优化行政审批流程，建立统一受理、分类审批、统一出件、限时办结的行政审批管理模式，提高行政审批效率。

市、区人民政府应当充分利用政府信息共享平台，打破信息孤岛，实现信息共享；加快政府数据开放平台建设，推进政府公共数据资源向社会开放；加强信息安全保障，提升网络信息安全水平。

四、各级人民政府及其部门应当充分尊重、鼓励和支持企事业单位、社会组织等自主开展技术、管理、组织等改革创新工作，激发创新创业活力，形成大众创业、万众创新的良好氛围。

企事业单位、社会组织等开展改革创新遇到制度障碍的，可以向有关部门反映，有关部门应当在职权范围内及时研究，主动予以解决；超出本部门职权范围的，应当及时提交有权部门解决。确实不能解决的，应当说明理由。

五、各级人民政府应当借鉴先进国家和地区的经验，进一步创新科技立项、经费投入与支出、成果评价和成果转化激励等科技管理体制机制，推动政府职能从研发管理向创新服务转变，提升政府科技创新管理和服务能力。

各级人民政府应当强化企业创新主体地位和主导作用，大力培育科技创新企业，鼓励建设各类新型科技企业孵化器和各类研发创新平台，构建非营利性公共技术服务平台，形成各类平台面向企业特别是中小企业有效开放的机制，大力推动政产学研合作，政府科技创新资金主要向创新企业和企业创新项目投入。

市人民政府应当扩大高等院校、科研院所在科研经费管理、人才激励、对外交流等方面的自主权。高等院校、科研院所对不涉及国家安全、国家利益和重大公共利益的科技成果，可以自主决定其使用、处置和收益分配，科技成果在合理期限内未转化的，项目承担者或者成果完成人可自主实施成果转化。探索开展职务科技成果权属混合所有制改革，提高科研人员成果转化收益分享比例。

六、市、区人民政府应当加强知识产权保护，大力引导和扶持知识产权法律服务业发展，开展跨部门、跨地区联合执法和协作，建立和完善知识产权维权援助和涉外预警机制。

广州知识产权法院、区人民法院应当完善知识产权审判工作机制，强化对知识产权的司法保护。

七、构建有效管用、简便易行的人才发展体制机制，实施非本市户籍优秀人才绿卡制度，优化人才发展环境。

有关部门和单位应当完善国内外人才的培养、引进、使用、评价、激励和服务机制，简化引进审批手续，在住房、社会保险、子女教育等方面给予保障。

有关部门和单位应当拓宽选人用人视野和渠道，加强人才的跨条块跨领域交流，完善国家机关、企事业单位、社会各方面人才顺畅流动的政策体系，打破人才部门化障碍，扩大高等院校、科研院所、国有企业等企事业单位的人事自主权。

八、各级人民政府及其部门应当全面履行法定职责，主动推进本区域、本领域的改革创新工作，积极争取参与国家改革创新试点。

本市需要先行试点的改革创新措施，可以在特定区域或者行业领域进行试点。中国（广东）自由贸易试验区南沙新区片区、南沙新区、中新广州知识城、国家级经济技术开发区和空港经济区等应当积极开展各领域改革创新试点。

对于试点成熟、可复制可推广的改革创新制度、措施，市人民政府应当及时在全市推广。

九、市人民政府应当加快建设国家自主创新示范区，强化本市在创新政策探索、创新资源共享、人才培养引进等方面对珠三角区域的引领作用，构建具有全球竞争力的以先进制造业、现代服务业和战略性新兴产业为支撑的产业新体系，全面提升自主创新能力，打造国际一流的创新创业中心，推进体制机制改革创新与政策先行先试。

十、各级人民政府及其有关部门的重大改革创新工作，应当经过前期调研、制定方案、征求意见、研究论证、审议决定、组织实施、实施后评估等程序。

各级人民政府及其部门应当建立改革创新评估制度，对重大改革创新工作及时进行评估，并将评估意见作为完善改革创新举措的重要依据。改革创新举措在实施中产生不良后果的，决策执行部门应当及时报告决策机关，决策机关应当及时调整。

十一、任何单位和个人都可以向有关部门或者单位提出改革创新的建议，有关部门或者单位应当进行研究并及时反馈处理意见。

有关部门或者单位拟订的涉及公众利益的重大改革创新方案应当通过座谈会、论证会、听证会、电子网络平台等多种途径听取社会各界的意见，广泛凝聚共识，形成改革创新合力。

十二、根据本市经济社会发展实际需要先行先试的事项，法律、法规和国家政策未规定的，各级人民政府及其部门可以在职权范围内先行先试；法律、法规、规章及国家政策未明确禁止的，鼓励公民、法人和其他组织积极创新；属于国家事权、省级事权范围的，市人民政府及其有关部门应当通过有效途径，主动与国务院、省人民政府及其有关部门沟通协调，争取政策支持，或者向有权部门提出法律、法规、规章和其他规范性文件制定、修改、废止或者解释的建议。

十三、各级人民政府及其部门应当定期对其制定的政府规章、行政规范性文件进行清理，对于不适应本市改革创新的，应当及时修改或者废止。

十四、改革创新工作需要制定、修改、废止、解释本市地方性法规的，市人民政府应当及时向市人民代表大会常务委员会提出议案或者法规解释的建议。

改革创新工作确需在相关地方性法规修改、废止之前先行先试的，市人民代表大会常务委员会可以对一定区域一定期限内地方性法规的实施依法作出调整。市人民政府在不与本市地方性法规基本原则相违背的前提下，可以根据改革创新工作的实际需要，制定规章或者发布决定、命令，在一定区域一定期限内适用，并报市人民代表大会常务委员会备案。先行先试取得良好效果的，市人民政府应当及时提请市人民代表大会常务委员会制定、修改、废止相关地方性法规；先行先试未取得预期效果的，应当及时终止有关规章、决定和命令的执行。

市人民政府应当及时总结本市改革创新的经验和做法，对已经成熟稳定需要通过立法予以确认和保障的，应当提请市人民代表大会常务委员会制定地方性法规。符合地方性法规立项条件的，市人民代表大会常务委员会应当优先立项并及时审议表决。

十五、各级人民政府应当清理现有的考核、检查和评比项目，建立有利于促进改革创新的考核、检查、评比指标体系和相应的工作机制，强化考核、检查、评比的有效性和激励作用，避免重复性考核、检查、评比及其消极制约作用。

有关部门或者单位在开展绩效考核时，应当将改革创新工作以及相关配合保障工作纳入考核内容，并作为部门或者单位考核、个人职务晋升和奖励的依据之一。

各级人民政府和企事业单位应当建立改革创新激励机制，对在改革创新工作中作出突出贡献的单位和个人给予相应激励。

十六、改革创新工作未实现预期目标，但决策程序和实施程序符合法律、法规、规章等规定，有关单位和个人勤勉尽责，未谋取非法利益，未与其他单位或者个人恶意串通的，对有关单位和个人不追究责任，不作负面评价。

有关单位和个人已经履行财政资助创新项目的协议义务，但未取得预期成果或者效益的，经主管部门组织专家评审后，可以终止该项目，不影响其继续申请利用财政资金的其他创新项目。

利用财政资金完成的科技成果转化未达到预期效果，但财政资金的使用管理和成果转化程序符合规定，并符合市场原则的，实施科技成果转化的单位及有关人员不承担国有资产流失的责任。

十七、在推动改革创新过程中出现工作失误，但属于缺乏经验先行先试、国家尚无明确限制的探索性试验或者是为推动发展的无意过失等情形的，对有关单位和个人应当免于追究责任，或者从轻、减轻处理。

有关国家机关、企事业单位、人民团体及其工作人员借改革创新之名违反国家明确的禁止性规定，或者假公济私、以权谋私，或者违反决策程序对公民、法人、其他组织利益造成侵害或其他不良影响和后果的，应当依法追究责任。

十八、市、区人民政府应当设立创业投资引导基金并逐步扩大基金规模，引导社会资金向具有良好市场前景的科技创新项目、初创期科技企业进行风险投资。

市、区人民政府应当严格按照《中华人民共和国科学技术进步法》《广州市科技创新促进条例》等法律、法规的规定，落实财政补助政策，确保财政补助资金足额及时到位。

有关部门和单位应当将改革创新工作所需经费列入部门预算，由同级财政部门予以保障。

十九、市、区人民代表大会常务委员会应当积极履行法定职责，通过听取专项工作报告、专题调研、专题询问等多种方式加强对本决定实施情况的检查监督。

本决定自公布之日起施行。

广州市人民政府关于加快先进制造业创新发展的实施意见

(穗府〔2016〕15号 2016年8月29日)

各区人民政府,市政府各部门、各直属机构:

先进制造业是产业转型升级的重要方向,广州市承担着引领珠三角向创新驱动转型并带动全省创新发展的重任,为加快我市先进制造业创新发展,特制定本意见。

一、指导思想

围绕创新驱动和产业转型升级两大主题,以产业技术创新为主攻方向,积极落实国家开展降低实体经济企业成本工作的决策部署,对接《广州制造2025战略规划》,依托十大重点领域促进产业创新发展,按照市场决定与政府引导相结合、自主发展与开放合作相结合的原则,以创新型主体为核心,以创新型载体为依托,通过完善工作机制,加大政策支持,营造良好环境,逐步建立广州市先进制造业创新型产业体系。

二、主要目标

到2020年,各类制造业创新型企业产值达1.8万亿元,规模以上工业企业建立研发机构比例达50%,新增创新型主体超10000家,建成3个创新型产业集聚核心区,推动1~2家国家制造业创新中心落户广州,努力将广州建设成为珠三角创新驱动发展的引擎和龙头。

三、实施四大行动计划

（一）发展创新型企业行动

1. 引进培育创新型龙头企业。围绕《广州制造2025战略规划》，对标国内外一流企业开展"靶向招商"，优先引进智能装备及机器人、新一代信息技术、新能源汽车、生物医药等高端创新型制造业企业，对落户我市投资额超过5亿元的十大重点领域产业项目，市、区按7∶3的比例出资奖励500万元。对首次入选"中国制造业企业500强"的我市创新型企业一次性奖励500万元。支持本地企业按照市场化运作原则重组外地上市高科技龙头企业，并将注册地迁入我市，对成功迁入的，一次性奖励300万元。鼓励本地上市企业通过增发等资本运作收购国内外高科技企业和研发机构。到2020年，新引进和培育400家产值10亿元以上创新型龙头企业。

2. 倍增创新型中小企业。推动市级中小微企业发展基金通过股权融资等方式重点支持各类创新型中小企业发展；搭建各类创新型企业服务平台，对各创新型中小企业向政府公布的服务机构购买科技、金融、工商、法律、会计等服务的，按一定比例进行事后奖补。对创新型产业技术研发机构孵化产生的各类创新型企业予以奖励。加大中小企业先进制造业中外合作区（广州）的建设力度，引进一批中外合资合作创新型企业落户广州，每家予以不少于20万元奖励。到2020年，力争培育各类创新型中小企业超过6000家。

3. 鼓励传统优势企业创新发展。支持传统优势企业依托产业链优势环节开展内部创新，通过内部裂变产生新企业，并通过市级基金引导设立基金投资创新型项目。对创新能力强、增长较快和上新台阶的骨干工业企业给予奖励。鼓励优势企业运用新技术、新生产模式对传统产品升级换代，向智能制造、绿色制造、定制化制造、成套型制造和服务型制造转型。对企业采用融资租赁方式购置先进设备提升技术能力的，按照不超过租赁利息的5%给予补贴。对符合国家首台（套）重大技术装备推广应用指导目录的本市工业企业产品,在实现首台(套)销售后,按首台(套)产品销售价格的最高30%予以奖励,单个项目奖励最高金额不超过1000万元。对符合国家首台(套)重大技术装备推广应用指导目录的本市企业产品,在实现首台(套)销售且投保并获得中央财政保费补贴的企业,市财政按投保年度保费的20%给予保费补贴。研究制定《广州市首台(套)重大技术装备推广应用目录》(以下简称《目录》),对制造《目录》内装备且投保的企业,按投保年度保费的80%给予补贴。鼓励有条件的区制定首台(套)重大技术装备的配套支持政策(各级政府对保费补贴累计不超过保费)。对于采购或租赁本市制造的具有自主知识产权工业机器人整机、成套设备的,分别按不高于售价或租赁费的20%、10%给予补贴,整套设备累积补助额不超过50万元/套。鼓励优势企业组团投资新能源电池、汽车电子芯片、减速器等产业核心零部件和进行联合攻关。支持企业与军工单位开展研发合作,对承担军工科研项目的企业按照项目合同金额给予最高40%的资助,最高资助600万元。

(二)建设创新型产业技术研发机构行动

1. 推动设立国家级高层次研究机构。围绕我市先进制造业优势产业设立国家级研发机构,争取1~2家国家级制造业创新中心落户广州。鼓励我市企业积极参与国家级制造业创新中心的设立,按照参与投资额10%给予奖励。对落户我市的国家级制造业创新中心一次性奖励1000万元,对认定为国家技术创新示范企业的我市企业一次性奖励200万元。

2. 鼓励企业自主设立创新型产业技术研发机构。支持龙头骨干企业自主设立产业创新研究院等创新型产业技术研发院所。鼓励中小企业利用社会资源以众包方式建立轻资产的创新型产业技术研发机构,每家予以不少于10万元奖励。鼓励以用户为中心,以龙头企业为支撑进行"用产学研"协同创新。扶持同行业企业和产业链上下游企业建立联合研发机构。大力支持企业开展工业强基工程产品和技术应用,对企业承担国家工业强基工程的项目,按照国家资助的50%给予配套支持,单项不超过 1000 万元。到 2020 年，新增不少于 2000 家创新型产业技术研发机构，培育认定 500 家市级企业技术中心，30 家国家级企业技术中心。

（三）支持创新团队行动

1. 多渠道引进创新团队。鼓励企业通过平台入驻、专项招标、项目收购等渠道积极引入国内外研发、运营团队，对专项招标结果优秀的创新团队额外给予招标金额的 50% 奖励，单个不超过 200 万元；对项目收购引入的创新团队，政府相关基金给予优先参股支持。

2. 加大对创新团队的激励。推动科研团队参与中小微企业创新发展，鼓励采取专利入股等方式促进研发成果产业化，将专项招标奖励与组建创新型企业挂钩。鼓励企业实施研发人员持股或股权激励制度，推进研发团队与经营团队紧密融合，鼓励企业内部管理人员和研发团队投资入股。支持和鼓励创新团队积极参加创新创业大赛，引导各类基金投资创新团队和优秀项目。

（四）打造先进制造业创新载体行动

1. 加强先进制造业基地建设。通过依托优势龙头企业和引入有实力的产业园区运营主体，鼓励产业链上下游企业采用众筹模式建设一批先进制造业基地。引导和鼓励园区运营主体加强产业规划引领，建设基础设施完备、服务水平先进、产城融合发展的先进制造业基地。对园区运营主体开展园区发展规划编制、公共服务平台建设、基础设施建设项目给予不超过投资额 30% 补贴或贷款贴息，单个项目金额不超过 500 万元；对众筹模式建设园区，政府相关基金优先参股支持众筹企业建设项目。加强市、区两级对工业用地储备的支持力度，中心城区外各区要保障土地储备资金，提前收储一定数量工业用地用于招商项目落地，实施工业用地成片连片收储，提前做好用地规划、土地征收等工作。

2. 增加先进制造业用房供应。到 2020 年，通过盘活存量、新建开发、鼓励出租等多种方式提供不少于 500 万平方米创新型产业用房。鼓励和引导种子期、初创期创新型企业优先采取租赁、购买的方式解决生产及配套用房,加快建设创新型产业用房供需服务平台促进节约集约用地。以中心城区旧厂房更新和城中村改造为契机,建设一批都市创新型企业集聚区、制造业总部集聚区和生产服务业功能区,鼓励创新型企业先期参与城市更新方案制订,对按照产业更新计划成功改造的集聚区依据改造面积给予一次性奖励100万～300万元。

四、保障措施

(一)完善工作机制

1. 建立统筹协调和战略咨询工作制度。由市工业和信息化委牵头建立我市先进制造业创新发展工作协调配合机制,协调支持先进制造业创新发展相关工作,研究解决重大问题和重要事项,统筹安排资金使用。成立我市先进制造业创新发展战略咨询委员会,研究先进制造业创新发展的战略性、前瞻性问题,对先进制造业创新发展的重大决策提供咨询评估。

2. 简政放权提高行政效率。优化创新型企业注册、项目建设等业务办理流程,建设创新型企业业务办理绿色通道,实施负面清单,逐步清理下放行政职权事项;创新园区管理体制,对各级政府可下放至派驻园区管理机构的职能,设置园区"业务专用章",经相关业务管理部门同意后依规使用。全面落实国家清理规范涉企收费措施和小微企业收费减免规定,加快推进省定涉企行政事业性收费"零收费",全面实施涉企收费目录清单管理。

加快国土、规划业务融合,减少审批环节,避免重复审批,优化审批流程;推进管理重心下移,对白云、黄埔、番禺、花都、从化、增城等六区,工业项目用地报批方案由区政府报市政府同意后,由市国土规划委上报省国土资源厅,公开出让方案由区政府审批;加大报批材料模板化、信息化、智能化的技术支撑投入,缩短报批材料呈送和修改时间。

(二) 加大政策支持

1. 加大资金支持。现有各部门专项资金要大力支持先进制造业创新发展，不足部分由相关部门按《广州市市级财政专项资金管理办法》（穗府办函〔2014〕90 号）有关规定报市政府追加专项资金规模。各区按要求进行配套。广州基金等市、区政府设立的政府投资基金应重点投向先进制造业创新项目，逐步实现不少于 50% 的基金投向先进制造业。现有基金可根据先进制造业创新深化相应扩大规模，协同发展。鼓励市属国企发起设立混合型并购基金，推动以参股、跟投、并购重组等市场化运作方式支持各类先进制造业产业项目落地。

2. 加大用地支持。研究划定产业区块控制线，确保工业用地总规模，先期将制造业基础好、集中连片、符合城市规划的产业园区划入线内管理，确保中长期内全市工业用地占城市建设用地比重不低于 25%。积极加快土地整备，拓展产业用地来源，加大对闲置用地处置力度。大力推动产业用地使用权"先租后让、租让结合"的供应方式。鼓励企业在符合规划、安全标准且不改变用途的前提下，通过厂房加层、厂区改造、内部用地整理等途径提高土地利用率。

3. 加大人才支持。在实施产业领军人才"1+4"政策的基础上，加大力度支持符合条件的创新型企业领军人才和从事核心技术或关键技能岗位的人员申报相关资助和补贴。市对各类创新型企业年个人收入额在 100 万元以上的核心人才，符合相关条件的给予不少于 5 万元的奖励，最高不超过 30 万元。研究探索将符合条件的创新型企业人才纳入住房保障范围。

4. 设立准入门槛，施行差别价格淘汰。各区应设置新项目入驻准入机制，由产业主管部门把关，避免对同一项目重复竞争。严格项目环保准入，加大环保执法力度，逐步淘汰环保不达标的企业。依法依规研究制定差别化的用电、用水、用气等价格政策，对不符合条件的企业实施高电价、高水价、高气价等措施，通过市场化手段淘汰落后产能企业及僵尸企业。

（三）营造良好的创新环境

1. 营造信息化服务环境。依托琶洲互联网集聚区、广州开发区大数据产业园等积极建设"互联网＋"、大数据产业创新体系。推动光纤网络、通信基站、无线局域网各项基础建设快速发展。通过"互联网＋"协同制造，提升企业运营效率，降低运营成本，积极发挥"互联网＋"、大数据对产业转型升级的创新驱动作用。

2. 营造金融生态环境。形成"科研＋产业＋资本"的集成创新组织模式，鼓励园区运营主体、龙头企业结合自身优势发起设立风险投资基金，政府基金积极参与，基金重点投向园区内优质创新型企业。支持各类资本发起设立创新型金融机构，加大对拟上市企业的支持力度。市级财政建立创新型中小微企业贷款风险补偿机制，对创新型中小微企业首笔信用贷款形成的坏账损失给予50%补偿，单个企业不超过1000万元。

3. 加强知识产权保护。加大对知识产权违法行为的查处和处罚力度，建立知识产权大数据监测机制，对符合条件的高端知识产权服务机构按政策给予支持（市知识产权局牵头，有关部门配合）。支持企业参与行业标准制定，对牵头制定并获批的围绕十大重点领域的国际、国家、行业标准的企业分别给予一次性奖励50万元、25万元、15万元。

4. 降低实体经济企业成本。落实《国务院关于印发降低实体经济企业成本工作方案的通知》（国发〔2016〕48号），通过降低制度性交易成本、实施普遍性降费、降低人工成本、降低生产要素成本、降低物流成本、降低税负成本、降低融资成本和加快企业资金周转等一揽子政策措施，切实减轻企业负担，提升企业发展后劲，助推转型升级。

五、其他

市政府各部门应当自本意见发布之日起2个月内，根据具体情况依法定程序制定或完善保障措施提及的具体配套实施办法与操作规程。各区人民政府应结合本区实际情况，参照保障措施制定实施办法。如政策中资助项目与其他政策重复，按照从高不重复原则处理。本意见由市工业和信息化委负责解释，有效期至 2020 年。

附件：名词解释

1. 创新型产业体系：是指以创新作为产业发展的核心动力，通过营造有利于激励创新的制度环境，整合各类创新资源，推动科技创新、模式创新、产品创新、管理创新等全面创新，最终形成以创新型企业和新型研发机构为主体，以创新型团队为核心，以创新型产业园区（基地）为载体，以市场为导向，以创新发展为引领的产业体系。

2. 创新型企业：创新型企业是指拥有自主知识产权的核心技术、自主品牌，具有良好的创新管理和文化，企业的科技创新、模式创新、产品创新、管理创新等创新在同行业居于先进地位，在市场竞争中具有优势和持续发展能力的企业。各类创新型企业包括由科技主管部门负责认定的高新技术企业、科技小巨人企业、创新标杆企业等，由工业和信息化主管部门负责认定的技术创新示范企业、新业态示范企业等。

3. 创新型产业技术研发机构：是指以多种主体投资、多样化模式组建，以用户为中心，以市场需求为导向，整合各类创新资源，促进产业链、创新链、资金链衔接，具有职能定位综合化、研发模式集成化、运营模式柔性化等新特征的研发机构。

4. 专项招标：是指在本市的各类创新型企业为解决企业发展中存在的技术、管理等各类个性或共性难题，如调整产品结构、提高产品的技术能级、改进生产工艺、提升管理效率等方面的难题专项，而开展的相关招标工作。

广州市人民政府办公厅关于推动市属国有企业加快创新驱动发展的若干意见

(穗府办〔2016〕16号 2016年9月18日)

各区人民政府，市政府各部门、各直属机构：

为深入贯彻落实《中共中央国务院关于深化体制机制改革加快实施创新驱动发展战略的若干意见》(中发〔2015〕8号)、《中共广东省委广东省人民政府关于加快建设创新驱动发展先行省的实施意见》(粤发〔2015〕10号)、《中共广州市委广州市人民政府关于加快实施创新驱动发展战略的决定》(穗字〔2015〕4号)和《中共广州市委广州市人民政府关于全面深化国资国企改革的意见》(穗字〔2015〕3号)，推动市属国有企业加快实施创新驱动发展战略，不断提升企业创造力、发展活力和市场竞争力，经市人民政府同意，现提出如下意见。

一、总体要求

(一)指导思想

深入贯彻落实党的十八大和十八届三中、四中、五中全会和习近平总书记系列重要讲话精神，按照中央、省、市加快实施创新驱动发展战略的部署，紧紧围绕提升市属国有企业核心竞争力和大力发展创新型经济，充分发挥市属国有企业在我市实施创新驱动发展和建设国家创新中心城市中的引领和表率作用，以实施创新驱动发展为目标，以推动科技创新为核心，以实施全面创新为动力，以创新体制机制为关键，以资本运作为驱动，以人才战略为支撑，全面增强市属国有企业的创新能力，推动新技术、新产业、新业态、新模式加快发展,加速培育新的增长点,加快形成以创新为主要引领和支撑的产业体系和发展模式,全面增强国有经济的可持续发展能力。

(二)基本原则

——国际视野,开放合作。以国际国内创新型企业为标杆,主动学习借鉴先进创新经验。加快"走出去"和"引进来",积极参与国际国内创新活动,不断扩大创新合作,增强在全球创新体系中的影响力。

——深化改革,优化环境。破除一切制约创新的思想障碍和制度藩篱,不断完善鼓励创新的制度体系,激发全体员工的创新活力和创造潜能,营造大众创业、万众创新的政策环境和制度环境。

——企业主体,市场导向。强化企业在创新中的主体地位,发挥企业在增加研发投入、开展研发活动、凝聚创新人才、加快成果转化中的主导作用。坚持以市场需求为创新导向,把握技术创新、成果转化的市场规律。以市场机制、改革手段推动创新资源向重点行业、优势企业、优秀企业家团队集聚,加速创新成果转化为市场效益。

——人才为先,强化激励。要把人才作为创新的第一资源,优化人才培养、引进和使用制度,加速集聚创新创业领军人才、产业高端人才以及产业急需紧缺人才。强化激励机制建设,充分激发科技人员的创新活力和创造潜能。

——全面创新,协同联动。推进科技、管理、品牌、组织、商业模式创新,实施合作创新,实现科技创新、制度创新、开放创新的有机统一和协同发展。推进企业、高校、科研机构之间协同创新,促进科技成果转化和产业化,打造企业发展新的增长点。

(三)发展目标

至 2020 年年末:

——创新政策体系更加完善。市属国有企业全部建立比较全面完善的支持鼓励创新活动的政策体系。

——创新能力发挥引领表率作用。市属国有企业创新能力在我市重点产业领域发挥引领作用，新能源汽车、生物医药、信息技术等核心产业的关键技术居于国内前列。商业模式创新取得显著突破。实现行业高端技术人才集聚于重点企业。打造10家科技创新水平居于全国前列的规模以上创新骨干企业。

——创新平台建设取得新突破。市属国有工业企业集团及下属重要子企业实现研发机构全覆盖。新增一批行业领先的技术中心、工程技术研究中心等科研机构，其中国家级40家，省级150家，高新技术企业数量超过150家。围绕市产业发展重点，推动建设一批专业化孵化器，培育创新产业链。

——创新投入大幅提升。建立起稳固的自主创新投入渠道，工业企业研发投入占相关营业收入的比重达到3%以上（各监管企业最低应超过全国同行业平均水平），部分高新技术企业研发投入总额占营业收入的比重达到5%以上。

——创新成果显著增加。市属国有企业专利申请量和发明专利授权量相比"十二五"期末翻一番，工业企业专利实现灭零目标。高新技术产品年产值占工业总产值的比重超过50%。

——创新人才加速集聚。建立一支以科技骨干和管理骨干为核心的高水平自主创新团队，形成一套行之有效的引进、使用、培养、考核、激励等创新人才管理机制。重点支持企业聚集一批技术带头人、创新领军人等高端人才，支持符合条件的市属国有企业申报博士后科研工作站。

二、营造创新氛围

（四）创造开放包容的创新环境。通过举办科技创业论坛、创新创业大赛、创新交流会等活动，弘扬"敢为人先"的广州精神，倡导创新理念，增强创新意识，鼓励企业经营者和技术人员着眼长远、求真务实、勇于创新，强化全体员工对于创新驱动发展的观念认同。市属国有企业要从制度倾向、规划取向、舆论导向三方面鼓励创新，建立公平竞争氛围，完善鼓励创新的体制机制，营造良好的创新环境。

（五）构建科学的创新容错机制。坚持实事求是，严格把握政策界限，构建科学的创新容错机制。对于遵守国家法律法规，依照国家和省市有关规定，履行完备决策程序的创新活动，未能实现预期目标但创新团队和个人尽职进取、不涉及为个人、他人或企业谋取不当利益的，不作负面评价，不作为影响业绩考核的因素。

（六）建立创新发展综合排名机制。利用国资各类型信息平台，依据政策体系建立、研发机构建设、研发投入情况、创新项目建设、重组并购工作、创新绩效等指标，对各企业年度创新发展情况进行排名并予以公布。

（七）成立广州市国资国企创新战略联盟。以研发体系全、创新能力强、发展效果好的市属国有企业发起成立广州市国资国企创新战略联盟，构建跨部门、跨区域、跨行业、跨学科、跨所有制的高端产业技术服务平台，合作开展核心技术研发和成果转化，提升协同创新能力。

（八）鼓励发展众创空间。推动市属国有企业从企业实际出发，采取创业孵化、创投基金、研发资源共享、技术服务支撑、职工创意活动等多种形式，积极推进"双创"工作。鼓励企业通过盘活闲置厂房、仓库、改造存量商业商务楼宇等资源，打造孵化、众创空间或创新创业园区。涉及的土地处置及物业租赁审批，原则上给予优先支持。

（九）搭建创新平台。充分发挥海外人才、项目创新平台作用。鼓励市属国有企业积极参与"留交会"等海外人才、项目交流活动，开拓国际视野，吸纳海外高层次创新人才，引进海外优秀科技项目，借鉴并吸收国（境）外创新发展的前沿成果，为市属国有企业加快创新驱动发展提供海外智力。

三、集聚创新资源

（十）推进国有资本投向创新领域。加大国资布局结构调整力度，推动国有资本向自主创新核心产业集聚。鼓励引导企业加快退出缺乏竞争优势的行业领域，加快培育形成技术含量高、具有核心竞争力的产业体系。

（十一）加大创新产业企业的投资力度。引导国有创业投资和股权投资主体积极参与战略性新兴产业、高技术产业、具有良好发展前景的产业，技术密集型企业及积极发展自主核心技术企业的投资，发挥国资的引导与杠杆作用，引导社会资本参与自主创新。

（十二）统筹各类创新资源。集成市属国有企业内部创新资源，优化自主创新核心产业链，加快培育一批核心竞争力强、技术先进、产业链优势明显的创新型骨干企业。支持市属国有重点企业整合国资系统创新资源组建创新平台。

（十三）加快创新重组和"走出去"力度。支持科技骨干企业收购兼并国（境）内外科技企业和研发机构，支持有条件的企业建立海外研发基地，加速科技资源集聚，提升企业发展实力。

四、强化创新考核

（十四）细化和完善创新能力评价指标体系。将研发机构建设、研发投入、承担国家和省市科技计划项目、建立长期技术储备、科技成果转化和产业化等工作情况纳入到市属国有企业负责人经营业绩考核体系。提高自主创新在企业负责人业绩考核中的权重。根据竞争性和准公益性等不同类型企业在技术创新方面的特点，实施分类考核。探索建立科研投入后评估机制，科学评价企业研发投入的力度和效果。

（十五）将研发投入视作利润考核。对企业符合条件的研发投入、创新转型费用、境外创新项目费用，经认定可在经营业绩考核中视同利润。符合条件的研发投入包括企业常规科研投入和承接的国家和省市重大专项、科技计划等项目的投入；创新转型费用包括并购科技企业或社会创新机构、引入或获取各类知识产权、电商平台和大数据平台等信息化项目建设、筹集创新项目资金进行股权融资的财务费用以及债权融资的利息支出等费用；境外创新项目费用包括境外研发机构设立、境外研发活动开展、境外获取创新资源等费用。

（十六）实行自主创新考核加分。根据每年公布的企业创新情况综合排名，对排名靠前和进步明显的企业进行考核单项加分，并对相关企业负责人在薪酬分配时给予倾斜。

五、加大创新激励

（十七）设立国有企业自主创新专项奖。根据企业在创新驱动转型升级中取得的成效和贡献，设立创新项目优秀奖和创新企业进步奖，每年选出一定数量成效突出的项目和进步明显的企业，重奖项目团队或企业。对完成国家重点科技项目、获得市级科技进步奖以上的企业或团队给予特别奖励。鼓励企业对在技术创新中作出重大贡献的科技团队给予重奖。

（十八）实施科技成果转化收益分成机制。鼓励市属国有企业的科技成果职务发明人实施成果转移转化，所得收益可按有关规定划归参与研发的科技人员及其团队拥有。

（十九）建立国有科技型企业股权和分红激励机制。支持国有科技型企业以本企业股权为标的，采取股权出售、股权奖励、股权期权等方式，对企业重要技术人员和经营管理人员实施激励。支持国有科技型企业按照相关规定开展科技成果转化收益分红奖励。

（二十）建立创新项目跟投机制。鼓励项目负责人、骨干员工出资参与企业创新项目投资，不同类型企业结合自身实际按照相关规定实施。实施时，需同步设置股权退出、追索扣回等约束性条件。

（二十一）建立工资总额预算单列机制。企业通过市场引进的高端人才和急需紧缺人才协议工资、中长期激励及科技人员科技成果转化收益等人工成本可在工资总额外单列。完善科技评价和创新奖励制度，对取得重要科研成果的杰出创新人才进行奖励或对职务发明完成人、科技成果转化重要贡献人员的表彰奖励，可在工资总额外单列，不纳入工资总额基数。

六、加速资本融合

（二十二）设立广州国资国企创新投资基金。发挥国有资本的引领作用，利用一定比例的国资收益，联合市属国有企业发起设立广州国资国企创新投资基金（母基金），联动专业机构，聚集社会资本，发起设立子基金，通过市场化、专业化管理，投资于市属国有企业技术实力强、有广阔市场发展前景的优质项目，达到既支持企业创新活动，又放大国资收益的目的。

积极支持引导企业设立创新投资基金，按市场化原则投资高科技、成长性项目或企业，投资战略性新兴产业重大项目引进、企业并购重组等重大项目。

（二十三）完善国有股权投资基金运作机制。研究制定鼓励国有资本参与股权投资的系统性政策措施，探索建立国有股权投资基金激励约束机制、监督管理机制和退出机制。

（二十四）推进科技企业上市。支持竞争优势明显、成长性好的科技企业上市，特别是支持高新技术企业改制上市。对于科技企业通过首发、买壳、新三板挂牌等形式成为公众公司等情况，给予专项奖励。

（二十五）建立科技与金融对接机制。建立市属金融机构与科技型企业对接发展的长期沟通互助机制，加强对科技创业和初创企业的引导鼓励和融资支持。支持市属金融机构开展知识产权质押、产业链融资、投贷联动、股权质押融资、融资租赁等新型融资产品，优先支持市属科技企业开展创新活动。

七、加强资金支持

（二十六）加大国资收益支持力度。至2020年，每年从国有资本经营预算利润收入中安排不低于20%的比例，一部分用于对企业增加研发投入进行后补助，一部分通过投入广州国资国企创新投资基金，用于支持企业创新发展。

（二十七）建立土地补偿收入投入创新机制。引导支持企业每年从被收储土地获得的补偿收入中（剔除土地有关成本和职工安置费用）安排不低于20%比例的资金，投入到创新投资基金中，支持创新项目。

八、创新人才机制

（二十八）建立具有吸引力的人才机制。鼓励企业实行灵活多样的创新型人才流动与聘用方式，加大创新人才的引进力度。重视多层次人才引进和培养，加强科研生产一线高层次专业人才、高技能人才和科技管理人才的培养。建立有利于吸引人才、留住人才、向核心关键人才倾斜的薪酬分配制度。注重企业创新文化建设。

畅通产学研人才流动渠道，鼓励企业和高校、科研院所共建重点实验室、技术研发平台、产业技术创新战略联盟、协同创新研究院等人才培养基地；推动企业和高校、科研院所人才柔性双向流动；支持企业开展人才培训和国际交流。

（二十九）实施收入分配倾斜政策。完善科研人员收入分配政策，实行以增加知识价值为导向的激励机制。全面落实高级人才奖励政策，鼓励有条件的企业按一定销售收入比例设立人才发展专项资金，引导高端人才向企业集聚。对符合产业发展方向、有自主知识产权和品牌、产业化成效明显的技术创新产业化项目领军人物给予分配政策倾斜。

广州市依法行政条例

(2016年9月28日广州市第十四届人民代表大会常务委员会第五十六次会议通过 2016年12月1日广东省第十二届人民代表大会常务委员会第二十九次会议批准)

第一章 总 则

第一条 为了推进依法行政，建设法治政府，规范行政权力运行，保护公民、法人和其他组织的合法权益，根据有关法律、法规的规定，结合本市实际情况，制定本条例。

第二条 实施行政行为应当遵循合法合理、程序正当、公开公正、高效便民、诚实守信、权责统一的原则。

第三条 行政机关以自己的名义依法行使行政职权，并承担法律责任。

法律、法规授权的组织在法定授权范围内，以自己的名义行使行政职权，并承担法律责任。

行政机关的派出机构应当以其隶属的行政机关的名义行使行政职权，并由该行政机关承担法律责任。法律、法规另有规定的除外。

议事协调机构不得行使行政机关的职权。

第四条 市人民政府负责全市的依法行政工作，并对其行政管理部门和下级人民政府的依法行政工作实施监督。

区人民政府负责本行政区域内的依法行政工作，并对其行政管理部门和镇人民政府、街道办事处的依法行政工作实施监督。

镇人民政府、街道办事处负责本辖区内依法行政的具体工作。

第五条 市人民政府法制机构组织实施本条例，负责本市依法行政的规划、协调、指导、监督、考核等工作。

区人民政府法制机构负责本行政区域依法行政的规划、协调、指导、监督、考核等工作。

各级人民政府行政管理部门和法律、法规授权的组织按照各自职责分工做好本条例实施的相关工作。

第六条 依法行政工作实行行政首长负责制，行政首长是本行政区域或者本部门依法行政工作的第一责任人。

第七条 市、区人民政府应当优化工作流程，完善决策权、执行权、监督权相互制约又相互协调的行政运行机制。

第八条 市、区人民政府行政管理部门和承担行政管理职能的组织应当依法编制权责清单，由本级人民政府审核并向社会公布。

权责清单应当根据法律、法规的制定、修改、解释、废止情况以及机构和职能调整情况及时调整。

第九条 为了公共管理的需要，行政机关可以根据法律、法规、规章的规定，将部分行政职权委托给其他行政机关或者符合下列条件的组织行使：

（一）具有熟悉有关法律、法规、规章和业务的工作人员；

（二）具备行使受委托行政职权的基本设备和条件；

（三）法律、法规、规章规定的其他条件。

受委托的行政机关或者组织应当在委托的行政职权范围内，以委托机关的名义行使行政职权，并由委托机关承担法律责任。

行政机关委托其他行政机关或者组织行使部分行政职权之前，应当对委托的必要性、可行性等进行评估，行政委托实施一年后应当对受委托行政机关或者组织行使受委托行政职权的情况进行评估。经评估认为，行政职权由原行政机关实施更为恰当，或者委托后造成公共管理混乱、社会资源浪费的，不得进行委托；已经委托的，应当及时解除委托关系，相应的行政职权由原行政机关行使，并向社会公告。

行政委托应当采取书面形式，明确委托的对象、范围、权限、责任、期限及相应的要求，并向社会公布。

委托机关应当加强对受委托行政机关或者组织行使受委托的行政职权的监督，受委托行政机关或者组织应当定期向委托机关报告行使受托的行政职权的情况、存在问题以及整改措施。

受委托的行政机关或者组织，不得将受委托的行政职权再委托给其他行政机关、组织或者个人行使。

第十条 行政行为一经作出，非因法定事由并经法定程序，不得撤销、变更。行政行为所依据的法律、法规、规章修改、废止，或者作出行政行为所依据的客观情况发生重大变化的，为了公共利益的需要，行政机关或者法律、法规授权的组织可以依照法定权限和程序撤回或者变更已经生效的行政行为，因此导致公民、法人或者其他组织财产损失的，应当依法予以补偿。

公民、法人或者其他组织申请行政补偿的，行政机关或者法律、法规授权的组织应当对其财产损失进行评估，按照法定标准确定补偿额度，没有法定标准的，按照公平、合理的原则确定补偿额度，及时予以补偿。

第十一条 市人民政府应当加强信息化建设，统一信息采集、录入、更新、使用机制和信息数据共享格式、标准，建立政府部门之间的信息共享平台、面向社会公众的政府数据开放平台和政府信息公开、管理、服务平台，完善网上政务办理和服务信息系统，维护网络信息安全，为行政审批、行政执法、事中事后监管、公共服务等提供信息服务和技术支撑。

第十二条 市、区人民政府应当完善政府信息公开制度，拓宽公开渠道，推进决策、执行、管理、服务、结果等公开。除涉及国家秘密、商业秘密、个人隐私等依法需要保密之外，财政预决算、公共资源配置、重大建设项目批准和实施、社会公益事业建设等依法需要主动公开的政府信息应当通过政府网站、报纸等媒体及时、准确、全面公开。

对申请公开的政府信息，有关行政管理部门应当畅通申请和公开渠道，依法向申请人公开相关信息。

第二章 行政决策

第十三条 市、区人民政府及其行政管理部门应当建立科学、民主的行政决策程序,完善公众参与、专家论证和行政机关决策相结合的行政决策机制,确保决策科学、程序正当、过程公开、责任明确。

突发事件的应急决策以及依法需要保密的决策事项,依照有关规定办理。

第十四条 行政决策起草部门应当开展调查研究,全面收集和分析决策所需的材料和信息,充分听取各方意见。

第十五条 行政决策起草部门可以自行组织起草决策方案,也可以委托有关专家或者专业研究机构起草决策方案。

第十六条 行政决策涉及下列事项的,应当举行听证会:

(一)提高政府定价的公用事业、公益性服务、商品价格和社会保障收费标准,降低社会保障待遇标准,以及其他广泛且直接影响公民、法人或者其他组织重大利益的事项;

(二)社会高度关注且争议较大的事项;

(三)决策起草部门认为有必要组织听证的事项;

(四)国家、省、市规定的应当听证的其他事项。

市、区人民政府应当完善听证程序,确保听证参与人具有广泛的代表性并充分表达意见。

第十七条 决策执行部门和单位应当按照各自职责,全面、及时、准确地贯彻执行行政决策。

决策机关应当建立和完善行政决策执行的督查机制,通过跟踪调查、考核等措施,对行政决策事项的执行进行督促检查。

第十八条 行政决策实施的客观条件发生重大变化或者出现其他不应当继续执行的情况,导致行政决策部分或者全部不能实现的,决策机关应当根据实际情况作出修订决策、中止执行或者停止执行的决定。

决策执行部门和单位在行政决策执行过程中发现前款规定的情况,应当及时报告决策机关。

行政决策不得因行政首长的更换而停止执行或者暂缓执行，但因法定事由并经法定程序的除外。

第十九条　重大行政决策程序应当包括公众参与、专家论证、风险评估、合法性审查和集体讨论决定等环节。

第二十条　本条例所称重大行政决策，是指市、区人民政府依照法定职权，对下列事项作出决定：

（一）制定或者调整经济和社会发展重大政策措施；

（二）编制或者修改城市总体规划、镇总体规划、村庄规划、控制性详细规划和各类专业、专项规划以及产业发展规划、产业区域布局规划；

（三）制定或者调整资源开发利用、环境保护、劳动就业、社会保障、人口和计划生育、教育、医疗卫生、食品药品、住宅建设、安全生产、交通管理等方面的重大政策措施；

（四）批准重大的政府投资项目，提前报废或者转让行政事业性单位重大国有资产，制定或者调整市、区国有企业改革总体方案；

（五）批准或者调整大型危险化学品和有毒、有害物质生产企业以及垃圾填埋场、焚烧厂等对公共安全、生态环境保护有重大影响项目的规划选址；

（六）确定或者调整政府定价的供水、燃气、教育、基本医疗、交通运输、污水处理、垃圾处理等公用事业、公益性服务价格和经济适用房、限价房等商品价格；

（七）确定或者调整社会保障收费标准和待遇标准；

（八）确定或者调整行政组织、行政审批、行政执法等行政管理体制改革的重大政策措施；

（九）关系本地区经济社会发展全局、涉及面广和与公民、法人、其他组织利益密切相关的其他重大事项。

第二十一条　市、区人民政府应当编制年度重大行政决策目录，于每年第一季度报送本级人民代表大会常务委员会备案，并向社会公布。

没有列入目录，但属于本条例第二十条规定的重大行政决策事项，市、区人民政府应当及时报送本级人民代表大会常务委员会备案。

没有列入目录，但市、区人民代表大会常务委员会认为属于重大行政决策的事项，市、区人民政府应当按照要求及时报送备案。

第二十二条 决策起草部门应当在重大行政决策调研时形成调研报告，并提交本级人民政府作为决策的依据。

第二十三条 重大行政决策需要进行多方案比较研究的，决策起草部门应当拟订两个以上可供选择的决策方案。

第二十四条 重大行政决策起草部门应当通过政府网站、报纸等媒体向社会公布决策方案，公布的时间不得少于十五个工作日。公布的事项包括：

（一）决策方案全文或者公众获得方案全文的途径；

（二）关于决策的目的和必要性、合法性、合理性、可行性等情况的说明；

（三）决策方案涉及的主要问题；

（四）公众提交意见的方式、途径、起止时间；

（五）接受公众意见的部门、人员和联系方式；

（六）重大行政决策起草部门认为需要说明的其他事项。

第二十五条 重大行政决策起草部门应当征求人大代表、政协委员、人民团体、基层组织、社会组织的意见，根据决策对社会的影响范围和程度，采用座谈会、听证会以及网络征求意见等形式公开征求利害关系人以及其他公众的意见，对文化教育、医疗卫生、资源开发、环境保护、公用事业等民生领域的重大行政决策应当进行民意调查。

第二十六条 市、区人民政府应当于每年第一季度编制重大行政决策听证事项目录并向社会公布。

列入听证目录的重大行政决策事项，决策起草部门应当组织听证。

第二十七条 决策起草部门在重大行政决策出台后，应当及时反馈公众意见的采纳情况和不采纳的理由。

第二十八条 重大行政决策起草部门应当组织专家对重大行政决策方案的必要性、合法性、合理性、可行性、有效性等进行论证。

参与重大行政决策论证的专家人选由决策起草部门从专家库中选定，也可以通过个别邀请，有关单位、研究机构推荐等方式选定。专家人选的选定应当注重专业性、代表性、均衡性。

重大行政决策起草部门应当在专家论证会召开或者提供专家意见十个工作日前向专家提供与论证事项有关的材料，并如实记录专家意见。

重大行政决策出台时，决策起草部门应当向社会公开专家意见和对专家意见的采纳情况。

第二十九条 重大行政决策起草部门应当评估决策方案的财政、社会稳定、公共安全、生态环境和法律纠纷等方面的风险，并将风险评估报告作为决策的依据。风险评估可以委托专业研究机构进行。

第三十条 市、区人民政府应当建立和完善重大行政决策合法性审查机制，未经合法性审查的决策方案，不得提交审议。

重大行政决策起草部门应当在提请审议十五个工作日之前，将重大行政决策方案报送本级人民政府法制机构进行合法性审查。

第三十一条 重大行政决策方案应当提请市、区人民政府全体会议或者常务会议集体讨论决定。与会人员的意见和建议应当如实记录、完整存档，对不同意见应当予以记载。

第三十二条 决策机关应当自作出重大行政决策之日起十个工作日内，通过政府网站、报纸等媒体向社会公开决策事项、依据和决策结果。

第三十三条 决策机关应当建立和完善重大行政决策实施后动态评估制度，定期组织专家或者委托独立第三方对重大行政决策的实施情况进行评估，并将评估结果作为决策变更或者继续执行的依据。

第三十四条 镇人民政府的重大行政决策事项及其程序，应当按照本条例有关市、区人民政府重大行政决策的规定执行。

第三十五条 行政规范性文件应当由市、区人民政府法制机构对其合法性进行前置审查并统一编号。未经合法性审查并统一编号的，不得发布实施。

行政规范性文件有效期一般不得超过五年，暂行或者试行的行政规范性文件有效期一般不得超过三年。

行政规范性文件应当通过政府公报、政府门户网站等途径向社会发布。未向社会发布的，一律无效，不得作为行政管理的依据。

市人民政府法制机构应当在政府门户网站建立全市行政规范性文件数据库，确保数据内容准确、更新及时和公众查询便利。

第三章 行政执法

第三十六条 行政执法主体应当明确行政执法的职权、程序和依据，完善执法流程，统一执法文书，健全执法档案管理制度，并将执法职权、程序、依据和流程向社会公布。

第三十七条 行政执法主体应当建立执法全过程记录制度，加强执法台账、执法文书管理并建立档案。

行政执法主体应当采用照相、录音、录像等音像记录方式对调查取证、询问当事人、行政强制等行政执法活动进行同步记录，并在二十四小时内按要求将音像记录信息上传至执法信息系统或者本单位专用存储器。因设备故障、情况紧急等特殊原因无法采取音像记录方式记录执法过程的，行政执法人员应当对执法过程进行文字记录，由参与执法的人员共同签名确认后存档。

第三十八条 行政执法主体应当严格遵守法律、法规、规章规定的行政执法办理期限，行政执法主体明确承诺的办理期限少于法律、法规、规章规定的，应当在承诺办理期限内办结。

公民、法人或者其他组织在紧急情况下请求行政执法主体履行保护其人身权、财产权的，具有法定职责的行政执法主体应当立即履行。

第三十九条 市级行政执法主体应当建立健全行政执法裁量权基准制度，制定行政执法裁量权基准，细化、量化行政裁量标准，规范裁量范围、种类、幅度，由市人民政府法制机构审查后，统一向社会发布。

行政执法主体应当按照行政执法裁量权基准进行行政执法。市、区人民政府法制机构应当对行政执法主体执行行政执法裁量权基准进行监督。

第四十条 行政执法主体应当对重大专项行政执法活动的法律风险和社会风险进行评估，在部署重大专项行政执法活动时，应当根据评估结果有针对性地采取应对措施。

第四十一条 行政执法主体对行政执法权限、标准等事项产生争议的，应当书面提交本级人民政府法制机构进行协调；协调不成的，由人民政府法制机构提出处理意见报本级人民政府决定。市行政执法主体与区行政执法主体之间，不同区的行政执法主体之间就行政执法事项产生争议，应当书面提交市人民政府法制机构进行协调；协调不成的，由市人民政府法制机构提出处理意见报市人民政府决定。涉及国家、省驻穗单位的，由市人民政府报请省人民政府协调解决。

第四十二条 市人民政府应当建立和完善综合行政执法机构和相关行政主管部门之间的分工协作机制。

行政处罚权由综合行政执法机构集中行使的，相关行政主管部门不得怠于履行法定监管职责，应当加强事中事后监管，发现需要进行行政处罚的行为，应当及时将有关线索、证据等移交综合行政执法机构。

综合行政执法机构应当采取自行巡查或者与相关行政主管部门联合巡查等方式，对综合执法事项加强日常巡查，及时发现并处理违法行为。

综合行政执法机构在执法过程中需要相关行政主管部门或者单位协助确认违法事实和性质、提供有关材料的，相关行政主管部门或者单位应当在职权范围内及时予以协助，并提供相关材料。

第四十三条 行政执法主体应当对年度行政执法情况进行统计、分析，并报送本级人民政府法制机构。市、区人民政府法制机构应当对行政执法情况进行综合分析，形成行政执法年度分析报告，提交本级人民政府。

第四十四条 行政执法主体应当在每年第一季度通过政府门户网站和本部门网站向社会公开上年度行政处罚、行政许可、行政强制、行政征收、行政检查、行政给付等行政执法情况和有关行政复议、行政诉讼情况。

行政执法情况公开的格式、内容和要求由市人民政府法制机构统一确定。

第四十五条 市、区人民政府应当实行行政许可目录化、编码化、标准化管理，优化行政许可流程，建立综合受理、分类审批、统一出件、限时办结的行政许可管理模式，推行行政许可网上办理。

市、区人民政府应当规范行政许可中介服务，推进中介服务行业公平竞争，不得为当事人指定中介服务机构，不得收取中介服务机构任何形式的费用、报酬或者捐赠。

第四十六条 市、区人民政府应当建立行政执法的保障机制，保障行政执法主体履行行政执法职责必需的经费、场所、物资、设备与人员等。

市、区人民政府应当加强区、镇、街道行政执法力量建设，按照区、镇、街道行政执法主体管辖区域的面积、常住人口和案件数量等因素合理配置人员、物资、设备等行政执法资源。

第四十七条 市人民政府行政管理部门依照法定程序、权限和条件，可以将行政执法权委托或者下放给区人民政府相关行政管理部门行使。对委托或者下放的行政执法权，市人民政府行政管理部门应当履行指导、协调和监督职责。

委托或者下放给区人民政府相关行政管理部门行使行政执法权的，市、区人民政府应当将相应的人员、物资、设备等行政执法资源配置给受委托或者承接行政执法权下放的行政执法主体。

第四十八条 市、区人民政府应当建立行政执法和刑事司法衔接机制，制定和完善案件移送标准和程序，建立行政执法机关、公安机关、检察机关、审判机关信息共享、案情通报、案件移送制度。

第四章　依法行政的监督

第四十九条 市、区、镇人民政府应当每年向本级人民代表大会或者其常务委员会和上一级人民政府报告依法行政工作情况。

市、区人民政府行政管理部门应当每年向本级人民政府和上一级人民政府有关部门报告依法行政工作情况。

街道办事处应当每年向区人民政府报告依法行政工作情况。

依法行政工作情况报告应当包括依法行政工作的主要措施、存在的问题和对策、重大行政决策的决定和执行情况以及行政诉讼、行政复议、群众举报和投诉等情况，报告应当向社会公开。

第五十条 本市地方性法规组织实施部门或者单位应当在法规实施之日起三十日前，向市人民代表大会有关专门委员会报告法规实施准备情况，包括法规实施前应当完成的工作、法规实施必须具备的条件等落实情况和实施工作方案。

市人民代表大会常务委员会开展执法检查时，市人民政府应当向执法检查组作法规实施情况的报告，报告包括以下主要内容：

（一）法规的实施情况，包括法规规定的主要制度的落实情况、法规规定职责的履行情况、法规要求制定的具体办法或者实施细则的制定情况、法规的宣传情况等；

（二）有关行政管理部门、单位及其工作人员违反法规规定被追究行政责任的情况；

（三）法规实施存在的问题与对策；

（四）其他需要报告的情况。

第五十一条 市、区人民政府应当于每年第四季度编制下一年度提请本级人民代表大会及其常务委员会讨论决定重大事项的计划，经本级人民代表大会常务委员会相关工作机构审查后，提请常务委员会主任会议决定。

市、区人民政府应当按时向本级人民代表大会常务委员会提出有关重大事项的议案，不能按时提案的，应当向主任会议说明情况。

没有列入重大事项计划，但市、区人民代表大会常务委员会认为应当由其讨论决定的重大事项，市、区人民政府应当及时提出议案。

第五十二条 市、区财政部门应当细化预算编制项目，提高预算编制的合法性、完整性、科学性和规范性。预决算编制口径应当相对应并保持相对稳定，对编制口径作出调整的，应当予以详细说明。

有关预算报告报表的内容要求、具体格式，由市、区财政部门按照国家、省、市的规定提出，并报本级人民代表大会常务委员会相关工作机构审定。

市、区政府投资主管部门应当会同有关部门分类、分项目编制政府投资重大项目计划，计划应当包括项目的建设规模、总投资、年度投资和资金来源等内容。

对于意见分歧较大的预算项目和政府重大投资项目，市、区人民代表大会及其常务委员会应当建立单项表决机制。

各级人民代表大会及其常务委员会对于不符合编制格式、内容和口径要求的预算和政府投资重大项目计划，可以要求有关部门重新编制并报送审查批准。

第五十三条　市、区人民政府法制机构应当通过下列方式对本级人民政府行政管理部门以及下级人民政府的行政行为实施监督：

（一）重大行政决策、规范性文件的合法性审查；

（二）行政执法监督检查、案卷评查和投诉处理；

（三）行政复议案件处理；

（四）政府合同审查；

（五）法律、法规、规章规定的其他方式。

市人民政府法制机构应当建立全市统一的行政执法监督信息系统，实现行政执法全过程监督的信息化。

第五十四条　审计机关应当对公共资金、国有资产、国有资源的管理、分配、使用和领导干部履行经济责任情况等依法进行全面审计，对领导干部实行自然资源资产离任审计。

市、区有关行政管理部门、金融机构及国有企事业单位应当根据审计工作需要，依法全面、及时向审计机关提供与本单位、本系统履行职责相关的电子数据信息和必要的技术文档。

对审计查出的问题，被审计单位应当及时整改，并在规定时间内将整改情况书面告知审计机关，同时向本级人民政府或者主管部门报告，并向社会公开。

市人民政府应当在每年下半年向市人民代表大会常务委员会报告上一年度审计查出问题的整改落实情况。

第五十五条　审判机关、检察机关对行政机关提出司法建议、检察建议的，行政机关应当及时将研究处理情况书面告知审判机关、检察机关。不予采纳的，应当说明理由。

行政机关应当在收到本单位败诉的行政诉讼案件判决、裁定或者司法建议书、检察建议书之日起十个工作日内，将上述文书报市、区人民政府法制机构备案。

市、区人民政府应当对行政机关负责人出庭应诉情况进行年度统计并向社会公开，对实施行政行为存在的问题及时整改，提高依法行政能力和水平。

第五十六条　市、区人民政府应当建立健全公众投诉、举报统一受理、分类处置、统一反馈机制，指定专门机构负责投诉、举报的统一受理、统一反馈，在本行政区域内建立统一的投诉、举报平台，拓展投诉、举报渠道，向社会公布投诉、举报网址、电话号码、通信地址及电子邮箱等。

负责投诉、举报统一受理、统一反馈的专门机构应当在接受投诉、举报后十个工作日内向投诉、举报人反馈处理结果；十个工作日内不能办结的，应当及时通过电话、短信、电子邮件、网上公示等方式向投诉、举报人反馈处理进展情况。

第五章　依法行政的保障

第五十七条　市、区人民政府应当完善工作人员定期学法制度，将法律知识培训作为年度培训的必选课程，每年至少举办一期法治专题培训班、两期以上人民政府组成人员参加的法治专题讲座。

第五十八条　市、区人民政府应当完善领导干部任职前法律知识考查和依法行政能力测试制度，实行公务员晋升依法行政考核制度。考查、测试和考核结果作为任职或者晋升的参考。

第五十九条　市、区人民政府常务会议应当每年不少于两次听取依法行政工作汇报，及时研究解决本行政区域内依法行政中存在的重大问题。

第六十条　市、区人民政府应当建立健全政府法律顾问制度，完善政府法律顾问工作机制。重大行政决策、基层社会矛盾化解等重大行政事务应当经政府法律顾问提出意见。

第六十一条　镇人民政府、街道办事处应当明确专门工作机构或者人员,负责依法行政的协调、指导和监督等工作。

第六十二条 市、区人民政府应当鼓励和支持各级行政机关在法律、法规、规章规定的范围内,结合本地区和本部门工作的实际,创新依法行政工作机制和工作方式,及时总结依法行政工作先进经验并予以推广。

第六十三条 市、区人民政府应当建立依法行政考核制度,细化考核内容和标准,重点对制度建设、行政决策、行政执法、行政监督、政务公开、社会矛盾纠纷处理等情况进行考核。市、区人民政府行政管理部门可以根据工作需要,建立本部门的依法行政考核制度。

考核的结果应当纳入绩效考核等综合考核指标体系,作为绩效评定、职务调整和奖惩的依据。依法行政考核结果的权重不得低于综合考核总分的百分之十。

第六十四条 市人民政府法制机构应当加强法治政府建设理论和本行政区域依法行政的全局性、前瞻性、战略性问题的研究,编制法治政府建设规划,科学谋划法治政府建设的重点领域和推进措施。

第六章 法律责任

第六十五条 决策起草部门、决策机关、决策执行部门和单位及其工作人员,未按照本条例规定的程序起草行政决策、作出行政决策、实施行政决策的,由上级行政机关或者有关部门责令改正、通报批评;情节严重的,对直接负责的主管人员和其他直接责任人员依法给予处分。

第六十六条 行政执法主体未按照有关法律、法规和本条例规定的程序、期限实施行政执法行为的,由上级行政机关或者有关部门责令改正、通报批评;情节严重的,对直接负责的主管人员和其他直接责任人员依法给予处分。

第六十七条 相关行政主管部门或者单位违反本条例第四十二条的规定,怠于履行法定监管职责,或者未给予综合行政执法机构协助、提供相关材料的,由上级行政机关或者有关部门责令改正、通报批评;情节严重的,对直接负责的主管人员和其他直接责任人员依法给予处分。

第六十八条　市、区人民政府财政部门、政府投资主管部门未按照本条例第五十二条规定的要求编制财政预算、政府投资重大项目计划的，由上级行政机关或者有关部门责令改正、通报批评；情节严重的，对直接负责的主管人员和其他直接责任人员依法给予处分。

第六十九条　负责投诉、举报统一受理、统一反馈的专门机构违反本条例第五十六条的规定，不受理公众的投诉、举报或者未按规定的期限向投诉、举报人反馈处理结果和处理进展情况的，由上级行政机关或者有关部门责令改正、通报批评；情节严重的，对直接负责的主管人员和其他直接责任人员依法给予处分。

第七十条　有关行政管理部门或者法律、法规授权的组织未履行或者未正确履行法定职责的，由上级行政机关或者有关部门责令改正、通报批评；情节严重的，对直接负责的主管人员和其他直接责任人员依法给予处分。

第七章　附　则

第七十一条　本条例自 2017 年 5 月 1 日起施行。

广州市战略性新兴产业第十三个五年发展规划（节选）

（2016—2020）

（穗府办〔2016〕25号　2016年11月25日）

战略性新兴产业代表新一轮科技革命和产业变革的方向，对我市经济转型升级具有重要带动作用。"十三五"时期，要把战略性新兴产业摆在经济社会发展更加突出的位置，深入实施创新驱动发展战略，加快培育和壮大战略性新兴产业集群，大力推动产业向价值链、创新链高端发展，为经济社会发展提供持续增长动力。本规划根据《"十三五"国家战略性新兴产业发展规划》《广州市国民经济和社会发展第十三个五年规划纲要》编制，规划实施期为2016—2020年。

一、发展基础与发展目标

（一）发展基础

产业规模持续增加。"十二五"期间，全市战略性新兴产业继续保持较快发展，已成为驱动经济发展和结构转型的新动力、新引擎。2012—2015年，全市战略性新兴产业增加值由1287.4亿元增长至1828.1亿元，年均增速12.4%，比工业增速高3.7%，形成了新一代信息技术、生物与健康、新材料与高端装备制造、新能源与节能环保、时尚创意五大千亿级产业集群。

企业发展不断壮大。全市累计认定高新技术企业、软件企业和技术先进型服务企业1919家、773家和52家，累计培育国家创新型（试点）企业14家、省级创新型（试点）企业96家，其中已上市的创新型（试点）企业为34家、筹备上市企业66家。培育了金发科技、唯品会、达安基因、金域检验等一批行业领军企业，集聚了酷狗、亿航智能、尚品宅配等一批高成长、模式新的"瞪羚"企业。

优势产业不断涌现。"十二五"时期，电子商务、移动互联网、新型显示、现代中药、生物制药、医疗服务、工程塑料、卫星及应用、高档数控机床、动漫游戏等领域逐步培育出比较优势。全市电子商务交易额超过万亿元，占全国交易额的1/8，在全国十大城市电子商务发展指数和中国电子商务发展百佳城市排名中均位列第2名。干细胞领域拥有全国唯一创新研究群体中科院广州生物院，研究成果达到世界先进水平。

产业集聚初步形成。至2015年年底，全市已认定战略性新兴产业基地35个，90%以上的企业集中在黄埔区、天河区、海珠区和荔湾区。先后被国家发展改革委认定为软件、生物、信息、新材料、高技术服务业、海洋以及综合性高技术产业等7家国家高技术产业基地，被国家确定为电子商务示范城市、创新性城市、新能源汽车推广应用城市、下一代互联网示范城市和信息惠民试点城市。

创新能力持续增强。2015年，全市发明专利授权量6626件，同比增长44.4%。现拥有国家级工程中心18家、国家企业技术中心24家、国家重点实验室19家、国家工程实验室14家和国家级质检中心25家，省级企业技术中心184家、省工程实验室12家、重点实验室217家。截至2015年年底，全市科技企业孵化器达119家，总面积650万平方米，在孵企业6000家。已吸引中组部"千人计划"人才217人、院士77人，拥有高级专业技术资格人员13.95万人、高技能人才70万人。

开放合作深入拓展。"十二五"期间，以中英生物科技之桥等国际合作为契机，深化与英国、法国、瑞士、以色列等国家重大生命科技项目合作；广州开发区被批准为国内首个中欧区域政策合作试点地区和中以高技术产业合作重点区域，在生物岛打造生物医药产业孵化平台；与德国耶拿应用科技大学在教育培训领域开展深入合作；与新加坡南洋理工大学建立"中新国际联合研究院"。

（二）面临形势

从全球层面看，未来5年到10年是全球新一轮科技革命和产业变革从蓄势待发到群体迸发的关键时期。信息技术革命快速演进，物联网、云计算、大数据、人工智能等技术深度融合于经济社会各个领域；增材制造（3D打印）、机器人与智能制造、新材料等领域技术不断实现突破，推动传统工业体系分化重组；基因组学及其关联技术迅猛发展，精准医学、生物合成等领域新技术加快推广应用；全球气候变化助推绿色低碳产业发展，清洁能源技术应用规模不断扩大；数字技术与文化创意、工业设计深度融合，数字创意产业逐步成为促进优质产品开发、提升传统服务水平的知识密集型产业。新兴产业逐渐成为推动全球经济复苏和增长的主要动力，引发国际分工和国际贸易格局重构，引领全球创新经济发展进入新时代。

从全国层面看，经济发展进入新常态，传统的高投入、高消耗、偏重规模和数量扩张的粗放发展模式难以为继，发展战略性新兴产业已成为调结构、培育新增长点的重要手段之一。目前，国内创新驱动所需的体制机制环境不断完善，人才、技术、资本等要素配置持续优化，新兴消费升级不断加快。新兴产业投资需求旺盛，部分领域国际化拓展加速，产业体系日益完善，市场空间前景广阔。但也要看到，我国战略性新兴产业整体创新水平不高，一些领域未掌握核心技术，一些改革举措和政策措施落实不到位，新兴产业监管方式创新和法规体系建设仍相对滞后，不能充分满足经济发展新旧动力加快转换、结构加快升级的需求。迫切需要加强统筹规划和政策扶持，全面营造有利于新兴产业蓬勃发展的生态环境，创新发展思路，提升发展质量，加快发展壮大新兴支柱产业，推动战略性新兴产业成为经济社会发展的主动力。

从广东省层面看，全省以深化改革为根本动力，以提高发展质量和效益为中心，以创新驱动发展为核心战略，加快推进经济结构战略性调整和产业转型升级，培育以战略性新兴产业为先导的现代产业体系已成为全省重要目标。

从广州市层面看，"十三五"时期是全市巩固提升国家中心城市地位、引领全省实现"三个定位、两个率先"目标要求的关键时期,也是加快建设国际航运、航空、科技创新三大战略枢纽和国家创新中心城市的重要时期。全市加快构建高端、高质、高新现代产业新体系,为战略性新兴产业快速发展提供了强大支撑。但与国内外先进地区相比,我市仍面临着创新能力不足,掌握的关键核心技术少,创新主体数量不多、规模不大,高端行业龙头企业数量少,产业集群优势尚未显现,有利于新技术和新产品进入市场的政策法规体系不健全,支持创新创业的投融资等政策机制不完善等突出问题,亟需进行改进完善。

(三)指导思想、基本原则与发展目标

1. 指导思想

全面贯彻党的十八大和十八届三中、四中、五中、六中全会精神,深入贯彻习近平总书记系列重要讲话精神,牢固树立创新、协调、绿色、开放、共享的发展理念,坚持推进供给侧结构性改革,坚定落实市委、市政府决策部署,紧紧围绕国际科技创新枢纽和国家创新中心城市建设,以做大做强主导产业、重点培育新业态为主线,以促进创新创业、助推高成长企业跨越发展、引导大企业高端发展为抓手,不断优化产业组织方式,着力集聚全球高端创新资源,充分激发各类主体创新潜能,大力提升技术创新能力,全面提升产业综合竞争力,努力打造全市经济增长新引擎,力争成为全国业态和商业模式创新典范,以及具有全球影响力的新兴产业发展策源地。

2. 基本原则

强化供给创新。创新驱动是战略性新兴产业发展的核心。要围绕区域产业发展需求,全面提升人才、技术、产品、资金、服务等的供给质量。结合本地实际,重点瞄准集成创新、引进消化吸收再创新,促进跨界融合,全面提升产品、服务的附加价值和国际竞争力。改革体制机制,破除旧管理方式对新兴产业发展的束缚,降低创新创业成本。

注重需求引领。市场需求是拉动战略性新兴产业发展壮大的关键因素。探索机制体制创新,支持和鼓励财政资金通过首台套示范工程等方式，购买新技术、新产品、新服务，通过政策引导，激活市场新需求，加快自主创新技术、产品和服务的市场化进程，以消费升级带动产业升级。

加强产业集聚。集约集聚是战略性新兴产业发展的基本模式。要依托产业集聚和领先优势，打造战略性新兴产业发展带，促进产业链和创新链协同发展，培育特色产业集群，提升产业集群综合竞争力和持续发展能力，带动区域经济转型升级，加快形成创新经济集群发展的新格局。

激发人才活力。人才是发展壮大战略性新兴产业的首要资源。要多措并举，加快推进人才发展体制机制和政策创新，提升知识、技能、管理等创新要素在利益分配中的比重，充分体现人才的市场价值，全面激发人才创业创新动力和活力。

深化开放融合。开放融合是加快战略性新兴产业发展的客观要求。要坚持全方位开放发展的基本理念，深入开展全球高端链接，整合利用全球创新资源，加快产业链、创新链和价值链全球配置。积极承接国家战略布局，继续深化穗港澳台合作，进一步促进珠三角协同创新发展，辐射带动泛珠地区协同发展。

3. 发展目标

到2020年，力争实现以下目标：

产业规模持续壮大。战略性新兴产业规模实现1.5万亿元，增加值达4000亿元。其中，新一代信息技术产业增加值1000亿元，生物与健康产业增加值1000亿元，新材料与高端装备产业增加值800亿元，新能源汽车、新能源与节能环保产业增加值700亿元，时尚创意产业增加值500亿元。

产业结构进一步优化。战略性新兴产业增加值占GDP比重超过15%。形成新一代信息技术，生物与健康，新材料与高端装备，新能源汽车、新能源与节能环保，时尚创意等5个超过2000亿级的产业集群。战略性新兴产业成为带动产业转型升级、引领绿色发展、实现高端就业的重要支撑。

培育一批全球知名的企业品牌。到2020年，培育1～2家千亿级的具有国际影响力和品牌美誉度的世界性龙头企业，培育15家百亿以上的行业领军企业、500家具有高成长性的"瞪羚"企业。

产业创新能力和竞争力明显提高。每万人发明专利拥有量25件，研究与开发经费支出占地区生产总值的比例为3%，在生物医药、轨道装备、新材料三个优势产业领域建设国家级产业创新中心，建成一批重大产业技术创新平台，中高端制造业、知识密集型服务业比重大幅提升，支撑产业迈向中高端水平。攻克一批关键核心技术，到2020年力争培育形成一批国内领先的创新成果。

广州市战略性新兴产业"十三五"发展目标表（略）。

二、总体部署

（一）总体思路

"十三五"时期，我市将在国家战略性新兴产业发展规划总体指导下，依托本地产业基础和资源优势，进一步夯实战略性新兴产业的创新基础，持续引领产业中高端发展和经济社会高质量发展。

深度聚焦产业集聚。做大做强新一代信息技术，生物与健康，新材料与高端装备，新能源汽车、新能源与节能环保，时尚创意等5个2000亿级产业集群，提升产业集群发展效益；重点聚焦强化新一代网络通信、移动互联网、物联网、新型显示、高性能集成电路、新型电子元器件、高端软件、现代中药、生物制药、化学药、医疗器械、生物制造、健康服务、智能制造装备、轨道交通、航空装备、卫星及应用、海工装备、高性能工程塑料、动漫、游戏、数字创意与设计等22条产业链，实现跨越发展。

进一步优化产业布局。按照建设国家创新中心城市总体要求，立足战略性新兴产业发展脉络，以功能协调、产业集聚、生态和谐为主要原则，突出各开发区、工业园区和战略性新兴产业基地协同发展优势，形成"一带多点"的总体布局框架，打造战略性新兴产业策源地、国际产业创新创业中心和国际新兴产业基地，建成国际科技创新枢纽和国家创新中心城市。

加速发展前沿产业。着眼全球新一轮科技革命和产业变革的新趋势、新方向，重点发展引领制造业发展趋势、制造与服务相融合、跨界融合的新产业和新业态，培育壮大个体化医疗、机器人、可穿戴设备、云计算与大数据、增材制造（3D打印）等5个新兴产业，加快布局产业专业园，完善前沿产业发展支撑，塑造远期发展新优势。

培育壮大创新企业。立足产业基础，优化产业结构，推进改革创新，完善市场生态环境，提升人才、技术、资金等要素供给水平，构建上下游全产业链条，在重点领域发展壮大一批行业旗舰型领军企业；紧盯科技产业发展前沿，加强科技成果转化和资本市场的对接，强化高新技术企业认定和引进手段，进一步发挥政府投资引导和放大作用，重点培育和支持一批特点鲜明、创新能力强的高成长性企业发展壮大；加强集聚区、产业、企业互动融合，形成小、中、大型企业梯队纵深发展的良好局面。

深入开展开放合作。充分利用国内外两种创新资源和两个市场，全面参与全球产业竞争与合作，深入推进各领域国际交流，推进与全球创新产业链的深度融合，提升战略性新兴产业国际化水平。探索建立穗港澳台科技合作机制，在互惠互利基础上共同发展战略性新兴产业。积极与国家战略布局对接，加强部院市产学研合作，推动跨领域跨行业协同创新。充分发挥区域战略性新兴产业龙头带动作用，引领珠三角区域协同发展，加强与粤东西北联动发展，构建形成全面开放、协同提升的区域合作发展体。

创新改革体制机制。根据国家、省深化改革的总体部署，持续推进全面创新改革试验，解除制约新兴产业创新发展的地方性政策措施、制度机制等，重点围绕税收、土地、研发资金、政府采购企业创新产品和服务、首台（套）重大技术装备推广示范应用、知识产权创造运用保护和交易、军民融合、金融服务创新、人才集聚等领域开展先行先试，充分激发全社会创新活力和创造潜能。

（二）产业布局

围绕广州科技创新走廊、珠江创新带，依托战略性新兴产业核心集聚和产业基地，打造广州战略性新兴产业发展带，做大做强若干产业创新链，进一步培育战略性新兴产业辐射点，构建形成"一带多点"产业发展新格局。

1. "一带"：沿珠江创新带。依托中新广州知识城、科学城、天河智慧城、琶洲互联网创新集聚区、广州国际生物岛、大学城、广州国际创新城、南沙明珠科技城等为核心的广州科技创新走廊，培育形成一批新技术、新产品、新模式、新业态、新产业、新载体，做大做强若干产业创新链，助推我市战略性新兴产业跨越式发展。

中新广州知识城：重点发展新一代信息技术、生物医药、智能装备、节能环保、科技服务等新兴产业，集聚创新人才、创新团队、创新企业等国际高端要素资源，打造世界一流的生态低碳智慧型知识新城。

科学城：发展新一代信息技术、生物与健康、新材料、节能环保、现代服务业，引进一批高成长性企业和国家重大创新成果转化项目，加速产城融合发展，成为珠三角国家自主创新示范区先导区、世界级研发中心。

天河智慧城：重点发展软件、移动互联网、数字创意、电子商务、地理信息、生物医药等产业。

琶洲互联网创新集聚区：汇集知名互联网企业及相关科技创新、金融机构，发展互联网金融、电商物流、云计算和大数据等电子商务、移动互联网产业。将琶洲打造成中国科技创新、会展产业、国际贸易的门户。

广州国际生物岛：重点开展中医药现代化和功能基因研究，建立先进的生物医药研发平台，集聚具有高端技术开发能力的研究机构和产业群，建设具有重要影响力的生物医药、健康医疗产业技术创新与国际交流合作基地，打造国际一流的生物医药研发和产业化基地，成为创新之岛、活力之岛。

大学城：建设大学城孵化集群，推广新型孵化模式，成立众创空间联盟，推进产学研协同创新发展，促进大学城创新资源开放共享。

广州国际创新城：力争在医药健康、物联网应用、电子商务、节能环保服务、设计服务、国际教育等领域形成特色产业集群，加快提升广州大学城创新功能，成为华南科技创新服务引擎。

南沙明珠科技城：重点发展航运物流、跨境电商、金融保险、电子信息、高端装备制造、软件及服务外包、新能源、新材料及生命科学等战略性新兴产业，充分利用自贸实验区和国家自主创新示范区"双自"联动发展机制，面向国际国内集聚各类创新资源。

2. "多点"：在白云、荔湾、花都、增城和从化等地，围绕新一代信息技术、装备制造、生物医药、电子商务、时尚创意等新兴产业，加快战略性新兴产业基地建设，打造战略性新兴产业辐射点，带动地区整体经济发展。

白云：依托民营科技园、广州白云生物医药健康产业基地和白云电器装备制造产业基地，积极培育发展节能和新能源、装备制造、精细化工、汽车零部件、生物医药等产业，做大做强高端制造。

荔湾：依托广州国际科技创新产业区，以花地河电子商务集聚区为核心，推动电子商务全产业链建设；以"东沙智能制造产业园"核心，打造"百亿级"的工业智造生产平台；以"广州国际医药港"为核心，积极发展生物医药产业；以"岭南V谷·广州国际智能科技园"为核心，推动广佛园区产业合作，建设"产、居、商、园"一体化的高新产业园区。

花都：依托花都机场高新科技光电子产业基地、中国音响之都科技产业基地、花都飞机维修及制造产业基地、狮岭皮具时尚创意产业基地、花都纯电动汽车产业基地等基地，大力培育发展LED（发光二极管）产业、现代物流、高端音响、飞机维修、新一代信息技术、时尚创意、新能源汽车等先进产业。

增城：依托增城开发区战略性新兴产业综合基地，重点发展新能源汽车整车、新能源、新一代信息技术等产业。

从化：依托从化明珠工业园新能源产业基地、广州（珠江）国际生命健康产业基地等基地，加快发展新能源、生物医药等产业。

三、推动新一代信息技术产业跨越发展

把握产业发展新趋势，完善信息基础设施，加快推动技术原始创新与跨界融合发展，深度推进"互联网＋"行动计划，打造万物互联、融合创新、智能协同、安全可控的新一代信息技术产业体系，建设国家下一代互联网示范城市。到2020年，实现产业增加值1000亿元。

（一）加快构建安全、泛在信息基础设施

大力推进高速光纤网络建设。全面实现向光网络跨越，推进城市新建小区100%实现百兆光纤到户，加快推进既有小区光纤改造，大力推动光纤到村。到2020年，实现所有城中村光纤全覆盖，所有行政村和20户以上自然村光纤到村，城市家庭平均接入带宽达到300 Mbps（兆比特每秒）以上，农村家庭平均接入带宽达到50 Mbps以上。推进互联网协议第6版演进升级和应用，加快云计算数据中心等信息基础设施建设。

构建新一代无线宽带网。全面推进4G网络全覆盖。在热点公共区域推广免费高速无线局域网络。大力推进5G关键技术研发和试验，率先启动5G网络预商用试点。持续强化无线网络信息安全、应急通信和应急广播能力建设。

（二）大力发展七大优势细分产业领域

新型显示：提升发展TFT－LCD（薄膜晶体管液晶显示器）面板制造及配套产业，积极支持高迁移率TFT驱动基板技术、低温多晶硅（LTPS）技术、TFT－LCD驱动芯片等核心技术研发。支持主动矩阵有机发光二极管（AMOLED）技术发展，推进中小尺寸。LED（有机发光二极管）的技术开发和产业化应用，积极研究大尺寸OLED相关技术和工艺集成，积极支持可弯曲柔性AMOLED显示技术和产业化，积极引进大尺寸OLED生产线。

移动互联网：重点发展移动智能终端应用软件，推动移动互联网技

术在电子商务、新媒体、移动娱乐、互联网金融、远程医疗、远程教育等领域应用，实现互联网应用内容与应用服务融合发展。支持传统门户网站加速向移动互联网内容提供商转型。

物联网：重点研究网络结构、异构网络互连互通、节点间通信与组网、数据分析等技术，突破无线传感器网络（WSN）延长节点工作时间、增强通信距离、小型化、标准化等技术。重点支持微控制单元（MCU）、协议芯片、微电源管理芯片、一体化芯片等核心控制芯片研发及产业化。

新一代网络通信：加快新一代网络通信基础设施建设，重点发展下一代网络设备和模块化数据中心成套装备，重点掌握新型计算、高速互联、先进存储、体系化安全保障等核心技术，全面突破第五代移动通信（5G）技术、核心路由交换技术、超高速大容量智能光传输技术、"未来网络"核心技术和体系架构。

高性能集成电路：重点支持新能源车功率半导体、智能汽车处理器、智能汽车传感器、高端装备核心芯片、移动智能终端芯片、北斗卫星导航芯片、电源管理芯片等设计。积极引进工艺先进、市场空间大的先进逻辑晶圆、存储器晶圆、成熟工艺晶圆等集成电路生产线。发展芯片级封装、晶片级封装、多芯片封装、系统级封装等先进封装和测试技术的研发及产业化。

新型电子元器件：支持发展片式化、微型化、集成化、高性能化、无害化技术，推动传感器件、机电元件、光电器件、音视频微型器件等高性价比和高可靠性的新产品研发。发展面向智能化应用的传感器及其系统级芯片（SOC）与微系统，加快"印刷电子"技术的开发与导入。

高端软件：支持开发安全领域操作系统等工业基础软件，重点突破智能设计与仿真及其工具、制造物联与服务、工业大数据处理等高端工业软件核心技术。开发自主可控的高端工业平台软件，以及数字音频处理算法软件、语音识别算法软件、视觉识别算法软件等应用软件。

（三）深度推进"互联网+"行动计划

深化互联网在生产领域的融合应用。结合"广州制造2025"，推动基于网络化的工业设计创新,发展网络协同制造、大规模个性定制、线上线下、柔性制造等新兴制造模式。推进移动互联网技术在商业、物流、金融、商务等领域的融合。推动生产性服务业向价值链高端延伸。

拓展公共服务领域"互联网+"应用。加快行业管理体制创新,充分利用新一代信息技术,积极发展分享经济,促进消费升级。在智慧化城市综合管理服务方面,推动基于互联网的公共服务模式创新。推广"互联网+政务服务"模式,完善横向到边、纵向到底的广州政府在线公共服务体系。

(四)发展壮大新一代信息技术战略性新兴产业基地

以天河科技园、广州互联网产业基地、广州移动互联(越秀)产业园、广东软件科技园、数字家庭应用示范产业基地等为核心载体,形成专业化集聚,做大做强新型显示、移动互联网、物联网、新一代网络通信、高性能集成电路、新型电子元器件、高端软件等优势产业。

专栏1 "十三五"时期广州市战略性新兴产业基地(新一代信息技术)发展指引(略)。

(五)大力提升新一代信息技术产业创新平台效能

以国家数字家庭工程技术研究中心、移动通信国家工程研究中心、物联网芯片与系统应用技术工程实验室、京信通信技术(广州)有限公司技术中心、广东威创视讯科技股份有限公司、广州无线电集团有限公司技术中心等创新平台为抓手,推进核心技术研发,提升自主研发创新能力,以及在研发服务、检验检测、知识产权、成果转化、资源共享、产业联盟等方面的服务水平,加强产学研协同创新,开展国际创新合作,实现科技成果产业化,全面提升创新平台效能。

专栏2 "十三五"时期国家级创新平台(新一代信息技术)发展指引(略)。

(六)推进实施一批新一代信息技术产业重大项目

加快推进广州国家数字家庭应用示范产业基地二期研发园、广州移动生产指挥中心、中国电信创新孵化南方基地、中国联通互联网应用创新基地、软件园高唐新建区软件产业集中孵化中心、高可用性云存储集群系统、物联网标识管理公共服务平台、思科（广州）智慧城、工业和信息化部电子第五研究所总部新区等一批重大项目开工建设，积极推进跨行业非结构化大数据存储与检索平台、中国科技开发院"863"成果转化中心、产权交易所项目等项目引驻落地，围绕新一代网络通信、高端软件、物联网等方面，突破一批核心关键技术，形成一批自主创新产品，全面提升产业综合竞争力。

四、加快生物与健康产业规模发展

把握生命科学纵深发展、生物新技术广泛应用和融合创新的新趋势，依托国家生物产业基地，巩固提升现代中药、生物制药、医疗器械、健康服务等优势产业发展水平，打造具有国际影响力的生物与健康产业集群，为"健康广州"提供新支撑。到2020年，实现产业增加值1000亿元。

（一）构建生物医药产业发展体系

现代中药：发展中药有效成分的提取/纯化/质量控制新技术，加快新型中药饮片、中药剂型改造等新技术开发和应用。支持建设符合国际规范和中药特色的现代中药质量控制及检测体系；针对肿瘤、心血管等重大疾病，重点发展具备中药活性成分的现代中药产品和配方颗粒药物等新型中药产品；积极发展基于中药原理的中药保健品、药妆化妆品。

生物制药：重点推进预防重大传染病、恶性肿瘤、心血管疾病等新型疫苗研发和产业化。支持开发用于重大疾病治疗的专利到期单克隆抗体药物。大力开发针对重大疾病和多发性疾病治疗的重组蛋白和多肽类药物。支持发展生物芯片、生物技术加工天然药物，鼓励基于新靶点、新结构、新功能的抗体、蛋白、多肽、核酸、免疫细胞治疗等新生物技术发展。支持干细胞与组织工程基础研究，建立符合临床应用要求的干细胞生产、制备及治疗标准，开展干细胞临床应用安全性评价，开发干细胞治疗药物和产品等；支持源于南海海洋生物的抗菌、抗病毒、抗肿瘤、抗氧化、抗骨关节病、降血糖、减肥及心脑血管、神经系统等高效海洋生物创新药物。加快建设生物技术药物发现、评价、检测、安全监测等公共技术平台，完善生物技术药物产业体系。

化学药：围绕临床用量大、销售额居前列的即将到期专利药物，重点发展品牌通用名药的仿制药；针对心脑血管疾病、代谢性疾病、病毒性肝炎、自身免疫性疾病、恶性肿瘤等重大疾病和多发性疾病，进行抗肿瘤类、心血管类、抗过敏类等创新药物的研发；鼓励发展缓释、控释、透皮吸收、粘膜给药等新型制剂技术和新型辅料。鼓励老品种新适应症研究，支持开展仿制药质量一致性评价。

（二）提升生物医学工程发展水平

大力发展医疗器械产业。体外诊断方面，支持发展针对肝炎、艾滋病、心血管疾病、呼吸道疾病、消化道疾病、肿瘤、遗传疾病等疾病以及优生优育方面的免疫诊断、分子诊断（PCR）、床旁诊断（POCT）试剂和仪器，以及基因测序、生物芯片等前沿领域技术产品。医用耗材方面，支持发展面向神经外科、妇科、泌尿科等方面的组织修复与可再生材料，以及骨科植入材料、人工器官等前沿领域技术产品。先进治疗设备方面，支持发展血液透析机等血液净化治疗设备及耗材，扶持数字化诊疗设备、家用医疗物联网设备、移动医疗互联网终端的研发与生产，鼓励健康监护产品、康复设备研发与生产，鼓励医学专用网络环境下的软件开发，加大医学影像设备、先进治疗设备技术研究。

（三）大力推进生物制造

制定生物产业发展行动计划。以南沙新区为核心，加强广州国家海洋高技术产业基地、广州南沙新区国家科技兴海产业示范基地建设，重点发展海洋生物医药产业。推进生物制造技术向化工、材料、能源等领域渗透，实现以清洁生产物加工方式逐步替代传统化学加工方式。促进绿色生物工艺在化工、医药、农业、能源等领域的示范应用，降低物耗能耗和环境污染物的排放，建立生态安全、绿色低碳、循环发展的生物法工艺体系。加快生物医学工程产品产业化,积极推广绿色农用生物产品。

(四)积极发展健康服务

培育生物检测评价。发展生物产品检测评价认证机构,为提升药品、医疗器械、种业等生物产品提供检测评价服务。加快基因检测技术应用示范中心建设,推动基因检测和诊断等新兴技术在生物产业各领域的应用转化。

大力发展健康服务。健康管理方面,支持健康管理个性化发展,着力拓展个性化体检、健康评估、保健指导、慢病管理、心理健康咨询等特色健康管理服务。大力发展医学检验、卫生检测、病理诊断、医学研发、医学影像判读、临床数据分析等第三方健康服务。支持发展电子健康档案、健康信息动态管理等健康信息服务。支持发展民营医疗机构,加强肿瘤、口腔、康复等特色专科医院或综合性医院专科建设,探索发展远程诊断、移动医疗等新业态,提升医疗服务水平。

(五)发展壮大生物与健康战略性新兴产业基地

以广州国际生物岛、广州白云生物医药产业基地、广州健康医疗中心产业基地、广州(珠江)国际生命健康产业基地、广东冠昊生命健康产业园等战略性新兴产业基地为核心载体,形成专业化集聚,做大做强现代中药、生物制药、化学药、医疗器械、健康服务、生物制造与服务业等优势产业。

专栏3 "十三五"时期广州市战略性新兴产业基地(生物与健康)发展指引(略)。

(六)大力提升生物与健康产业创新平台效能

以再生型医用植入器械国家工程实验室、中药提取分离过程现代化国家工程研究中心、临床医学分子诊断国家地方联合工程实验室、华南肿瘤学国家重点实验室、呼吸疾病国家重点实验室等创新平台为抓手,提高研发服务、检验检测、知识产权、成果转化、资源共享、产业联盟等方面的服务水平，加强产学研合作，激发创新主体的活力，全面提升创新平台效能。以产业内龙头企业为主体，依托创新平台、技术中心、科研院所等资源要素，创新风险分担、利益共享机制，围绕产业共性需求，创建国家级生物医药领域产业创新中心，开展关键共性重大技术研究、科技成果转化、产业化应用示范、产业集群和发展趋势研究、金融服务、人才培训和信息服务等工作。

专栏4 "十三五"时期国家级平台（生物医药）发展指引（略）。

（七）推进实施一批生物与健康产业重大项目

加快推进广州中以生物产业孵化基地、南沙国际运动损伤康复医院、广东省疫苗临床研究技术服务平台、广东省基因检测技术应用示范中心、广州国际医药港、广州呼吸中心、增城朱村高新技术产业园、增城派潭高滩健康小镇、华南生物科技产业孵化中心、全景影像中心等一批重大项目开工建设，积极推进南方精准治疗中心及多能细胞银行项目、中山大学肿瘤防治中心合作项目等引驻落地，围绕生物制药、医疗器械、生物制造、健康服务等方面，突破一批核心关键技术，形成一批自主创新产品，全面提升产业综合竞争力。

五、促进新材料与高端装备突破发展

顺应制造业智能化、绿色化、服务化发展趋势，紧密围绕我市传统产业升级以及战略性新兴产业发展需求，聚焦智能制造装备、轨道交通装备、航空装备、卫星及应用、海洋工程装备、高性能工程塑料等细分产业领域，加快突破关键技术与核心部件，推进重大装备与系统的工程应用和产业化，带动制造业水平全面提升。到2020年，实现产业增加值800亿元。

（一）提升新材料产业竞争力

大力发展高性能工程塑料。加快发展高端改性塑料、生物降解聚酯、聚碳酸酯（PC）、聚甲醛（POM）、聚酰胺（PA）、聚对苯二甲酸丁二醇酯（PBT）、聚苯醚（PPO）和聚苯硫醚（PPS）等树脂及其改性产品。积极开发聚醚醚酮、聚砜、耐高温尼龙，聚对苯二甲酸丙二醇酯（PTT）、聚禁二甲酸乙二醇酯（PEN）等新型聚酯、特种环氧树脂和长碳链聚酰胺、耐高温易加工聚酰亚胺等新产品或高端牌号。

超前部署前沿新材料。颠覆性新材料与其他高技术深度融合，呈现高性能化、高功能化、多功能化、开发和应用联系更加紧密的特点，将形成跨学科、跨领域、跨部门的发展态势。密切关注颠覆性新材料对传统材料的影响，加强前瞻研究和应用创新，攻克核心技术瓶颈，重点做好软物质材料、超导材料、纳米材料、石墨烯等战略前沿材料的提前布局和研制。

推动新材料快速融入高端制造供应链。把握航空航天、轨道交通、电力、新能源汽车等产业发展机遇，扩大精细化工、高性能工程塑料、先进复合材料等规模化应用范围，逐步进入全球高端制造业采购系统。完善新材料"首批次"应用担保和风险补偿机制。细化新材料产品统计分类，鼓励龙头企业积极参与行业标准制定，加强新材料产品标准与下游行业设计规范的衔接配套。

（二）推进智能制造装备上新台阶

发展智能制造系统。加快实施《广州制造2025战略规划》，加快发展汽车、船舶与海工装备等制造领域智能化成形及加工成套设备、机器人化智能检测装配生产线、关键零部件成套加工装备、中高档数控系统、3D打印设备等智能成套装备和系统，以及智慧物流仓储装备系统。推进电子信息、物流、医药等领域智能系统的应用集成。支持系统集成商依托工业互联网、云计算等新一代信息技术向智慧工厂、数字化工厂等方向拓展，提升顶层架构设计和软件集成能力。

积极推广应用示范。面向汽车、新能源、船舶制造、轨道交通装备等领域，提升零部件生产线、工艺装配组线等关键设备成套能力。重点支持高档数控系统、伺服电机、精密丝杠、电主轴等关键零部件，以及重型超重型数控机床、精密超精密加工中心等整机制造发展。推进精细化工、生物医药等流程类制造领域数字化车间与全自动化成套设备开发。支持金融设备智能化发展，加快建设华南金融设备制造业基地。积极推进与小批量定制、个性化制造、柔性制造相适应的机器人技术的研发与推广应用。出台重点领域新产品首批次示范应用、新材料首批次应用以及重大技术装备首台（套）保险补偿机制，促进新技术新产品的广泛应用。

（三）打造轨道交通装备高端品牌

提升车辆及关键设备的自主研发水平。重点研发高速轮对、高性能转向架、齿轮箱、轴承量化车体等关键部件，卫星通信技术、永磁电机驱动、高铁信号移动闭塞技术、全自动运行技术、基于第四代通信TD-LTE的无线综合承载等关键技术，以及列车牵引系统、列车网络控制系统、通信信号系统、电传动系统、车钩缓冲系统、储能与节能系统等关键系统；推进城市轨道交通装备中车站装备、施工装备、自动售检票系统、安防监控系统、智能电机管理系统、轨道交通路网监督指挥系统等光机电设备系统智能化、集成化、网络化水平。发挥骨干企业的示范带头作用，加强整车技术平台和检验检测能力建设，推动轨道交通企业提高自主设计、自主研发水平，打造自主品牌产品。

坚持轨道交通全产业链发展。提升新一代绿色智能、高速重载城市轨道交通装备整车、城际快速动车组制造能力。支持全面掌握满足国内外市场需求的标准型产品，进一步打造具有国际竞争力的平台化、谱系化、智能化和绿色节能轨道交通装备产品。拓展在规划设计、试验检验、系统集成、认证咨询、运营调控、维修保养、工程总承包等产业链前后端的增值服务业务。实现城市轨道交通车辆从局部制造向整体开发、集成开发的跨越。支持有实力的轨道交通装备企业并购重组产业链相关企业，形成大型轨道交通装备制造龙头企业，支持轨道交通产业领域知名企业、研发机构开展合作，实现核心技术的突破。

依托龙头企业实施"走出去"战略。抓住占领国际国内市场的关键环节，顺应国际装备制造业的发展新动向，逐步转向有能力占领总体设计和关键设备的制造总承包模式，加快发展具有总体设计、系统集成、成套生产、配套服务等"一揽子"功能的大型装备制造企业，以及具有总承包能力即提供交钥匙工程的大公司。培育一批轨道交通装备系统集成商、智慧运营商。加大对本地企业和产品的宣传推介力度，积极开展各种类型的轨道交通产品推介活动，鼓励轨道交通项目建设单位和本地企业建立合作机制，推动本地企业与央企及兄弟城市的合作，拓展市场空间。

（四）推动形成航空装备发展新局面

积极推进航空产业研发能力建设。积极开展轻型、中型通用飞机的整机设计，实现公务机的自主研发和生产能力。积极发展机场空管导航监视设备和指挥调动设备。重点发展精密轴承、精密模具、数控、钣金、焊接以及锻造航空配件、民用机械加工等产品。支持发展航电系统、飞控系统、燃油附件系统、座舱系统，以及飞行通信、导航、座舱控制、语音控制、飞行管理、电气等关键机载电子设备。集中力量攻关无人机平台系统、信息采集系统、地面控制系统、人机交互系统等关键技术，研制微型无人机、智能无人机、高端航模等系列产品。

建设全国重要的航空装备制造基地。优化发展航空维修与加改装、航空货运物流业、通航运营服务、航空培训业、航空金融业、航油、航材贸易，加快推进白云机场商务航空基地、中航油集团南方总部、华南国际商务机项目等项目建设，把广州建成为全国重要的航空器维修改装基地、航空新产品研发基地、航空货物运输基地和航空金融及商务服务基地。

发展"航空+"新模式。加快发展航空租赁、跨境电商、临空型高技术产业、远程健康服务、低空服务，把广州建成为国际航空总部集聚区、跨境电子商务门户、航空健康医疗基地和低空公共服务中心。

完善配套体系建设。积极申报"国家级临空经济示范区"。积极争取航权航线开放，扩大民航维修领域开放。实施通用机场布局规划，加快建设南沙新区商务机场和通用航空产业园，规划建设从化、黄埔、增城、番禺等通用机场。完善广州公务机运营保障服务配套设施，构建以广州为枢纽的省内直升机运营网络。

（五）做大做强卫星及应用产业链

提升卫星性能和技术水平。支持开发基于北斗卫星定位的移动设备管理系统，开展公共位置服务数据挖掘、车联网服务端计算与服务整合技术研发。支持开发具有核心自主知识产权的北斗卫星导航芯片、北斗/GPS（全球定位系统）双系统兼容芯片，多模芯片、多模接收终端系统以及导航传感一体化核心部器件等产品。发展高性能导航基带、射频芯片、板卡、多模卫星接收机、高分辨率传感器、高精度北斗导航/测绘终端装备、重点车辆监管服务系统、北斗高精度定位服务系统等北斗导航核心元器件及应用装备系统。

推进卫星在重要领域的应用。着力培育智慧交通、智能工业和智慧公共安全等装备系统集成及整体解决方案提供商，以及北斗导航服务运营商。着力推进北斗卫星导航系统及其兼容导航授时技术与产品在能源（电力）、通信、金融、公安、国防、航海/航空、气象、测绘等重要领域的深入应用，推动车辆位置服务体系发展完善，促进车辆监控、导航以及综合信息服务的规模化应用。加快建设广东省北斗卫星导航产业（广州）基地，促进卫星及应用产业链做大做强。

（六）夯实高端船舶海洋工程装备发展能力

加强关键装备研发。突破深海锚泊及动力定位控制系统、水下油气生产系统工程技术等关键技术研发，研究开发可燃冰等海底能源开采技术装备，波浪能、潮流能等海洋可再生能源开发装备，海水提锂等海洋化学资源开发装备，以及无人潜航器、深水机器人等先进装备。

发展主力海洋工程装备。重点发展以海洋油气为代表的海洋矿产资源开发装备和大型临港工程装备，重点支持物探船、工程勘察船、半潜运输船、起重铺管船、风车安装船等特种船舶。鼓励发展液化天然气浮式生产储卸装置（LNG-FPSO）、深吃水立柱式平台（SPAR）、张力腿平台（TLP）、浮式钻井生产储卸装置（FDPSO）、自升式生产储卸油平台、深海水下应急作业装备及系统等大型深水海洋工程装备及关键系统。重点支持突破系统集成设计技术、系统成套试验和检测技术等关键配套设备和系统。拓展填海围岛及航道疏浚工程装备、海水综合利用等海洋工程装备。

打造高端船舶海洋装备制造产业集聚区。依托南沙船舶与海洋工程装备产业基础优势，加快龙穴造船基地、大岗临港高端装备产业区、龙穴岛航运物流服务集聚区等园区载体建设，提升集聚区内海洋工程装备制造企业在装备总集成、整体解决方案以及总承包等方面的能力，鼓励海洋工程装备总装建造企业、用户、配套单位、研发设计机构等联合申报国家海洋工程装备应用示范工程项目，提升创新成果向工程化和产业化的转化能力，打造船舶与海洋工程装备产业集聚区。

（七）发展壮大新材料与高端装备战略性新兴产业基地

以广州民营科技企业创新基地、黄埔智能产业园、广州飞机维修及制造产业基地、华南新材料创新园、广州高性能碳纤维材料及应用产业基地等战略性新兴产业基地为核心载体，形成专业化集聚，做强做大智能制造装备、高性能工程塑料、卫星及应用、轨道交通装备、航空装备、海洋工程装备等优势产业链。

专栏5 "十三五"时期广州市战略性新兴产业基地（新材料与高端制造）发展指引（略）。

（八）大力提升新材料与高端装备产业创新平台效能

以塑料改性与加工国家工程实验室、废旧塑料资源高效开发及高质利用国家重点实验室、国家钛及稀有金属粉末冶金工程技术研究中心、聚合物新型成型装备国家工程研究中心、光电材料与技术国家重点实验室、发光材料与器件国家重点实验室、国家移动超声探测工程技术研究中心、直流输电技术国家重点实验室等创新平台为抓手，提升自主研发创新能力，以及在研发服务、检验检测、知识产权、成果转化、资源共享、产业联盟等方面的服务水平，加强产学研合作，激发创新主体的活力，全面提升创新平台效能。以产业内龙头企业为主体，依托创新平台、技术中心和科研院所等资源要素，创新风险分担、利益共享机制，围绕产业共性需求，创建国家级新材料、轨道交通产业创新中心，开展关键共性重大技术研究、科技成果转化、产业化应用示范、产业集群和发展趋势研究、金融服务、人才培训和信息服务等工作。

专栏6 "十三五"时期国家级创新平台（新材料）发展指引（略）。

专栏7 "十三五"时期国家级平台（高端装备制造）发展指引（略）。

（九）推进实施一批新材料与高端装备产业重大项目

加快推进防暴反恐特种车辆配件项目、3D打印产业园、广州番禺通信级塑料光纤产业基地、番禺汽车城等一批重大项目建设，加快中国（广州）智能装备研究院、发那科机器人华南基地、新型功能材料产业园、广州国际科技创新产业区等一批项目引驻落地，围绕新材料、智能装备、节能装备等领域，突破一批核心关键技术，形成一批自主创新产品，全面提升产业综合竞争力。

六、推动新能源汽车新能源与节能环保产业快速壮大

把握全球能源变革发展趋势和产业绿色转型发展要求，着眼生态文明建设，以绿色低碳技术创新和应用为重点，大幅提升自主研发新能源汽车和新能源的应用比例，全面推动新能源汽车、新能源和节能环保产业体系建设。到2020年，实现产业增加值700亿元。

（一）推进新能源汽车规模化发展

大力提升整车研发与产业化水平。鼓励骨干企业加强与国内外知名企业在新能源汽车研发、生产领域开展合资合作，重点依托广汽、东风日产、比亚迪等整车骨干企业，推进插电式混合动力汽车、纯电动汽车的技术研发和产业化。鼓励整车企业以新能源汽车为主业开展跨行业、跨领域、资源整合性合资合作，搭建新能源汽车产业生态体系。

培育壮大高端零部件产业。重点突破动力电池及其控制与管理系统、电机及驱动系统、整车控制系统、加速系统、转向系统及相应支持

平台等关键技术，力争在动力电池、驱动电机、电控系统三大领域形成一批具有自主知识产权的创新成果。引导零部件企业进一步整合资金、技术、人才等要素资源，加大研究开发力度，强化企业自主创新能力，稳步打造品牌。

加快充换电基础设施建设。重点发展慢速充电设备、车载充电设备、大功率快速充电设备以及电池的快换技术及设备；鼓励研发充电设施接网、计量计费、监控等技术。鼓励整合停车场等资源完善充电基础设施网络建设，基本建成适度超前、车桩相随、智能高效、使用便利的充电基础设施服务体系。对于有意愿进入充电基础设施建设与扩展服务领域的民营企业，可采取特许经营权招标等方式，提升企业积极性。

大力支持车联网快速发展。出台车联网发展行动计划，研究制定鼓励车联网发展的政策措施。重点推进芯片与传感器技术、定位与感知技术、人机交互技术以及能源技术（用于新能源汽车）、车联网大数据挖掘等关键技术研发。支持搭建从"接地"到"云端"的新一代车联网架构。支持整车厂和车载信息服务供应商合作，打造车联网生态全产业链，参与行业标准制定。开展车联网示范应用，组织开展基于5G技术的车联网示范应用工作。

营造有利于新能源汽车发展的市场环境。加快落实国家已出台的税费减免、购置补贴、研发支持、生产准入及规范等重大政策。制定广州市新能源汽车发展三年行动计划，出台促进新能源汽车发展及推广应用的配套政策。积极开展公交车、出租车、公务用车及专用车辆的电动化示范应用。

（二）加快发展新能源与节能环保

大力支持新能源领域引领发展。支持薄膜电池与新一代太阳能电池的研发与生产，加强钙钛矿、染料敏化、有机等新型太阳能电池的研发与生产，推动高效率、低成本的太阳能利用新技术、新材料和新产品产业化，建设一批分布式光伏发电示范项目。支持发展核电装备制造，重点发展大型先进压水堆、高温气冷堆、快堆及后处理技术装备。大力推进天然气分布式能源项目建设，优化能源结构，提高电网运行可靠性，带动核心装备的国产化发展,形成配套产业链。加快建设适应新能源产业发展的智能电网及其运行体系。重点发展新能源介入与并网,智能输变电、智能配电、智能用电及智能电网通信等。

加快推进节能环保产业发展。高效节能方面:重点支持发展余热余压利用、节能电机与设备、LED等高效节能技术和产品;着力发展节能泵、气体压缩机等节能通用装备,节能型食品加工成套设备,节能型电动机、微电机、变压器、电感器等节能专用设备;大力推进节能技术系统集成及示范应用。先进环保方面:加强环境污染监测、大气污染防治、水污染防治和固废处置等方面先进环保技术的开发与产业化;发展烟气脱硫脱硝、机动车尾气净化等大气污染治理设备,污水脱氮除磷深度处理成套装备,减震降噪设备,重金属污染防治设备;支持开发新能源环卫车和新一代焚烧炉、烟气处理系统,加快环保装备产业化。资源循环利用方面:推动太阳能光伏板、动力蓄电池、废液晶、碳纤维材料和节能灯等新型废弃物的回收利用;推广稀贵金属高效富集与清洁回收利用、电动汽车动力蓄电池梯级利用等技术与装备;积极探索研究海绵城市建设技术,为广州改善水生态环境,建设自燃存积、自然渗透、自然净化的海绵城市提供技术支撑。

(三)大力发展"互联网+"智慧能源

重点突破分布式能源、储能、智能微网等关键技术。依托电力网络,以智能电网为基础,构建与热力管网、天然气管网、交通网络等多种类型网络互联互通,集中式与分布式能源协调运行的综合能源网络。推动能源与信息通信基础设施深度融合,基于大数据、云计算、物联网等互联网技术,赋予能源新的数据属性。鼓励建设智能风电场、智能光伏电站等设施及基于互联网的智慧运行云平台,实现可再生能源的智能化生产。建设可再生能源参与市场的计量、交易、结算等接入设施与支持系统。

（四）发展壮大新能源汽车、新能源与节能环保战略性新兴产业基地

以花都纯电动汽车产业基地、番禺节能科技园、增城开发区战略性新兴产业基地、从化明珠工业园新能源产业基地为核心载体，形成专业化集聚，做强做大新能源汽车、节能装备制造、高效节能电器、节能综合服务等优势产业链。

专栏8 "十三五"时期广州市战略性新兴产业基地（新能源与节能环保）发展指引（略）

（五）大力提升新能源汽车、新能源与节能环保产业创新平台效能

以工业产品环境适应性国家重点实验室、稀有金属分离与综合利用国家重点实验室、废旧塑料资源高效开发及高质利用国家重点实验室、风电控制与并网技术国家地方联合工程实验室等创新平台为抓手，加强新能源汽车、电力装备、智能装备、节能环保等领域的核心关键技术攻关、产品研发及科技成果转化水平，激发创新主体的活力，全面提升创新平台效能。

专栏9 "十三五"时期国家级省级平台（新能源与节能环保）发展指引（略）

（六）推进实施一批新能源汽车、新能源与节能环保产业重大项目

加快推进广州花都国际汽车产业基地、汽车（新能源汽车）及智能装备产业基地等一批重大项目开工建设，积极推进明珠电器节能型变压器项目、变速箱工厂、锂离子动力电池工艺装备平台等一批项目引驻落地，围绕新能源汽车、零部件等方面，突破一批核心关键技术，形成一批自主创新产品，全面提升产业综合竞争力。

七、促进时尚创意产业蓬勃发展

充分发挥时尚创意产业在转变经济发展方式、优化产业结构、提升城市软实力、增强国际竞争力等方面的重要作用，加强内容建设和引导，以动漫、游戏、创意设计三大产业链为主要抓手，着力推动时尚创意产业高端化、国际化发展，打造结构合理、富有创意、竞争力强的时尚创意产业体系。到2020年，实现产业增加值500亿元。

（一）大力发展数字内容产业

动漫产业。深入挖掘优秀文化资源，推动动漫产业优化升级，重点推进动漫内容创作、音乐创作、形象设计、版权交易的发展，积极推动具有示范和引领作用的优秀动漫电影、电视剧的创作生产。支持数字高清技术和三维动画电影技术的研发和运用，推动动漫与虚拟仿真技术在教育科普、医疗卫生、会展、广告、设计、建筑等产业领域中的广泛应用。加强对移动终端动漫作品的开发与推广，不断开拓动漫衍生产品市场，完善和拓展动漫产业链。继续发挥动漫行业社会组织的服务作用，促进产业链的进一步整合。积极支持动漫企业争取文化部"原创动漫扶持计划"的认定和资金扶持。

游戏产业。积极鼓励、引导和扶持企业开发拥有自主知识产权的游戏软件产品和各类网络游戏，重点发展网页游戏和移动端游戏。鼓励企业和机构为动漫游戏产业发展提供公共服务平台，鼓励动漫游戏企业大力开展品牌（版权）授权经营。充分利用国内国外两个市场，鼓励推动本地动漫游戏企业、产品和服务"走出去"。加强版权保护，打击侵权盗版。

数字创意。加快虚拟现实、增强现实、交互娱乐引擎开发、文物素材再造、文化资源数字化采集处理等核心技术的创新发展。加快新型灯光、音响、机械、视效、特效等研发应用，提升艺术展演展陈数字化、智能化、网络化水平，支持各类展会利用互联网向展商互动、商务对接、线上交易等平台化功能的新型会展模式转变。加大软件和技术提供商、网络运营商、平台提供商、终端提供商、受众、监测机构等产业链环节的研发，通过互联网、无线通信网、有线网络等渠道，大力发展微博、微信等微媒体以及数字电视、数字广播、数字出版、桌面视窗等新媒体。

（二）优先发展创意设计产业

工业设计。围绕新能源汽车、高端船舶和海洋工程装备、轨道交通装备、大型工程机械、印刷机械、数控机床、游艇等的发展需要，鼓励加强产品和关键性零部件的外观、结构、功能等设计，提升产品质量、性能和附加值。支持装备企业加强研发投入和设计能力建设，支持设计服务与重点项目对接，增强装备产业领域工业设计自主创新能力，培育创建一批国家、省级工业设计中心。培育若干具有国际竞争力的设计创新企业。

消费品设计。围绕家用电器、生活日用品、工艺旅游纪念品、文体用品、食品、包装印刷等重点消费品领域，以绿色、节能、环保、智能化、时尚等为目标，提升企业和行业对设计的重视和认识水平，促进制造业企业与工业设计企业的对接，把设计创新能力作为自主品牌建设的重要考量指标。加强工业设计相关园区载体建设，形成3—5个辐射力强、带动效应显著的国家级和市级工业设计基地。

建筑设计。重点围绕城市规划设计、建筑设计、工程勘察设计、景观及环境规划设计、市政工程规划设计等重点领域，大力发展规划咨询、概念设计等产业链价值高端环节业务，开拓国际国内高端建筑设计市场，打造具有国际知名度的建筑设计行业领军企业和领军人才。重点发展室内装饰设计及与室内装饰设计相关的建筑材料、装饰材料、家居用品等设计，促进低碳、健康、环保、时尚的室内软装饰系列设计产业联动发展。积极结合国际金融城、琶洲互联网创新集聚区的规划开发和南沙自贸区的规划建设，进一步拓展建筑设计业的发展空间，提升广州建筑设计业的影响力和竞争力。

(三) 推动创意设计与相关产业融合发展

制定文化创意和设计服务与相关产业融合发展行动计划，加强对传统文化产业的技术改造，推动生产、传播方式创新，培育新兴文化业态。加快推进创意设计与旅游、体育、特色农业以及文化产业等重点领域融合发展。提升旅游产品开发和旅游服务设计的文化内涵和数字化水平，促进虚拟旅游展示等新模式创新发展。挖掘创意"三农"发展潜力，提高休闲农业活动创意水平，促进地理标志农产品、乡村文化开发，发展创意民宿和乡村旅游。培育发展体育动漫、电子竞技、运动信息管理等新业态，加强体育衍生品创意和设计开发。推动数字创意在电子商务、社交网络、教育、医疗、展览展示、地理信息、公共管理等其他领域的应用。发展虚拟现实购物、社交电商、"粉丝经济"等营销新模式，推动教育服务创意化，提升学习内容的创意水平，加强数字文化教育产品开发和公共信息资源深化利用。

(四) 构建时尚创意产业创新生态体系

建立以法律法规、行政手段、技术和标准相结合的数字创意知识产权保护体系，加大力度打击数字创意领域盗版侵权行为，保障权利人合法权益。积极研究虚拟现实、网络游戏等推广应用中存在的问题，保护用户生理和心理健康，顺应相关领域融合发展的要求，改善行业管理规制，进一步放宽准入条件、简化审批程序，加强事中事后监管。完善时尚创意产业融资配套服务，鼓励建立时尚创意类无形资产确权、评估、质押、流转体系。贯彻落实关于加快集聚产业领军人才的意见，吸引创意人才来穗工作。

(五) 发展壮大时尚创意战略性新兴产业基地

以羊城创意产业园、广东国家数字出版基地、(越秀) 创意产业园、广州T.I.T纺织服装创意园、华创动漫产业园、狮岭皮具时尚创意产业基地等战略性新兴产业基地为核心载体，形成时尚创意产业专业化集聚，做强做大动漫、游戏、创意设计等优势产业链。

专栏10 "十三五"时期广州市战略性新兴产业基地（时尚创意）发展指引（略）。

（六）大力提升时尚创意产业创新平台效能

以广州毅昌科技股份有限公司技术中心等创新平台为抓手，提升自主研发创新能力，以及在研发服务、检验检测、知识产权、成果转化、资源共享、产业联盟等方面的服务水平，加强产学研合作，激发创新主体的活力，全面提升创新平台效能。

专栏11 "十三五"时期国家级平台（工业设计）发展指引（略）。

（七）推进实施一批时尚创意产业重大项目

加快推进广东文化创意产业园、广东现代广告创意中心、珠江黄金西岸创意产业带、国家文化产业示范区、花果山VR影视创新创业园、广州创业大街（科创咖啡）、南洋国际科技创新园等一批重大项目开工建设，围绕动漫设计、广告设计、服装设计等方面，突破一批核心关键技术，形成一批自主创新产品，全面提升产业综合竞争力。

八、加速发展前沿产业

把握新一轮科技和产业革命机遇，借鉴国内外新产业新业态发展的成功经验，重点发展精准医疗、高端智能机器人、可穿戴设备、云计算与大数据、增材制造（3D打印）五大前沿产业，不断壮大产业规模，激发产业活力、培育新增长点。

（一）精准医疗

重点发展针对肿瘤检测、无创产前筛查、遗传疾病诊断等临床应用的基因测序产品和服务，加快生物信息数据分析关键技术研发和应用。研发针对中国人的心脑血管疾病高表达的生物标记物早期筛查技术，提供个性化防治方案。发展新一代基因测序技术、基于基因信息和分子标志物的精准治疗技术，重点开展癌症、高血压、糖尿病、出生缺陷和罕见病的精准防治治疗。探索支持药品生产企业向精准诊疗服务商转化的模式与路径。支持发展肿瘤免疫细胞治疗、干细胞治疗、基因治疗等第三类医疗技术，开展人成体干细胞及人多能干细胞临床应用技术研究。支持基因诊断与靶向治疗相结合的高端精准治疗产业化发展，研究制定有利于国际先进医疗技术快速落地转化的产业政策，在全球精准治疗技术产业化进程中发挥引领示范作用。以广州开发区个体化医疗和生物医药创新型产业集群试点为契机，着力在广州国际生物岛打造精准医疗产业引领区。

（二）高端智能机器人

做好顶层设计，对接国家《机器人产业发展规划（2016—2020年）》《广东省机器人产业发展专项行动计划（2015—2017年）》等政策文件，编制广州市机器人发展行动计划。加快核心技术攻关，引导和鼓励企业通过自主研发、引进消化、合资合作、设立海外研发机构等方式，重点攻克机器人本体、减速器、伺服电机、控制器、传感器与驱动器等关键零部件及系统集成设计制造等技术瓶颈。加快人工智能核心技术突破，促进人工智能在智能家居、智能终端、智能汽车、机器人等领域的推广应用。围绕汽车、机械、电子、危险品制造、国防军工、化工、轻工、医疗健康、家庭服务、教育娱乐等领域应用需求，重点发展高精度、高可靠性的工业机器人、特种机器人、服务机器人，促进机器人标准化、模块化发展。开展机器人应用试点，鼓励全市传统装备制造业、劳动密集型企业，利用工业机器人及智能技术，结合企业工艺技术装备开展智能化升级改造，加速本地工业机器人的应用和产业化。加快产业发展载体建设，加快推进国家机器人检测与评定中心（广州）一期、广州数控工业机器人产业园、瑞松科技机器人与智能装备产业园等载体建设，打造先进智能机器人研发生产基地。

（三）可穿戴设备

加快核心技术突破，重点加强研发低功耗的可穿戴设备系统设计技术、面向可穿戴设备的新型人机交互技术及新型传感技术、可穿戴设备与智能终端的互联共享技术、可穿戴设备应用程序及配套的支撑系统技术。加强研发面向信息娱乐、运动健身、医疗健康等领域，具有规模商业应用的多类型可穿戴产品。支持开发智能应用软件和应用商店，建设云服务开放平台，基于大数据挖掘技术，发展新型服务业态。依托黄埔智能装备产业园，积极引进、培育可穿戴设备企业，初步形成规模集聚。

（四）云计算与大数据

建成自主创新能力强、具有国际竞争力的国家级云计算和大数据产业基地，超过80%的规模以上软件和信息服务企业向云计算服务转型。

云计算。加快发展具有自主知识产权的云计算操作系统、云计算基础软件、分布式系统软件、虚拟化软件以及应用于云基础设施和云端设备的嵌入式软件及相关应用软件。支持突破云计算平台大规模资源管理与调度、运行监控与安全保障、艾字节级数据存储与处理、大数据挖掘分析等关键技术。大力发展计算、存储资源租用和应用软件开发部署平台服务，以及企业经营管理、研发设计等在线应用服务。加强核心电子器件、高端通用芯片及基础软件产品等科技专项成果与云计算产业需求对接，积极推动安全可靠的云计算产品和解决方案在电子政务、公共服务、社会管理、医疗、教育、智能生活的应用。积极发展基于云计算的个人信息存储、在线工具、学习娱乐等服务。

大数据。加强海量数据存储、数据清洗、数据分析发掘、数据可视化、信息安全与隐私保护等领域关键技术攻关。加快推动国家超级计算广州中心发展，促进"天河二号"大规模应用。支持建设互联网数据中心（IDC）、云计算中心等平台，提升信息数据存储和服务能力。支持大型通用海量数据存储与管理软件、大数据分析发掘软件、数据可视化软件等软件产品和海量数据存储设备、大数据一体机等硬件产品发展。争创国家大数据综合试验区和数据交易市场试点，建设广州大数据交易服务平台。深入实施国家信息惠民试点，建立政府数据保障机制，完善自然人、法人、空间地理信息、电子证照和公共信用信息五大基础数据库，推进统一政府信息共享平台的全覆盖。开展政府治理大数据应用试点，推动政府治理精准化。推动大数据在公共服务领域的应用，探索公共数据开放共享和服务创新的管理机制，制定大数据采集、开发、应用、管理等标准规范。

（五）增材制造（3D打印）

对接《国家增材制造产业发展推进计划（2015—2016年）》，编制增材制造专项发展行动计划。重点支持开展增材制造专用高性能材料研发与专用材料体系研究；加强装备、材料与工艺结合，研发一批具有自主知识产权的增材制造装备；支持开展增材制造关键工艺与软件的研发；大力推进增材制造技术在航空航天、汽车、家电、文化创意、生物医疗、创新教育等领域的应用示范。支持从事产品设计开发、文化创意等领域的中小型服务企业采用网络化服务模式，提高专业化服务水平。搭建增材制造服务中心和展示中心等公共服务平台，为用户提供创新设计、产品优化、快速原型、模具开发等应用服务。依托荔湾3D打印产业园、南沙3D打印创新研究院，加快引进、培育产业链上下游企业和机构，打造拥有自主核心技术、能参与国际市场竞争的3D打印研发产业聚集中心。

九、推进战略性新兴产业合作发展

坚持开放发展的基本理念，聚焦战略性新兴产业重点领域和关键环节，落实《广州市推进21世纪海上丝绸之路建设三年行动计划（2015—2017年）》，加强国际国内合作，加快集聚国际国内高端创新资源，深入实施"走出去"战略，推进与全球产业链的深度融合，构建国际合作新格局。

（一）构建全面开放的国际合作格局

完善国际化开放创新平台建设。高端链接国际创新尖峰区域，积极拓展国际创新合作新空间，重点加强中新、中以、中欧、中瑞等合作平台建设。深化中新全方位战略合作，加快推动中新广州知识城上升为国家级双边合作项目，强化在知识产权、科技创新、产业招商、金融创新等重点领域战略合作，加快建设中新国际联合研究院建设。全面拓展中以合作，围绕生物技术、新一代信息技术等战略性新兴产业，合作建设孵化器和研究院，设立若干中以合作产业发展基金。优化整合中欧合作园区建设，积极推动中欧岭南创新创业科教园、中欧生命科技园、中欧产业发展中心等高端平台落地。加快推进中国—瑞士（广州）从化生态医药健康产业基地建设，积极构建产业发展所需的合作伙伴和关系网络，推动建设服务决策者、技术专家和相关企业的知识转移和分享平台。深入推进中乌巴顿焊接研究院、中古生物医药领域合作等国际合作平台建设。

优化国际创新合作环境。加快推动中欧区域政策合作试点建设，建立常态化的对欧联络机制，围绕科技创新、教育培训、知识产权、能源与环境保护、城市建设管理等重点领域选择与欧盟国家多个地区、城市或园区进行合作；创新中欧创新合作机制，强化中欧合作的政策支持，努力吸引欧盟企业开展多种形式的投资。充分利用增城国家级经济技术开发区平台，推动广东侨梦苑项目建设，打造华人华侨创业特区；加大华侨华人创新创业政策支持，举办侨创会、国际华侨华人技术成果交易会、世界500强广东（广州）圆桌会、华商创业论坛等活动，优化华人华侨创新创业环境，打造华侨华人交流合作示范区。

推动产业链的全球对接。积极引进国际高端产业资源，在新一代信息技术、生物健康、高端装备、新能源、节能环保等新兴产业领域，立足于"一带一路"沿线国家和地区，针对不同的地区确定不同的推进方式和实施路径，全面推动新兴产业在国际层面的全方位合作。实施装备制造等优势产业走出去工程，重点促进汽车、船舶、智能装备等领域的产品出口和国际产能合作，支持节能环保装备、新能源装备、机器人等行业拓展国际市场。支持企业通过跨境并购、重组、战略合作，推动产业国际合作由加工制造环节为主向合作研发、联合设计等高端环节延伸；支持龙头企业布局海外创新平台，深化在科技创新、新兴产业、成果转化等方面的国际合作。

(二)加强国家地方高端科技创新资源合作

加强部院市产学研合作。完善"三部两院一市"(科技部、教育部、工业和信息化部,中国科学院、中国工程院、广州市)产学研合作机制,争取广州战略性新兴产业纳入国家战略。争取中国科学院、工程院和国家部委支持,全力争取更多的国家大科学装置、国家重点实验室、工程实验室、工程研究中心和创新基础平台落户广州,打造广州科技创新"国家队"。

推动跨领域跨行业协同创新。制定市校(院)协同创新合作实施方案,各区因地制宜与高等学校、科研院所合作共建科技创新平台、基地或产业园区。发挥广州产学研协同创新联盟的平台作用,推进一批专业协同创新组织建设。鼓励大型企业牵头组建产业技术联盟,形成集成创新合力,健全以企业为主体的协同创新体系。扎实建设广州科技创新创业服务中心、广东国际创客中心、中国技术交易所华南中心、国家版权贸易基地、广东现代服务交易中心等重大创新平台,推动中大国际创新谷规划建设,促进创新创业、产学研协同创新及成果转移转化。

依托重大科技基础设施培育新兴产业集群。加快推进"天河二号"超级计算机系统应用,建设国家大数据科学研究中心。瞄准一批国家重大前沿科技项目,积极参与研发,加快突破新一代信息通信、新能源、新材料、生物医疗等领域核心技术,支持量子通信、云计算、重大传染病防治、高通量基因测序、智能制造和机器人等领域开展项目研发和产业化。

大力培育新型研发机构。落实我市推动企业研发机构建设发展的意见,出台配套政策鼓励高等学校、科研机构和各类企业建立新型研发机构。重点推进中国(广州)智能装备研究院、中国科学院广州生物医药与健康研究院、中国军事医学科学研究院华南生物医学研究院、清华大学珠三角研究院、广州机械研究院国家机器人检测与评定中心、中兴通讯广州研究院、广州呼吸中心等新型研发机构建设,鼓励跨国公司来穗设立研发总部和研发中心,大力引进国际一流高校和研究机构来穗合作设立分支机构或新型研发机构,参与全球科技项目研发攻关。

（三）深化区域合作

加强穗港澳台合作。探索建立穗港澳台科技合作机制，在互惠互利基础上共同发展战略性新兴产业。建设穗港澳创新圈。设立穗港澳科技合作支持计划，促进穗港澳合作研究和科技成果转移转化，推动科技创新券和经费跨三地使用。支持港澳台企业设立研发中心。推进全国人才管理改革试验区（粤港澳人才合作示范区）南沙片区建设，率先建立具有国际竞争力的人才制度。

推进珠三角协同创新发展。主动发挥国家中心城市和省会城市辐射带动作用，与珠江东岸电子信息产业带城市以及珠江西岸先进装备制造产业带城市建立研发设计、检验检测认证、创业孵化、科技咨询、科技成果转化等资源共享的协同机制。围绕新一代信息技术、高端装备制造、生物与健康等战略性新兴产业，推动建立跨区域的产业技术创新联盟。

辐射带动泛珠地区发展。落实国务院《促进泛珠三角区域合作发展的指导意见》，加强与泛珠区域城市合作，务实推进区域创新体系合作机制建设。充分发挥南沙自贸试验区在加强与泛珠地区航运物流、口岸通关、跨境电商等方面合作的平台作用。建立广州与高铁沿线城市招商、投资双向服务机制，在高新技术产业领域开展深层次合作，推动产业优势互补和互动联合。推进广佛肇清云韶经济圈协同发展，加快推进重大合作项目建设，构建社会协调管理平台，推进生态环境共治共保，整合公共服务资源，打造新型区域合作平台；引导优势互补，加快推动以广佛肇为代表的珠三角地区与以清远、云浮、韶关为代表的粤东西北地区在产业、创新等方面的全面融合发展。

十、深化全面创新改革试验

加快实施创新驱动发展战略，推进重点领域体制机制改革，深化全面创新改革试验，破除制约新兴产业创新发展的思想障碍和制度藩篱，充分激发全社会创新活力和创造潜能。

（一）完善政府创新管理机制

研究探索支持创新发展的税收政策。研究探索高新技术企业和科技型中小企业对科研人员科技成果转化股权激励的个人所得税递延纳税政策。按照国家税制改革的总体方向与要求，对包括天使投资在内的投向种子期、初创期等创新活动的投资，研究探索相关税收支持政策。研究探索对符合条件的众创空间等新型孵化机构适用科技企业孵化器税收优惠政策。

实施支持创新产业发展的用地政策。制定支持高技术产业发展的土地利用政策，自主创新示范区内科技企业优先列入年度土地供应计划、优先办理供地手续，在土地出让时依法依规设定竞买资格，形成创新产业发展的集聚和规模效应。

（二）实施激发企业创新内生动力制度

大力培育和发展高新技术企业。紧紧抓住高新技术企业认定和引进的牛鼻子，按照"认定一批，入库一批，孵化一批"的原则培育壮大我市高新技术企业。引导规模以上工业企业申报高新技术企业，重点支持产值5亿元以上的大型工业企业加快设立研发机构，"十三五"期间实现全覆盖，鼓励规模以上工业企业广泛设立研发机构或创新小组。

建立企业研发准备金制度。落实省普惠性企业研究开发财政补助政策，已享受市企业研发后补助政策的企业，若建立企业研发准备金制度且符合省政策条件的，可同时享受省研发投入财政补助。引导企业有计划、持续增加研发投入，对研发准备金实行专账管理，改革财务制度，规范企业使用财政科研资金。

制定政府采购企业创新产品和服务政策。创新政府对创新产品市场推广的支持方式，制定广州市企业创新产品和服务目录，建立符合规则的支持采购创新产品和服务政策，加大政府对创新产品和服务的采购力度。采用首购、订购以及政府购买服务等方式，支持我市企业创新产品的研发和规模化应用。

实施首台（套）重大技术装备推广示范应用政策。落实国家、省首台（套）重大技术装备保险补偿机制试点工作，制定首台（套）重大技术装备推广应用指导目录，对制造目录内装备且投保首台（套）重大技术装备综合险或选择国际通行保险条款投保的企业，市工业转型升级专项资金给予保费补贴。建立健全首台（套）重大技术装备推广应用制度，对经认定的首台（套）重大技术装备研制企业进行奖励。

（三）完善知识产权保护制度

实行严格的知识产权保护制度。加强知识产权联合执法和跨区域执法协作。利用最高人民法院知识产权司法保护与市场价值研究（广东）基地的平台作用，探索建立符合市场价值的知识产权侵权损害赔偿制度。修订完善知识产权保护相关地方法规，进一步落实南沙自贸区开展知识产权行政执法体制改革、维权援助机制建设和健全国际仲裁机制等方面先行先试工作。推动知识产权信用监督体系建设，将知识产权恶意侵权和假冒案件信息纳入公共信用信息管理系统并公布。探索建立新业态新模式创新成果保护机制，推进电子商务领域知识产权保护制度建设。

推动知识产权创造和运用。积极推动中新知识城创建国家知识产权运用和保护综合改革试验区。开展国家知识产权区域布局试点、国家专利导航产业发展实验区建设，实施重点产业专利导航，构建提升产业竞争力的专利池。

建设技术和知识产权交易平台。支持南沙自贸区建立知识产权运营中心，加快建设广州知识产权交易中心等运营机构，完善知识产权交易规则和机制。鼓励社会资本组建重点产业知识产权运营基金，设立知识产权质押融资风险补偿基金，推动质押融资市场化、规模化发展。

（四）深化军民融合

建立健全军民融合深度发展工作机制，出台国防科技工业军民融合政策措施。出台军技民用技术目录，加速军民两用技术推广应用和产业发展，推动军民科技双向转移。加强军用重大项目建设。面向建设国际航空枢纽，规划军民卫星研发和使用，积极发展军民通用化程度高的动力系统、关键部件和基础材料。面向建设国际航运枢纽，发展军民两用高性能装备和材料技术，促进军民技术双向转移。面向建设国际科技创新枢纽，加强新一代信息基础设施建设和系统军民合建共用，组织实施安全可靠信息网络产品和服务相关应用工程。

（五）推动金融服务模式改革创新

推进多层次资本市场建设。争取纳入投贷联动试点地区，与创业投资、股权投资机构等实现投贷联动，大力支持科技创新型企业的发展。推进广州股权交易中心在依法合规、风险可控的前提下创新发展，支持证券公司等专业机构参与区域性股权市场建设，推动建立区域性股权交易市场与全国中小企业股份转让系统、沪深证券交易所之间的合作对接机制。

推动金融平台创新发展。争取国家尽快批准在广州筹建以碳排放为首个品种的创新型期货交易所。争取国家支持在广州设立民营银行。争取省支持在广州开发区建设金融、科技、产业整合创新综合试验区。

完善跨境科技金融服务和平台建设。按照依法合规、风险可控、商业可持续原则开展并购贷款和股权质押贷款业务，支持本土企业引进先进技术和设备，鼓励企业开展参股并购、联合研发、专利交叉许可等方面的国际合作。简化研发用途设备和样本及样品进出口等手续，率先在南沙自贸区优化科技型企业非贸付汇的办理流程。争取国家支持中新知识城享受与天津生态城、苏州工业园同等的跨境人民币创新政策。

（六）建立灵活的人才创新发展制度

完善科技人才聘用制度。建立完善岗位流动制度，公益一、二类事业单位科研人员可按规定交流岗位。进一步简化公益一类、二类事业单位专业技术人员参与国际学术交流、技术研讨的审批程序。事业单位从企业招聘高层次人才和具有创新实践成果的科研人员，经考核合格可办理交流手续。争取省支持开展事业单位招聘境外人员试点工作。高等院校、科研院所、职业院校和技工院校现有工作人员难以满足重大创新项目或课题研究需要的，可设立一定比例的流动岗位，吸引确有创新实践经验的企业家和企业科技人才兼职。探索研究公办高等学校实行编制备案制管理的具体措施，争取省下放专业技术岗位设置自主权，由高等学校在编制总量内自主确定岗位，自由设置岗位结构比例和岗位标准，自主聘用人员。

健全职称评价办法。探索发挥政府、市场、专业组织、用人单位等多元评价主体作用，完善各级各类专业技术人才选拔评价机制，突出用人单位在人才评价中的主导作用，向省争取下放职称评审权。研究建立符合我市经济社会发展的科学化、社会化、市场化的专业技术人才评价制度。

建立人才绿卡制度。对于在广州地区工作、创业的非本市户籍国内外优秀人才，在购房、购车、子女入学等方面享受广州市民待遇，为外籍产业领军人才提供签证居留和通关便利措施。加快集聚产业领军人才，实行高层次人才补贴政策，地方财政按照个人贡献程度给予奖励。

完善跨境跨国人才服务机制。争取将国家下放给省的中外合资、中外合作（自贸区内外资）人力资源服务许可审批权限下放给广州市、南沙自贸区。积极推进落实中国自贸区（广东）人力资源市场扩大对外开放试点，以及 CEPA（关于建立更紧密经贸关系的安排）协议下的港澳服务提供者设立独资人力资源服务机构并享受国民待遇政策。积极推动穗港澳职业资格互认试点工作，允许港澳地区取得专业资格的人员到广东提供专业服务。推动特色留学人员创业园建设，吸引更多留学人才来穗创业发展。依托国家"千人计划"南方创业服务中心，提高人才集聚力。

创新外国人才来华工作就业管理新模式。试点整合外国专家来华工作许可和外国人入境就业许可，实行外国人才分类管理，提供不同层次的管理和服务。

十一、规划实施保障

（一）加强组织协调

建立统筹协调机制。建立广州市战略性新兴产业发展联席会议制度（以下简称联席会议），统筹协调战略性新兴产业发展工作。联席会议由分管发展改革工作的市领导担任总召集人，市发展改革部门主要负责同志担任召集人，办公室设在市发展改革委。联席会议成员由市发展改革、工业和信息化、科技创新、财政、人力资源和社会保障、交通、商务、文化广电新闻出版、质监、统计、知识产权、金融等部门组成。明确各部门的职责和分工，加强对战略性新兴产业发展情况的督促检查，确保落实。

制定实施行动计划。制定重点发展领域三年行动计划、年度计划及年度重点项目计划，分解本规划确定的发展目标、重点任务和重大项目，明确牵头单位、工作责任、年度目标和推进举措。组织协调市各有关部门和各区按照职能分工，确保规划目标任务有方案、按计划、分步骤得到有效落实。

（二）强化规划实施支撑

强化资源要素保障。按照广州市战略性新兴产业重点产品和服务目录，加强战略性新兴产业的土地、资金和人力资源等要素保障。符合建设条件的战略性新兴产业项目优先安排建设用地指标，优先保障战略性新兴产业发展用地需求。

加强监测分析。建立和完善战略性新兴产业的统计指标体系和制度，加强产业监测与分析工作，及时掌握产业发展动态。

（三）加大财税保障力度

创新财政投入方式。设立市战略性新兴产业发展资金，发挥市产业转型升级引导基金、市科技成果转化引导基金、市知识产权质押融资风险补偿基金等各类财政扶持资金的政策引导作用，建立股权直接投资扶持为主，奖励、贷款贴息、补助等为补充的财政扶持体系，充分发挥财政股权投资资金的杠杆作用以及财政补助资金的引导和激励作用，合力保障企业融资需求，进一步促进战略性新兴产业发展。积极发挥政策性金融、开发性金融和商业金融作用，研究探索新的财政资金投资方式，提高投资效益。

落实国家税收优惠政策。全面落实企业研发费用税前加计扣除、高新技术企业所得税、进口设备减免税，以及国家关于对符合条件的创投企业采取股权投资方式投资于未上市中小高新技术企业实施税收优惠等国家其他促进战略性新兴产业发展的税收优惠政策。

（四）加强规划监督评估

做好对纳入规划的指标、平台、战略性新兴产业基地、政策措施和重大项目实施情况的跟踪监测，认真组织开展规划实施情况中期评估，及时总结规划实施情况，并认真查找实施过程中遇到的困难和障碍，积极向上级政府和主管部门争取更多政策支持。以三年行动计划、年度计划及年度重点项目计划为抓手，科学评价规划实施效果，及时发现问题，做好重大问题跟进研究和政策储备，确保规划目标任务顺利实现。

附件：广州市战略性新兴产业重点产品和服务指导目录（2016年版）（略）。

广州市人民政府办公厅
关于促进大数据发展的实施意见

(穗府办〔2017〕1号 2017年1月7日)

各区人民政府，市政府各部门、各直属机构：

　　大数据是国家基础性战略资源，是经济社会发展的重要基础。大力推进大数据的发展与应用，有利于广州提高产业集聚、科技创新、政府治理等方面的能力，对全力打造"三中心一体系"，进一步强化国家重要中心城市的功能具有重要意义。为落实《国务院关于印发促进大数据发展行动纲要的通知》和《广东省促进大数据发展行动计划（2016—2020年）》精神，加快我市大数据的发展与应用，经市人民政府同意，特制定本实施意见。

一、指导思想和发展目标

　　（一）指导思想

　　围绕国家重要中心城市的定位，以资源统筹、共享、开放为切入点，建立"用数据说话、用数据决策、用数据管理、用数据创新"的管理机制，通过释放政府数据红利，重点助力国际航运中心、物流中心、贸易中心和现代金融服务体系建设，激发大众创业、万众创新，培育经济发展新优势、新动力，为我市建设枢纽型网络城市提供有力支撑。

　　（二）发展目标

　　通过政府数据开放及应用引领，到2020年，打造出具有广州特色的大数据产业体系，成为全国大数据应用先行区、大数据创新创业示范区、大数据产业核心集聚区，同时，实现大数据与产业发展、政府治理及科技创新的紧密结合，建成具有国际竞争力的国家大数据强市。

序号	分类	目标	2018年	2020年
1	大数据产业体系	培育主营业务收入超过20亿元大数据相关龙头企业/家	7	10
2		培育主营业务收入超过亿元大数据相关骨干企业/家	20	30
3		大数据产业园区（小镇）/个	7	10
4		引进大数据高端人才数量/个	10	20
5	科技创新	大数据创新创业孵化平台/个	7	10
6		大数据企业技术中心、企业研发机构、工程（技术）研发中心、工程实验室、重点实验室和应用中心/个	3	6

二、主要任务

（一）夯实大数据基础设施，强化发展支撑能力

1. 加快政府大数据基础设施建设。建设广州市政府大数据中心，承载市政府信息化平台及政府大数据应用。建设全市政府数据汇聚平台，完善政府信息资源库，实现政府基础数据统一归集。建设政府数据综合应用管理平台，归集并分析处理政府、行业领域可用数据资源，促进政府数据资源和社会数据资源的高效流通和充分利用，支撑社会各行业的发展。建设大数据产业服务平台，整合各方资源，提高企业创新能力，加快产业优化发展。

2. 加快社会大数据基础设施建设。发挥大型互联网企业和基础电信企业的技术、资源优势，合理布局和集约化建设一批企业数据中心，

加速推进中国移动南方基地、中国电信亚太信息引擎、中国联通互联网应用创新基地等互联网数据中心建设，建成面向全国乃至亚太地区的云计算公共平台和大数据处理中心，保障城市基础功能及战略定位。支持和鼓励公共服务机构、行业协会、企业建设面向商贸、汽车、新材料、金融保险、精细化工、重大装备、现代物流、生物健康等行业领域的大数据公共服务平台，强化行业大数据服务能力。

3. 加快大数据科技创新平台建设。统筹政府、高校、市场等资源优势，建立大数据研究院，打造国际领先的大数据教育、科研创新和创业平台。支持企业联合高校及相关研究机构，建设一批大数据企业技术中心、企业研发机构、工程（技术）研究中心、工程实验室、重点实验室和应用中心。发展创客空间、开源社区、社会实验室、智慧小企业创业基地等创新创业载体，支持种子期、初创期大数据领域中小微企业发展。

（二）促进数据资源共享开放流通，释放重要生产力

1. 加快政府数据汇聚共享。依照《广州市政府信息共享管理规定》及实施细则的要求，推进政府数据资源目录体系建设，制定完善政府数据采集、处理、存储、利用等标准规范，逐步实现政府数据向政府数据汇聚平台归集，实现一数一源。开展政府数据资源共享开放绩效评估，加快市区两级政府数据资源的交换与共享，提高政府服务监管水平。

2. 释放政府数据红利。综合利用政府数据开放平台、数据汇聚平台、数据综合应用管理平台，以多种形式，安全、公平地对社会开放交通、人口、旅游、规划、医疗、教育、文化、商务、信用等方面的政府数据资源，鼓励社会对政府数据资源进行增值利用，实现以数据资源吸引龙头企业落户、以数据资源扶持产业发展、以数据资源带动行业创新。

3. 鼓励社会数据共享共用。开拓数据采集渠道，引导企业、行业协会、科研机构整合相关资源，结合政府脱敏后的公共数据资源，为企业提供行业大数据服务，激发大数据领域的创新创业活力。

4. 促进商业数据交易流通。健全数据交易流通的市场化机制，引导培育大数据公开交易市场，为企业提供在工具、技术、商业模式、融资、推广、数据交易、信息共享等方面的综合服务；探索开展大数据衍生产品交易，在跨境电商、航运物流、金融服务等领域率先开展数据交易试点，促进数据流通。

（三）推动大数据应用示范，促进产业转型升级，提高社会综合管理服务能力

1. 推动产业转型升级大数据应用

围绕广州"三中心一体系"以及国家创新中心城市的建设目标，通过大数据试点示范，推动大数据在工业制造、金融、商务、航运、物流等领域的创新应用，引导传统产业转型升级和新兴服务业态的发展。

工业大数据应用。紧紧围绕《广州制造2025战略规划》，重点推进大数据在工业领域的应用。鼓励企业通过挖掘和分析客户动态数据，创新研发设计模式，实现个性化定制。支持企业利用大数据进行虚拟仿真，优化生产工艺，降低成本和能耗。促进企业通过建设和完善研发设计知识库，实现设计数据在企业内部以及供应链上下游企业间的资源共享和创新协同，提升企业跨区域研发资源统筹管理和产业链协同设计能力。

金融大数据应用。通过政府监管数据、社会数据、行业数据及业务平台的融合，有效管控金融风险。推动大数据在银行业中的应用，优化运营。重点鼓励龙头企业打造中小企业投融资平台，通过整合相关数据帮助企业获得金融服务，着力解决中小微企业融资难、融资贵的问题。推动大数据在保险行业中的应用，防范保险欺诈行为。引导建设互联网金融集聚区，支持发展金融大数据存储备份、集中处理标准化服务等配套公共服务。

商贸服务大数据应用。支持企业基于大数据进行市场分析和调研，推动企业品牌市场定位的个性化和精准化；鼓励企业发展移动电子商务、社交电商、"粉丝"经济等网络新模式，提高市场营销水平；促进跨境电子商务发展。支持互联网、大数据企业开发基于商贸大数据的第

三方数据分析挖掘服务、技术外包服务和知识流程外包服务，为传统商贸企业提供全方位的大数据服务。

航运大数据应用。整合政务、物流、通关、交易、金融等领域数据，建设港航企业、船舶、车辆、从业人员、货物、通航环境、空间地理信息、电子海图等港航基础数据库。建立港航企业、港航服务机构、船舶、车辆、从业人员诚信数据库，促进港口生产作业的智能化。

物流大数据应用。充分利用大数据，推动物流企业和商贸企业间、物流企业间的配送信息与资源的互通共享，运用供应链信息化管理，降低流通成本。加快保税物流园区通关大数据应用，开展物流大数据应用试点示范，推进物流智能化，发展物流金融、物流保险、物流配送等物流新服务。

2. 推动政府管理服务大数据应用

以财政投资信息化项目资金为引导，支持政府部门开展大数据应用，提升政府决策、风险防控水平以及治理社会的能力。以政府数据资源为支持，鼓励市场提供与市民生活密切相关领域的大数据应用，实现政府公共服务的技术创新、管理创新和服务模式创新。

经济运行决策大数据应用。建设国民经济运行基础数据库，加强政府和社会数据资源的关联分析和融合利用，为经济运行动态监测分析、产业安全预测预警以及转变发展方式分析决策提供信息支持。

公共信用体系大数据应用。完善市级公共信用信息管理系统，建立公民、法人和其他组织信用档案，逐步实现信用信息的统一归集、发布、查询和异议受理。强化市场主体信用分类分级管理，建立跨地区、多部门的信用联合惩戒机制。积极培育第三方信用服务机构。

市场监管大数据应用。通过加强市场监管大数据分析，开展市场主体违法违规行为预警预判，共享工商登记、执法处罚、行政审批、信用评价等监管信息，推进跨部门协同市场监管，营造良好营商环境。

城市规划大数据应用。建设"多规合一"信息联动平台，整合国土规划、环保、教育、体育、卫生、林业园林、交通、市政、水务等多个部门的专业规划数据，形成全市规划"一张图"，推动城市规划一体化。

林业和园林大数据应用。基于最新的地形图、航测影像数据、数字高程数据、倾斜测量三维模型数据，结合现场测绘调查和日常业务，建立我市森林和绿地资源的动态更新和监管机制。通过开展森林和城市绿地碳汇的精确计量，构建和完善广州可计量、可核查、可报告的森林生态系统碳汇监测模型和大数据体系，从而为我市森林碳汇交易奠定基础，发挥林业产业的经济效益，提高林农收益。

治安治理大数据应用。运用大数据强化对涉恐涉稳重大事件的预警预测能力，完善社区网格化综合服务管理平台，构建区域化、扁平化、联动联勤、政社互动为特征的社区管理新模式。

食品药品管理大数据应用。深化食品药品监管大数据中心建设，实现基于大数据的应用和监管创新。逐步推进食品药品质量追溯和标志数据化，及时发现周期性、趋势性食品药品安全重点问题，排除安全隐患，降低食品药品安全风险，提高食品药品应急处置效率，提升食品药品风险监测能力和监管效能，保障食品药品安全。

社会保障服务大数据应用。完善涵盖养老、医疗保障、困难救助、定点医药机构综合管理业务的全民社保信息服务体系。促进大数据在劳动用工、社保基金监管、医疗保险、养老服务等社会保障服务领域的应用，打造精准治理、多方协作的社会保障新模式。

政务服务大数据应用。加快推进网上办事大厅和实体大厅融合，推动行政审批和社会事务服务事项实现网上全流程"一站式"办理，减少市民提交资料次数和到场次数。优化商事登记等行政审批信息平台，利用大数据手段推动行政管理流程优化再造，为企业提供"一站式"多证联办服务。深化政务服务数据分析利用，为领导决策、服务优化、推动行政审批改革提供决策支撑。

知识产权服务大数据应用。建设市知识产权公共服务综合应用平台；开发建设覆盖我市传统支柱产业、战略性新兴产业的专利数据库；强化我市知识产权信息资源的互通互联和整合共享，建设市知识产权大数据中心；面向全社会开展精确化的知识产权信息推送服务。

医疗健康服务大数据应用。推广电子处方、电子病历应用，推进广州市区域卫生信息平台与医保系统之间信息互联互通协同共享。加强基层卫生信息化建设，实现居民电子健康档案全覆盖。打造"广州健康通"品牌，探索第三方运营服务。

教育文化服务大数据应用。完善我市教育管理基础数据库，实现与省教育管理公共服务平台的数据互通共享，加强教育教学管理数据采集分析，为教育管理和科学决策提供全面准确的数据支持，完善基于广州"数字教育城"公共服务平台的优质数字资源共建共享机制，实现全市优质教育资源高度共享。推动各级文化文物文博公共服务机构开放可向公众开放的高价值数据。

交通服务大数据应用。整合相关数据资源，增强交通运输基础信息能力；推进交通公共数据合理适度向社会开放，鼓励社会机构创新应用；开展交通运输海量数据深层次的交互融合与挖掘应用，为政府行业管理、企业经营服务、市民出行提供支持服务。

旅游大数据应用。建设全市旅游公共服务大数据平台，开展对旅游客源地和游客消费偏好数据的收集、积累和分析，为旅游行政管理部门对旅游城市、重点景区游客流量进行监管、预警和及时分流疏导提供决策支撑。探索向旅游企业及电子商务平台开放交通、公安、气象、环保、景区等旅游相关数据资源。

（四）完善大数据产业链，打造具有竞争力的产业体系

1. 优化大数据产业布局，构建集聚优势

构建"一带双核多区"组团式空间结构。沿珠江创新带，依托广州开发区中新知识城、科学城、天河智慧城、天河中央商务区（国际金融城）、广州信息港、琶洲互联网创新集聚区、广州大学城、国际创新城、南沙科技创新中心园区等为核心的广州科技创新走廊，建设广州大数据产业的"东部大数据产业带"；以大学城为基础，利用广州国际创新城连接国家超级计算广州中心、广东省电子政务数据中心、广州市政府大数据中心，形成"大数据创新创业驱动核"；以中新知识城、广州科学城为基础，集聚一批大型数据中心、云计算、物联网企业，打造"大数据产业集聚发展核"；根据天河、海珠、南沙、白云、越秀、增城等区现有的优势，发展"一区一特色"大数据产业。

加快产业园区建设，引进培育龙头企业。支持各区政府或相关龙头企业依托现有产业园区建设大数据产业园区，着力打造集中式、专业化、低成本、高水准的大数据园区服务。以园区为基础，集聚优质资源和高端项目，形成具有国内、国际竞争力的大数据产业基地。争取到2020年大数据产业园区（小镇）达到10家。通过市区联动，整合资源，探索大数据招商服务新模式，吸引国内外大数据服务供应商、解决方案提供商、硬件设备制造商落户广州，力争到2020年，主营业务收入过20亿元的大数据龙头企业超过10家，主营业务收入过亿元的大数据骨干企业超过30家。

2. 开展示范建设，加快产业集聚

整合医疗数据，试点向生物岛医疗产业集聚区开放，做强做大生物医疗产业；整合政府、社会工业相关数据，试点向广州开发区云埔工业区、西区产业园以及白云区民营科技园等工业制造业优势明显的产业园区开放，打造工业大数据应用示范区；整合政府、社会电商相关数据，试点向海珠区琶洲互联网创新集聚区开放，发展电子商务大数据示范应用；充分发挥越秀区、天河区政府信息化应用以及信息咨询服务业的优势，打造大数据应用服务示范区；充分发挥天河区互联网产业核心区的优势，以天河软件园为中心，打造大数据软件开发示范区；充分发挥番禺区思科（广州）智慧城、广汽乘用车、广州国际汽车零部件产业园（番禺区）等先进制造产业集聚区优势，打造广州"大数据+智能制造"应用示范；充分发挥南沙区国家自贸区的优势以及广州数据交易平台的作用，打造大数据资源交易示范区。

3. 推进产学研结合，加快产品研发创新

充分发挥广州大数据产业协同创新联盟的作用，推动大数据产学研结合，开展大数据关键技术、解决方案等研究，重点突破大规模数据采集、预处理、存储管理、分析挖掘、结果展现等关键共性技术，以及云计算下大数据安全防护核心技术，建立大数据关键技术专利池，形成安全可靠的自主核心大数据技术体系。

（五）加强大数据安全防护，提高安全保障能力

1. 建立大数据制度规范体系。根据国家有关规定，明确各方责任义务，明确数据安全的保护范围、主体、责任和措施，确保涉及国家利益、社会安全、商业秘密、个人隐私等信息受到合理保护。

2. 完善大数据安全管理机制。落实信息安全等级保护、风险评估等网络安全制度。明确数据采集、传输、存储、使用、开放等各环节保障网络安全的范围边界、责任主体和具体要求。完善安全保密管理规范措施，切实保障数据安全。

3. 加强关键基础设施数据保护。加强政府网站的安全认证和关键数据的安全保护，加强大数据环境下防攻击、防泄漏、防窃取的监测、预警、控制和应急处置能力建设。基于政府信息化云平台构建全市统一的数据灾难备份中心，提高政府及涉及国计民生等基础数据的保护能力。

4. 打击违法犯罪行为。坚持依法监管，严厉打击网络攻击破坏、电信网络诈骗、滥用数据、窃取和售卖企业与个人信息、侵犯隐私等行为。

三、保障措施

1. 加强组织保障。充分发挥市工业和信息化发展联席会议作用，成立专门工作小组统筹领导全市大数据发展各项工作，领导小组办公室设在市工业和信息化委。编制年度大数据发展实施计划，由市工业和信息化发展联席会议办公室定期组织对各区及各部门落实实施意见的情况开展专项督查，通报督查情况。充分发挥大数据产业联盟的作用，成立大数据专家委员会，开展大数据领域政策、技术及前沿战略的研究，通过技术、市场、资本、人才等多种方式，促进联盟内部产业链上下游之间的合作，通过产业链垂直整合和创新资源优化组合，做强产业链，促进行业发展。

2. 加强财政支持。发挥专项扶持资金和产业基金的引导作用，带

动社会资金参与大数据产业建设，通过建立大数据示范应用项目库的方式，引导各类资金科学合理投放，提升广州大数据基础设施、关键技术、企业培育、人才培养等建设水平。

将大数据应用纳入战略新兴产业、科技和创新发展、工业和信息化发展等专项资金的重点支持领域，充分利用现有的专项资金，引导和支持企业推进大数据的应用，发展我市的大数据产业。鼓励各区政府制定大数据发展扶持专项政策。

3. 加强人才建设。加强对大数据高端人才和团队的培育和引进，逐步培养大数据研究型、实操型、专业型人才。支持高等院校设置相关专业以及博士后科研流动站、重点实验室等人才发展平台，培养大数据研究型人才，到2020年，高校人才发展平台不少于5个。鼓励企业自行培养或与高等职业技术学院开展订单式人才培养，打造一支面向生产、服务第一线的大数据实操型技术人才队伍，到2020年，实操型人才培训基地不少于3个。鼓励社会机构开展大数据相关认证培训，不断促进大数据专业技术人才的发展。根据市有关人才政策规定，对符合条件的大数据产业领军人物来穗创业给予资助和奖励；为符合条件的大数据产业领军人才办理引进人才入户提供"绿色通道"。

4. 加强交流合作。以应用示范带动大数据的宣传教育，举办工业等领域大数据应用优秀项目成果展，在全社会树立大数据意识。通过各种招商平台以及多种媒介方式，宣传和推介广州市产业政策和投资环境。加强与国内外相关组织的合作，组织相关机构和人员到国内外进行大数据学习交流。

广州市人民政府关于创新重点领域投融资机制鼓励社会投资的实施意见

(穗府〔2017〕3号　2017年1月17日)

各区人民政府，市政府各部门、各直属机构：

为贯彻落实《国务院关于创新重点领域投融资机制鼓励社会投资的指导意见》(国发〔2014〕60号)、《广东省人民政府关于创新重点领域投融资机制鼓励社会投资的实施意见》(粤府〔2016〕12号)精神，推进我市供给侧结构性改革，切实转变政府职能，促进"十三五"重点领域建设，促进形成有效投资，结合本市实际，现提出以下实施意见。

一、总体要求和主要目标

(一) 总体要求

按照中央和省的部署，围绕建设国家中心城市目标，着眼于强化中心城市核心功能，聚焦补短板、调结构，鼓励社会资本特别是民间资本有序参与，扩大重点领域投资，推动重大生产力布局取得突破，增加公共产品有效供给，提高政府公共治理能力，提高资源配置方式和水平，持续增强经济发展活力和动力。

(二) 主要目标

——建立公平开放透明的市场规则。打破行业垄断和市场壁垒，依法放开重点领域相关项目的建设和运营市场，推出一批前期工作扎实、实施条件成熟、投资回报渠道明确、运营公开透明的项目，公平择优选择投资人，为各类资本创造权利平等、机会平等、规则公平的投资环境。

——突出企业投融资主体地位。着力在交通运输、市政设施、城市更新、能源设施、信息基础设施、社会事业、重点功能区开发等7大重点领域分类率先突破，强化项目策划和储备，突出企业投融资主体地位，在重点领域形成多元主体和适度竞争的格局。

——优化政府投资使用方向和方式。创新投资运营机制，探索更多政府投资途径，实现政府投资从"补建设"向"补运营"转变，以服务绩效评价作为财政资金支付依据，提高财政资金使用效益，防范和化解政府性债务风险。

——形成可复制推广的投融资机制。坚持市场化运作、多元化投资、专业化建设的方向，主推增量、盘活存量，出台落实配套政策，拓展项目融资渠道，完善价格形成机制和社会资本退出机制，以示范项目的带动效应促进投融资体制机制创新。

二、重点投资领域

（一）交通运输

1. 城市轨道交通（含新型有轨电车）

——在新一轮轨道交通建设中，选择部分线路，试点引进具有较强投融资能力和丰富经验的行业内骨干企业与广州地铁集团合作组建项目公司，承担轨道交通投资、建设、运营任务。

——贯彻落实《广州市人民政府办公厅关于印发推进广州市轨道交通沿线物业综合开发的实施意见的通知》（穗府办函〔2015〕55号），落实"地铁+物业"的开发模式。做好新一轮轨道交通站点、车辆段上盖、出入口、风井风亭、连接隧道及地下空间一体化规划设计、一体化开发建设方案。将土地划拨、协议出让、公开出让、作价出资或租赁给轨道交通建设运营主体，综合体开发收益用于轨道交通建设和运营补亏。

——加强城市轨道交通沿线及站场周边地块的综合开发。由市土地开发中心统一进行土地收储，通过公开招标，吸引社会资本参与土地综合开发和基础设施建设，通过土地公开出让和开发筹集轨道建设资金。

——大力发展轨道交通车辆、设备的融资租赁。加快组建专业性的轨道交通融资租赁机构。对新建项目的车辆、机电设备和信号系统，积极采用直接租赁方式，所获得融资由企业经营性资金偿还。对已建成项目，鼓励通过售后回租方式盘活存量资产。鼓励社会资本通过股权投资等方式投资轨道交通融资租赁产业。

——已建成的城市轨道交通线路，通过售后回租、资产证券化等方式盘活存量资产。

2. 国铁、城际轨道交通

——筹建我市轨道交通企业投资主体，承担国铁、城际轨道交通项目的投融资、建设、运营与管理任务。

——开展以国铁、城际轨道交通功能为主的综合交通枢纽的改造、建设与综合开发，完善城际轨道交通零换乘枢纽体一体化规划、设计、开发方案，由轨道交通投资主体统一开发建设，筹措城际轨道交通建设与运营补亏资金。

——国铁、城际轨道交通枢纽周边地块由市土地开发中心统一储备，通过公开招标，吸引社会资本参与土地综合开发和基础设施建设，通过土地公开出让和开发筹措国铁、城际轨道交通建设资金。

——积极开展国铁、城际轨道交通车辆、设备融资租赁，所获得融资由企业经营性资金偿还。

——已建成的国铁、城际轨道交通线路，通过售后回租、资产证券化等方式盘活存量资产。

3. 航空

——鼓励社会资本参与通用航空项目投资建设，在税费优惠、财政补贴等方面享有与国有资本同等待遇。

——探索实行"主体运营＋经营性配套资源＋特许经营权"的土

地综合开发模式，鼓励社会资本参与南沙新区商务机场、机场配套服务设施以及通用航空固定运营基地建设。

——设立广州空港经济区基础设施投资基金，参与空港经济区土地综合开发和基础设施建设。

——设立广州航空产业基金，促进广州航空产业资源和金融资本对接融合。

4．港口

——鼓励社会资本参与南沙江海联运码头、汽车物流码头等功能性码头和配套产业园区的投资建设。

——鼓励社会资本投资南沙国际邮轮码头、长洲岛新担涌游艇码头工程，通过物业综合开发、航线、票务收入依法获取投资回报。

——鼓励社会资本投资建设港口基础设施、物流园区及临港产业项目。

——吸纳社会资本设立航运产业基金和航运担保基金，积极开展航运物流、股权投资和商业并购。

5．高速公路

——鼓励社会资本投资建设经营性高速公路。积极争取省、市、区财政对高速公路建设资本金的补助扶持。

——将车辆通行费收费权、高速公路红线范围内加油站和服务区经营权、广告经营权，高速公路出入口公共交通导向（TOD）开发权等各项权益与高速公路特许经营权结合，增强项目对社会资本的吸引力。

（二）市政设施

6．水处理设施

——自来水厂，发挥市属国有企业的积极作用，坚持"供水一城一网"，统一整合和优化配置城市供水资源。

——新建污水处理厂、再生水厂、中水厂，鼓励社会资本参与投资、建设、运营。

——在建和已建成的污水处理厂，探索采用委托经营（OM）、转让—经营—移交（TOT）等方式引进市场主体。

——污泥处理项目探索采用设计、采购、施工（EPC）总承包模式，经生产运行考核合格后确定投资主体。

——完善污水处理费价格调整机制，综合考虑厂区、管网的建设和运营成本合理定价。

——以重点产业园区工业废水治理为突破口，探索环境污染第三方治理和环境服务试点，为社会资本创造更多的市场化条件。

7. 垃圾资源化利用和处理

——新建生活垃圾、餐厨垃圾、建筑垃圾、工业垃圾、医疗垃圾、污泥垃圾、电子垃圾处理设施和垃圾资源物流中心，鼓励采用特许经营、政府购买服务、运营补助的方式引入社会投资。

——优化垃圾处理物流调配机制和异地处理补偿机制，完善各环节成本分担与定价核算，促进垃圾处理与收运一体化。

——探索采用政府和社会资本合作（PPP）模式提供城市环卫保洁和垃圾收运一体化服务。

8. 水利工程、河涌综合整治

——盘活现有水利工程国有资产，通过股权出让、委托运营、整合改制等方式吸引社会资本，筹集资金用于新开工项目建设。

——鼓励社会资本投资广州市生态调蓄湖工程、湿地工程，将特许经营权与旅游、游乐等经营性配套资源相结合，增强项目盈利能力。

——在广佛跨界河涌、南粤水更清行动计划河涌整治、车陂涌综合整治工程中积极推广第三方治理和PPP模式。

——推进项目管养、维护社会化。

9. 地下综合管廊

——结合新建改建道路、城市更新、功能区开发、大型地下空间开发、城市轨道交通、河道治理同步规划、设计、建设综合管廊。

——制定入廊管线单位的入廊费标准和运营维护费标准。通过管线单位缴纳入廊费、运营维护费、维修基金，政府可行性缺口补助、配套设施租售收益等方式提高项目运营收入，吸引社会资本参与投资。

——鼓励综合管廊投资主体发行城市地下综合管廊建设专项债券、

企业债券、项目收益债券、可续期债券等专项债券,募集资金用于地下综合管廊建设。

10. 海绵城市

——采取与经营性资源整体打包,财政补贴、申请国家资本金专项建设基金等方式,支持社会资本参与海绵城市项目投资、建设、运营。

——鼓励设计单位、施工企业、制造企业与金融资本结合,组建具备综合业务能力的联合体,通过施工总承包等方式,发挥海绵城市项目建设整体效益。

——做好全国海绵城市试点申报工作。

11. 停车场

——制订广州市停车场建设专项规划。结合大型综合交通枢纽地下空间开发及配套设施工程,城市轨道交通外围驻车换乘(P+R)站点,医院、学校、广场、公园建设,提高公共停车设施配建供应比例。

——出台《广州市停车场建设和管理规定》,逐步形成配建为主、公共为辅、道路停车为补充的停车供给格局。

——建立合理的停车土地供应、收费、管理、投融资机制,吸引社会资本投资公共停车场,推动停车发展社会化、产业化。

12. 市政道路

——推动市政道路运营维护按规定实行PPP模式和政府购买服务,所需资金通过原渠道在财政预算中统筹解决。

——推动市政设施管理事业单位向独立核算、自主经营的企业化方向转变。

13. 园林绿化

——在保障生态效益、保护森林资源的前提下,支持符合条件的农民合作社、林业企业投资森林公园、生态景观林带、森林碳汇工程,发展林下经济、森林旅游等生态产业。

——结合文化旅游、地下停车场、地下商铺、地下人防工程整体实施城市公园建设,形成文化、休闲、交通、商业配套于一体的综合服务功能。

——鼓励社会资本以认建、认养林木绿地等多种方式参与公共绿地景点改造、维护。

14. 地下空间开发

——在符合规划的前提下，鼓励社会资本参与各类民用建筑、公共建筑地下空间开发。

——研究地下空间工程投资、开发、建设、运营一体化方案，研究规划设计条件和土地出让方式。

——明确地下空间工程和人防工程所有权、使用权等权属关系，保障社会投资人的合法权益。

15. 公交站场

——建设包括公交集散、公交调度、公共停车、商业服务功能于一体的新型综合性公交站场。

——鼓励产权单位对已投入使用的公交站场进行升级改造，完善公交站场功能，提高土地综合利用水平。

——制定公交站场用地综合开发政策，从供地、规划、建设、资金等多个环节给予支持。

16. 其他项目

——供冷、供热、供气等具备一定收费机制的市政基础设施项目，在政府加强规划主导的前提下，通过公开招标、竞争性谈判等方式择优选择特许经营者。对项目的收费标准进行动态调整，保障项目合理收益。

——鼓励采用政府购买服务方式，对道路清扫保洁、公厕管理、市政照明、道路桥梁维护、园林绿化养护等市政公用设施管养项目实行社会化管理。

（三）城市更新

17. 全面改造、微改造与危破旧房改造

——调动旧城镇、旧厂房、旧村庄原土地使用权人的积极性，鼓励以项目预期收益和功能置换、功能调整收益进行项目融资。

——加强与金融机构的合作，探索设立城市更新基金，推广采用政府购买服务的方式，充分利用国家开发银行棚改资金贷款、建设银行城镇化贷款等中长期政策性贷款。

——吸引有实力、信誉好的房地产开发企业和其他社会力量参与城市全面改造、微改造与危破旧房改造。引导金融机构创新贷款投放和担保方式，促进人居环境改善和岭南文化保护。

18. 土地综合开发与基础设施建设

——扩大"三规合一"成果应用，在规划对城市空间布局的引领下，发挥政府主导作用，科学规划、化零为整，统筹实施土地综合开发项目。

——创新土地综合开发方式，通过运营征转、社会存量房屋收购、土地置换、政府购买服务等多种渠道实现项目市场化运作。

——结合土地综合开发，一并实施土地平整、地下空间开发、安置房建设、市政设施、景观绿化工程、公共服务设施工程，提高土地利用效率，促进土地价值、城市建设水平和区域开发水平的整体提升。

——根据区域产业规划和产业发展实际情况，结合土地综合开发安置区建设，推动关联产业集聚发展。

19. 特色小镇

——在美丽乡村经验基础上，加强政府引导、借助市场化运作，鼓励各类社会资本参与打造生产、生活、生态融合发展，产业特色鲜明的广州特色小镇。

——提高特色小镇在产业发展、商业配套、交通设施、公共服务等方面的投入水平。

——形成归属明晰、权责明确、监管有效的产权制度，保障社会投资人的合法权益。

20. 城市棚户区

——在城市棚户区改造中大力推广政府购买服务模式。

——鼓励企、事业单位使用自有资金筹建公共租赁住房、拆迁安置房。

——以广州列入国家新型城镇化综合试点地区为契机，各区根据实际需要建设来穗人员公寓，支持社会资本将符合条件的商品住房改造为城市棚户区安置房和公共租赁住房房源。

——按照国家规定，落实城市棚户区安置房、公共租赁住房建设、运营、管理涉及的各项行政事业性收费和政府性基金免缴政策以及税收减免政策。

（四）能源设施

21．能源项目
——鼓励社会资本参与天然气分布式能源站、加油加气站、太阳能分布式光伏发电、生物质能开发利用、新能源汽车公共充电设施等能源项目建设。
——社会资本投资建设太阳能分布式光伏发电项目且已纳入规模管理的，实行与国有资本统一的补贴标准。

22．合同能源管理
——以公共机构、大型公共建筑和用能大户为重点，大力推行项目合同能源管理，对采用新技术、新装备实施重大示范项目的节能服务机构，通过节约的能源费用给予投资补助和节能量奖励。

23．充电设施
——优先在大型商场、超市、文体场馆等建筑物的停车场以及交通枢纽、驻车换乘（P+R）公共停车场建设机械式、立体式停车充电一体化设施。
——引导社会资本参与充电设施建设运营，形成适度超前、车桩相随、智能高效的充电设施体系。
——设立融资担保基金，推广融资租赁、发行企业债券、项目收益权质押等多渠道融资方式。

（五）信息基础设施

24．智慧城市
——支持国有通信、电信企业引入战略投资者，加快光纤、电缆、数据中心、基站等信息基础设施建设，布局基于互联网、云技术、大数据的智慧城市产业。

25. 三网融合

——支持社会投资者投资建设与电信网、广播电视网、互联网"三网融合"有关的公共服务平台。

26. 云服务

——支持社会投资者投资北斗卫星导航与位置服务产业公共平台、高分专项数据与应用公共服务平台、卫星遥感公众云服务平台。

（六）社会事业

27. 教育设施

——根据《广州市人民政府关于促进民办教育发展的意见》（穗府〔2014〕12号），鼓励社会力量兴办教育。

——市区两级财政部门加大教育发展预算资金安排力度，推动民办教育规范、优质发展。

——保障民办教育机构在用水、用电、用气等方面与公办教育机构享有同等待遇。

——鼓励社会资本与广州教育城投资公司合作，参与广州教育城基础设施建设。

28. 医疗卫生设施

——根据《广州市人民政府办公厅关于印发进一步鼓励和引导社会资本举办医疗机构实施办法的通知》（穗府办〔2013〕27号），鼓励社会资本举办医疗机构，实施品牌发展战略。

——逐步放开区域卫生规划、医疗机构设置规划对社会办医的限制。规划调整和新增医疗资源时优先考虑引进社会资本。

——将符合条件的社会办医疗机构纳入医疗保险定点范围。

29. 养老设施

——积极抓好全国养老服务业综合改革试点工作，引导社会资本以老年人养老服务需求为导向投资社会养老服务市场，支持社会资本兴办养老机构。

——探索将公办养老院、农村敬老院交由社会力量承接运营。

——支持社会资本参与社区居家养老服务，承接政府举办的社区养老服务设施,提供社区居家养老服务。

30. 文化设施

——采取公建民营、委托管理等方式引进社会力量参与公共文化服务设施建设,配置特许经营权、广告权、冠名权等经营性资源。

——鼓励社会资本在经营性公共文化场所实行连锁经营、联盟合作。

(七)重点功能区

31. 中国(广东)自贸试验区南沙片区

——开展PPP模式先行先试,积极吸引各类社会资本参与自贸区南沙新区片区海港区块、明珠湾区块、庆盛枢纽区块、万顷沙保税港加工制造业区块等土地综合开发和基础设施建设项目。

——加大自贸区南沙新区片区金融开放创新力度。开展内外资融资租赁改革试点、跨境电子商务改革试点。探索跨境人民币创新业务,推动自贸区南沙新区片区与港澳地区开展双向人民币融资。

——在自贸区南沙新区片区试点发行多币种的产业投资基金,引导各类创业投资、产业投资、股权投资基金参与,推动自贸区南沙新区片区现代产业发展。

32. 空港经济区

——通过PPP模式加快空港经济区起步区土地综合开发与基础设施建设。

——积极吸引各类社会资本参与空港经济区航空装备制造业和航空维修、航运物流、航空金融等航空服务业。符合产业发展方向的,可获得广州市战略性新兴产业发展资金扶持。

33. 广州开发区、增城开发区

——开展PPP模式先行先试,鼓励社会资本参与广州开发区、增城开发区重点产业园区投资建设。

——创新产业园区开发建设模式,引入金融资本、产业资本进行专业园区的整体开发运营。

——针对产业园区发展特点,灵活采取政府管理、企业管理、混合管理等多种建设运营管理模式。

——鼓励社会资本参与广州开发区、增城开发区土地综合开发和基础设施建设。

三、政策支持

（一）建立项目生成和评估论证机制

1. 对重点领域项目的必要性、可行性、经济性、组织实施要求进行充分研究论证，挖掘项目运营的商业价值，提高项目收益、形成投资回报。

2. 对于拟由政府投资安排的经营性、准经营性项目，在立项阶段，同时提出政府投资和引进社会投资两套方案进行比选论证。

3. 对于适合投资、开发、建设、运营一体化的项目，研究规划设计条件和土地出让方案。

（二）土地供应

4. 符合《中华人民共和国城镇国有土地使用权出让和转让暂行条例》（国务院令第55号）等相关文件规定的，轨道交通项目中的车站、轨道线路，驻车换乘停车场及其他公益性公共停车场，非营利性的医疗、养老、教育、文化、体育设施等属于可按划拨方式供地的项目，经社会投资人申请可按协议出让方式供地。

5. 轨道交通综合利用部分按程序采取划拨、协议出让、公开出让、土地作价出资或租赁等方式供地。依据轨道交通综合利用部分的主用途确定供地方式。主用途可依据建筑面积占比确定，也可依据功能的重要性确定，确定主用途的结论和理由写入供地方案，经批准后实施。

6. 综合交通枢纽一体化项目用地，在招标确定项目一级开发主体，完成一级开发，达到公开出让条件后，按程序公开出让。

7. 以划拨、协议出让方式取得土地使用权后，不改变土地用途。建成的项目经依法批准可以抵押，土地使用权性质不变，待合同经营期满后，连同公共设施一并移交政府。

8. 鼓励土地使用权人利用自有土地实施项目建设。企业利用自有划拨用地上已建房屋吸引社会资本，兴办营利性的医疗、养老、教育、文化、体育设施，在符合城乡规划的前提下，可按协议出让方式补办土地有偿使用手续。

9. 支持探索租赁方式供地。营利性养老设施和体育设施用地可采取租赁方式供应。社会资本举办的非营利性养老机构可依法使用农村集体建设用地。

10. 不符合划拨用地目录的项目，以租赁方式取得土地使用权的，由市国土规划部门编制供地方案、签订土地出租合同并开展用地供后监管，租金收入参照土地出让收入纳入政府性基金预算管理。

（三）价格政策

11. 按照补偿成本、合理收益、优质优价、节约资源、公平负担的原则，逐步理顺重点公共服务领域价格。

12. 适时调整市政基础设施以及非居民用水、用气、用电价格，使价格覆盖运营成本。

13. 放开社会资本兴办的养老、医疗、民办学历教育等服务价格。

（四）服务量计量

14. 合理确定项目基本服务量，如客流（轨道交通项目、综合交通枢纽站点、高速公路）、水量（污水处理、再生水设施）、处理量（垃圾处理、污泥处理）、床位数（医疗卫生设施、民政设施）。

15. 加强对实际服务量的核定，实际服务量低于基本服务量时，启动补贴机制；实际服务量超出基本服务量一定水平时，启动企业收益分享机制，合理调节社会投资者收益水平。

（五）税费政策

16. 从事《公共基础设施项目企业所得税优惠目录》规定项目的投资经营所得，自取得第一笔生产经营收入所属的纳税年度起，第一年至第三年依法免征企业所得税，第四年至第六年依法减半征收企业所得税。但企业承包经营，承包建设和内部自建自用的不享受上述优惠政策。

17. 社会资本投资建设公共交通、市政设施、环境保护等城市基础设施项目的，市、区可按规定免收城市公用事业附加收入、市政配套费、污水配套费等费用。

18. 企业从事医疗服务、养老服务、民办教育服务和文化场馆经营的，符合国家免税规定的收入可免征增值税。保障性住房建设用地，按规定可免征城镇土地使用税。企事业单位、社会团体以及其他组织将旧房转变为保障性住房房源的，按规定可免征土地增值税。

19. 企业通过政府和社会资本合作方式投资建设城市基础设施项目涉及的税费，符合国家政策规定的，市、区有关征收部门严格按规定给予减免，并积极向上级部门争取减免。

（六）实施平台

20. 支持广州公共资源交易中心、广州股权交易中心、广州碳排放交易所、广州金融资产交易中心等机构作为政府和社会资本合作项目的交易平台做大做强。

四、保障措施

（一）加强工作统筹管理和组织协调

1. 根据第14届223次市政府常务会议纪要，由市发展改革委牵头会同市财政局、国土规划委、住房城乡建设委、法制办等有关部门，成立广州市PPP项目工作小组，市发展改革委主要负责同志任组长，按照"公平、公正、透明，社会、企业、政府多赢"的原则，研究拟订广州市各项PPP项目方案。实施方案按要求经专业机构评估论证，且经小组成员2/3以上票决同意的PPP项目，可提交市政府常务会议审议。

（二）完善引进社会投资的项目储备

2. 建立重点领域、重大项目引进社会投资的项目台账和储备项目库，编制年度实施计划和三年滚动计划，形成"开工一批，储备一批，策划一批"的循环机制。

3. 对于纳入广州市PPP储备项目库的项目，逐一落实实施主体，推动项目前期工作开展和社会资本选取。

4. 建立广州市PPP项目市、区分级审批制度。由市政府行业主管部门、市属国有企业策划、发起，市财政资金予以支持的PPP项目，由市负责审批；由区政府行业主管部门、区属国有企业策划、发起，区财政资金予以支持的PPP项目，由区负责审批。

（三）优化财政资金支持方式

5. 鼓励社会资本投资的重点领域，市财政结合项目实际情况给予一定比例的资本金支持。

6. 创新用于城市建设维护的财政资金分配方式，逐步实现从"补建设"向"补运营"转变。建立政府投资、购买服务、收费、价格、补贴协同制度，以多种方式支持政府和社会资本合作项目开展。

7. 将政府与社会资本合作项目必要的政府付费、可行性缺口补助纳入市财政预算安排落实，建立跨年度预算平衡机制和动态调整机制。

（四）合理控制财政支出责任

8. 按照积极稳妥的原则，组织好PPP项目、政府购买服务项目的财政承受能力论证。在科学预测财政收支总量及增长潜力的基础上，合理确定项目规模，将财政支出责任控制在财政可支撑、可承受范围内。市、区发展改革部门会同财政部门，按照积极稳妥的原则，合理确定PPP项目的数量和规模，将PPP项目财政支出责任纳入中期财政规划，确保不发生财政风险，实现政府和社会资本合作项目规范、有序发展。

9. 结合中央、省有关政策文件与广州财政资金条件、政府负债情况，适度控制PPP模式融资规模，综合平衡资金借、用、管、还，权衡比较各种融资模式利弊，形成科学、合理、可持续的投资组合，发挥PPP项目的经济效益和社会效益。

（五）促进项目信息发布和股权交易平台建设

10. 通过广州公共资源交易服务平台，做好对社会资本开放项目的定期发布，及时公开我市产业政策、发展规划、投资项目、优惠措施、资金要求等信息。

11. 以广州股权交易中心为平台，通过股权交易、增资扩股等方式引入社会资本及实现依法退出。

（六）加强项目造价、质量、工期的全过程监管

12. 发展改革部门、建设主管部门、财政部门、行业主管部门根据规定职责，参照同行业标准，在PPP项目实施全过程中加强对社会投资者提供的产品和服务的造价、成本、质量监审。

13. 严格合同变更程序，引进第三方评价，作为确定财政补贴、政府购买服务费用标准以及合作期限调整的参考依据。

（七）推动地方融资平台转型升级

14. 按照规范化、市场化、专业化的原则，推动地方融资平台实现市场化运营，提高投融资和可持续发展能力。

15. 对于已经建立现代企业制度、实现市场化运营的融资平台公司，在其承担的地方政府债务已纳入政府财政预算、得到妥善处置并明确今后不再承担地方政府举债融资职能的前提下，通过与政府签订合同、明确责权利关系的方式，可作为社会资本方参与PPP项目建设。

（八）加快信用体系建设

16. 实施《广州市社会信用体系建设规划（2014—2020年)》，建

立社会资本守信激励和失信惩戒联动机制，保证 PPP 项目规范有序推进。

附件：创新重点领域投融资机制主要任务工作计划表（略）。

广州市人民政府办公厅关于促进医疗卫生和养老服务相结合的实施意见

(穗府办〔2017〕6号 2017年2月16日)

各区人民政府，市政府各部门、各直属机构：

为贯彻落实《广东省人民政府办公厅关于促进医疗卫生与养老服务相结合的实施意见》（粤府办〔2016〕78号）、《广州市人民政府关于加快养老服务业综合改革的实施意见》（穗府〔2015〕27号）等有关文件精神，结合我市实际，经市人民政府同意，现提出以下实施意见。

一、指导思想和工作目标

（一）指导思想

全面贯彻全国卫生与健康大会精神，坚持"保障基本、统筹发展，政府引导、市场驱动，深化改革、创新机制，试点先行、以点带面"的原则，把保障老年人基本健康养老需求放在首位，按照"以居家养老为基础，以社区养老为依托，以机构养老为补充"的思路，通过促进医疗卫生与养老服务的紧密对接和资源整合，激发各类服务主体的潜力和活力，推动医养融合发展，切实提高医疗卫生和养老服务机构的服务水平，满足人民群众多层次、多样化的健康养老服务需求。

（二）工作目标

到2017年，初步实现医疗卫生和养老服务的有效结合，老年人健康服务可及性明显提升，培养一批符合需求的专业化医养结合（老年护理）人才，养老机构中护理床位达到60%以上（其中公办养老机构达到80%以上），80%以上的医疗机构开设为老年人提供优先挂号、优先就医等便利服务的绿色通道。基层医疗卫生机构为居家老年人提供上门服务能力不断增强，65周岁以上老年人家庭医生签约服务覆盖率和健康管理率达60%以上。80%以上的养老机构能够以不同形式为入住老年人提供医疗卫生服务，80%以上符合条件的养老机构内设医疗机构纳入医保定点范围。具备医养结合服务功能的居家养老综合服务平台全市覆盖率达80%以上。

到2020年，实现医疗卫生和养老服务的深度结合，基本适应老年人健康养老服务需求。具备养老功能的医疗机构和具备医疗功能的养老服务机构的服务覆盖城乡，医养结合人才的培养、储备、使用形成机制。每千人口公立中医医院床位数达到0.55张，社区卫生服务中心设置中医综合服务区比例不低于85%。争取所有的医疗机构开设为老年人提供优先挂号、优先就医等便利服务的绿色通道。基层医疗卫生机构为居家老年人提供上门服务的能力显著提升，65周岁以上老年人家庭医生签约服务覆盖率和健康管理率达到80%以上。所有养老机构能够以不同形式为入住老年人提供医疗卫生服务，符合条件的养老机构内设医疗机构全部纳入医保定点范围。具备医养结合服务功能的居家养老综合服务平台全覆盖。

二、工作任务

（一）建立健全医疗卫生机构与养老服务机构合作机制。进一步规范养老机构与医疗机构合作形式与内容，逐步建立服务协作机制、人才培养合作机制、老年人照顾需求等级评定机制和护理转移机制。已内设医疗机构的养老机构根据医疗康复实际需求，与周边医疗机构建立健全急救急诊、预约就诊、双向转诊、定期巡诊、业务指导等合作机制，有条件的可配备救护车、急救设施设备，确保老年人能够得到及时有效的医疗救治，消除和降低医疗安全隐患。将符合条件的养老机构内设医疗机构纳入医疗联合体建设，鼓励各类养老服务机构与各级医疗卫生机构建立医疗养老联合体；不具备条件设立内设医疗机构的养老机构，应就近与医疗卫生服务机构签订合作协议，通过以定期巡诊、上门服务为主，辅以开设全科医生工作室、建立急救通道等方式，满足入住老人的基本医疗卫生服务需求。鼓励各级各类医疗卫生机构为老年人提供健康体检、医疗、康复和临终关怀服务。

（二）积极推进养老服务机构提供医疗、康复、护理服务。支持有条件的养老机构申请设立相应的内设医疗机构，提升养老机构的医疗卫生服务能力。鼓励养老机构根据服务需求和自身能力，按规定申请开办各类医疗机构，提高养老机构提供医疗、康复、护理服务的能力。床位在500张以上的大型养老机构必须创造条件建设内设护理院、医务室、门诊部，符合条件的可设置老年病医院、老年病康复医院。鼓励其他养老机构设立相应的诊所、医务室、护理站等，为老年人提供老年保健，一般常见病、多发病诊疗、护理，诊断明确的慢性病治疗及急诊救护等服务。鼓励有条件的养老机构为社区、居家老年人提供上门康复、护理服务。养老机构内设的医疗机构符合医保定点条件的，可优先纳入医保定点范围。

（三）统筹医疗卫生与养老服务设施布局。加强民政、卫生计生、国土规划、住房城乡建设等部门在规划和审批等环节的合作，做好养老机构与医疗机构建设的规划衔接，统筹编制《广州市医疗卫生设施布局规划实施方案（2017—2020年）》。按照相邻就近原则，充分依托现有医疗资源，设置养老机构和社区居家养老服务设施，实现养老资源与医疗服务的优势互补。充分考虑现有养老机构的医疗需求，新增设置医疗机构时优先考虑老年疾病防治专科医疗机构，建立有利于医疗服务和养老服务双向转介的机制，全面推进医疗卫生和养老服务的深度结合发展。支持公立医院资源富余的区，发挥一、二级医院和专科医院专业和人才优势，转型为老年人护理院、老年康复医院或者开设医疗护理型病区，发展康复、临终关怀等老年医疗护理特色科室。

（四）提升基层医疗卫生机构医疗护理服务能力，推进老年人健康管理服务。有条件的社区卫生服务中心设立医养结合专区，参考养老院标准，探索按照护理要求通过购买服务形式划拨补助。发挥卫生计生系统服务网络和区域卫生信息平台优势，结合基本公共卫生服务的开展，为60周岁以上老年人建立健康档案，并提供健康管理服务。加大全科医师培养力度。2017年年底前出台推进家庭医生签约服务的实施意见，探索推进家庭医生团队入户为老年人服务制度，为老年人提供上门服务、开设家庭病床等，方便老年人获得连续、综合、安全、有效、便捷的医疗护理服务。支持基层医疗卫生机构与社区居家养老服务机构合作，推动开展老年心理健康与关怀服务，加强老年痴呆症等的有效干预。为社区居家高龄、重病、失能或部分失能、失智以及计划生育特殊家庭中行动不便或确有困难的老年人，提供定期体检、慢病诊治、上门巡诊、家庭病床、社区护理、康复指导、健康管理等基本医疗和基本公共卫生服务。规范为居家老年人提供的医疗和护理服务项目，将符合规定的医疗服务项目纳入医保支付范围。医疗机构为符合社区居家养老服务资助条件的高龄、失能、计划生育特别扶助的老年人，提供上门医疗、家庭病床等医疗服务，参照《广州市社区居家养老服务管理办法》，符合规定的康复护理、医疗保健等医养结合项目，可使用政府资助的社区居家养老服务补贴。

（五）试点建立长期护理保险制度。探索建立长期护理保险制度并出台系列配套政策，构建"五位一体"（服务供给、功能保障、政策支撑、需求评估、行业监管）的长期护理保险服务和管理体系。深化医疗保险支付制度改革，指导和支持医养结合机构纳入医保定点范围，规范服务行为，引导基层就医、社区养护，使符合规定的参保人员得到功能全面、层次丰富、便捷可达、行为规范的基本保障服务。

（六）充分发挥中医药健康养老作用。坚持养老与养生相结合，将中医"治未病"理念融入健康养老全过程，利用中医药技术方法全面提升老年人身心健康和生活质量。健全中医医院老年病科，增加老年病床位，提供形式多样、内容丰富的中医药健康养老服务。推动中医医院与养老机构之间的深层次合作，积极发展养生保健、康复服务。在养老机构内设的医疗机构开展结合中医药健康管理理念的老年人医疗、护理、养生、康复服务，有条件的可设立以老年病、慢性病防治为主的中医诊室。结合创建全国基层中医药工作先进单位和基层中医药服务能力提升工程，在基层医疗卫生机构大力推广中医药适宜技术，推进老年人中医药健康管理。

（七）鼓励社会力量兴办医养结合机构。鼓励社会力量针对老年人健康养老需求，通过市场化运作方式，举办老年病医院、老年康复医院、老年护理院、老年健康管理中心等医养结合机构。在制定医疗卫生和养老相关规划时，给社会力量举办医养结合机构设立发展预留空间。明确并向社会公开设置医疗机构审批程序、审批主体、审批资料和审批时限，加快办理医疗机构审批手续，优化、简化审批服务流程，减少审批环节，为社会办医提供一站式服务。探索通过特许经营、公建民营、民办公助等模式，支持社会力量举办非营利性医养结合机构，符合医保定点条件的，按规定纳入医保定点范围。支持社会力量办医疗机构，建立健康产业服务模式，鼓励具有一定规模的医养结合机构实行集团化、连锁化经营管理。

（八）鼓励医疗机构与养老服务融合发展。推动医养融合发展，为老年人提供健康检查、预防保健、治疗期住院、康复期护理、稳定期生活照料、安宁疗护一体化的健康和养老服务。充分调动现有医疗服务资源，采取多种形式实现医疗卫生与养老服务融合发展。鼓励有条件的残疾人医学康复机构与社区居家养老服务机构合作，为社区居家老人提供日间托管、医疗保健、康复训练等服务。提高基层医疗卫生机构康复、护理床位占比，鼓励二级以上医院、中医医院开设老年病科或临终关怀科，增加老年病床数量；有条件的医院开设老年病门诊，满足老年人慢性病防治、康复、长期护理和临终关怀等服务需求。各级医疗机构落实老年人医疗服务的优待政策，为老年人特别是高龄、重病、失能及部分失能老人提供就医便利服务；逐步建立医疗护理和养老服务转介评估机制，对出入院前后的老年人进行医疗护理、生活护理评估，给出评估及转介意见。积极探索建立护理转移机制，鼓励有条件的养老机构承接医疗机构内需要长期照护的失能、半失能老人，逐步解决医疗机构中老年人"压床"问题。加快推进对医院、社区医疗服务场所等与老年人生活密切相关的公共设施无障碍改造。加强医院社工和志愿者队伍专业化建设，2017年底90%以上的三级医院和50%以上的二级医院开展社工和志愿者服务。

三、保障措施

（一）加大政策扶持力度。全面落实与养老服务相关的各类政策，加大对医养结合机构在投融资、土地供应、财政补贴等方面的支持力度。探索对设置护理站的日间照料中心给予一次性建设补贴。老年病科床位纳入老年护理床位管理，探索给予运营资助。进一步完善家庭医生、家庭病床补助政策，为符合条件的老年患者建立家庭病床的医疗机构，探索定期给予运行补贴，已按《广州市民办社会福利机构资助办法》或者有关政策享受运营资助的，不重复资助。

（二）加强规划土地保障。制定《广州市养老服务机构设施布局规划（2013—2020年）》实施方案，按照"一地一策"原则，结合实际，稳步推进，分步实施。落实社区公共服务设施设置标准，新建城区和居住区的养老服务设施，按照每千人4.5张床位的标准配套建设老年人福利院（养老院）、日间照料中心以及老年人活动站点；老城区和已建成居住（小）区无养老服务设施或现有设施没有达到规划和建设指标要求的，加快通过购置、置换、租赁等方式开辟养老服务设施。

（三）重视人才队伍建设。探索通过政府购买服务等形式加强对各类养老服务机构中执业医生、执业护士、管理人员和养老护理人员的培训，不断强化医养结合发展的人才保障。鼓励综合医院和专科医院中具有一定工作年限、职称的执业医生和注册护士到养老服务机构中开设内设医疗机构或护理站，鼓励执业医师到养老服务的医疗机构中多点执业，并给予相应的岗位补贴。依托市医药卫生院校，加强医疗卫生和养老服务专业人才培养力度。鼓励大中专院校毕业生到养老服务机构和社区从事养老服务工作。养老机构内设医疗机构及其医护人员在继续教育、资格认定、职称评定、技术准入和推荐评优等方面，与其他医疗机构同等对待。建立政府购买退休医生、护士就近提供医养服务的机制，严格落实养老护理队伍有关奖励、激励政策措施的要求。

（四）完善医保支付制度。深化医保支付制度改革，完善医保支付方式。进一步完善普通门诊医疗费用医保结算方式，妥善解决各医疗机构选点参保人年龄结构不均衡等问题，保障老年参保人就医。进一步推广家庭病床模式，扩大家庭病床治疗的病种准入范围，逐步提高保障水平。优化费用支付方式，开展老年医疗康复护理结算试点。

（五）推动医养结合健康管理信息化建设。养老服务信息平台与区域卫生信息平台对接，共享老年人基本档案、健康档案、需求评估等信息，推进医养结合信息平台数据标准化和互联互通，实现跨部门、区域的业务协同和信息共享。支持并推进各类养老服务机构和组织开展健康信息化建设，积极接入各类各级医疗机构信息系统，开展远程医疗影像、心电、临检和移动医疗服务，并与居家养老、平安通政策衔接。为老年人建立完善的电子健康档案，实现医养结合服务机构的精细化管理，持续提高医养结合服务效率。

四、组织实施

（一）加强组织领导。各区政府、各有关单位要从深化医药卫生体制改革，促进养老服务业、健康服务业发展的高度，充分认识医养结合发展的重要意义，推进医养结合发展，并将其纳入经济社会发展规划。各有关单位要加强沟通协调，研究制定医养结合养老服务的配套政策和规范，指导和协调医养结合养老服务稳步发展。各区政府要研究制定具体方案，认真落实和完善相关优惠扶持政策，明确任务分工，确保医养结合工作顺利开展，取得实效。

（二）明确部门职责。发展改革部门要将推动医养结合纳入经济社会发展规划。卫生计生部门要将养老机构设立医疗机构纳入区域卫生规划和医疗机构设置规划，优先予以审核或审批；加大政策支持和技术指导力度，制定中医药相关服务标准规范并加强监管，提高中医药适宜技术推广和中医药健康养老人才培养力度，做好中医药健康养老工作。民政部门对医疗机构申请设立养老机构或者医养结合专区的，要优先受理、审核或审批。卫生计生、民政部门要会同相关单位明确养老机构设置医疗机构、医疗机构设置养老机构以及其他医养融合体的准入条件和管理规范，申报新建医养结合项目时要明确主、辅功能比例。人力资源和社会保障、卫生计生部门要将符合条件的医养结合机构纳入医保定点范围，开展长期护理保险制度试点工作。教育、卫生计生、人力资源和社会保障部门要落实医养结合人才的培养、培训和职业鉴定工作。财政部门要落实相关投入政策，积极支持医养结合发展。国土规划部门要保障医养结合机构的土地供应并统筹规划医养结合机构的用地布局。金融工作部门要积极引导商业保险机构根据医养结合特点、老年人实际需求等开发和推广适宜的商业保险产品。老龄工作部门要做好老年人的合法权益保障工作。

（三）推进试点建设。积极推进国家级、省级医养结合试点城市建设工作，规划建设一批特色鲜明、示范性强的医养结合试点项目，主要任务是建立医疗与养老机构合作机制，提升养老机构医疗服务能力，加快医疗养老服务规划，完善家庭医生与居家老人签约工作模式，落实医疗机构敬老优待政策，探索建立长期护理保险制度，大力发展中医药健康养老服务，支持社会力量兴办医养结合机构，加强信息化建设。

（四）普及宣传教育。各级卫生计生部门要积极开展各种形式的健康教育，普及老年保健知识，增强老年人自我保健意识。各级民政、老龄工作部门要充分发挥资源优势，配合做好国家基本公共卫生服务、老年人健康管理等宣传工作，普及老年人医疗卫生和社区养老医疗结合相关政策法律法规、老年人健康服务、疾病防治知识、老年人医疗保健诈骗防范与维权等知识。

（五）注重考核监管。建立以服务质量、老年人满意度为主要指标的考核评估体系，加强对医养结合机构或养老服务组织的日常监管，探索由第三方机构对医养结合服务质量进行动态评估考核，及时发现问题，及时调整完善运行机制，确保医养结合工作顺利推进。

广州市人民政府关于建设工程项目审批制度改革的实施意见

(穗府〔2017〕9号 2017年4月5日)

各区人民政府，市政府各部门、各直属机构：

为贯彻落实《中共中央国务院关于深化投融资体制改革的意见》（中发〔2016〕18号）、《国务院关于印发清理规范投资项目报建审批事项实施方案的通知》（国发〔2016〕29号）等文件精神，大力推进简政放权，放管结合，优化服务改革，根据相关法律法规规定并结合我市实际，现就深化我市建设工程项目审批制度改革提出如下实施意见。

一、总体要求

坚持顶层设计和切实管用相结合、长远谋划和即时见效相结合，突出问题导向，以进一步提高项目审批效率、大幅缩短审批时限为目标，按照"宽审、严管"的思路，着力简化优化建设工程项目审批环节，着力降低制度性交易成本，着力创新项目生成和管理机制，着力推进政府职能转变，让基层、企业、群众办事更便捷、更有效率。本轮改革主要遵循以下原则。

——先易后难，分步实施。近期以简化审批环节和优化审批流程为重点，推出一批立即可实施、能落地的改革举措，加快推进项目落地建设。下一步，以全市"多规合一"成果为支撑，形成完善的项目策划机制、项目联合审批系统、审批信息共享机制，构建全流程覆盖、全方位监管的建设工程项目审批服务体系。

——分类管理，创新机制。对企业投资项目、政府投资项目进行分类指导、分类管理、分类实施。集中精力解决企业反映的审批难、效率低、办事慢等问题，创新审批管理模式，让企业从改革实施中增强获得感，进一步激活民间投资和产业投资，优化我市投资方向和结构。规范政府投资项目审批，着重解决项目前期策划中存在的重点难点问题，强化项目可实施性，加快政府投资项目落地。

——放管结合，优化服务。把建设工程项目审批管理立足点放到为企业和群众做好服务上，在服务中实施管理，在管理中实现服务。更加注重事前政策引导、事中事后监管约束和过程服务，探索实施审批承诺制、清单制、失信惩罚制和信用共享制，推动技术审查与行政审批分离，创新服务方式，简化服务流程，提高综合服务能力。

二、改善企业投资建设工程项目审批管理

坚持效率优先，通过优化审批流程、试点告知承诺制、简化收费环节，着力解决企业反映的耗时长、审批多、收费杂等突出问题，形成吸引企业投资的广州优势。本轮改革后，企业投资类建设工程项目审批分为策划与前期工作、施工前准备、建设实施、竣工验收4个阶段，以项目核准或项目备案、建设工程规划许可证核发、建筑工程施工许可、建设工程竣工验收备案等为主流程，并分别办理其他行政审批、备案事项以及相关技术审查和公共服务类事项。

（一）优化审批流程

——调整办理事项9项。

1. 项目环境影响评价审批事项不作为项目核准/备案的前置条件。项目水土保持方案审批不作为环评审批的前置条件。

2. 已取得规划条件且具备土地供应条件的建设工程项目，可与项目核准/备案登记同步申办建设用地规划许可证、建设用地批准书，并开展修建性详细规划（或总平面规划方案）审查。

3. 建设工程规划许可只审查控制性详细规划、规划条件以及相关技术规定确定的规划控制要求，不审查建筑内部平面及剖面，建筑内部

平面及剖面以施工图审查为准。

4. 气象部门承担的房屋建筑工程和市政基础设施工程防雷装置设计审核、竣工验收许可，整体纳入建筑工程施工图审查、竣工验收备案，统一由住房城乡建设部门监管。具体由市气象局会同市住房城乡建设委、编办提出操作办法。

5. 地质灾害危险性评估工作改在土地出让前由土地出让主体自行开展，不再由建设单位组织实施。对于经过地质灾害易发区的跨市域的铁路、隧道、桥梁、地铁、公路、地表供水、输油（气）等单独选址的建设工程项目，仍由建设单位组织实施地质灾害危险性评估工作。

6. 申请办理建设工程规划许可证，应当根据建设工程的不同类型合理确定应提交的使用土地证明文件的类型。属于国有存量土地再利用的，可凭不动产权证（或房地产权证、国有土地使用证）、同意使用土地通知书、土地使用权属证明书等文件报建；属于新供应国有土地建设开发的，可凭国有土地划拨决定书、国有土地使用权出让合同、建设用地批准书报建；属于集体建设用地建设的，可凭建设用地批准书、宅基地证、集体土地使用证、集体土地房产证等土地证明文件报建。

7. 需分期投入生产或者使用的建设工程项目，其相应的环境保护设施经环保部门验收后，主体工程可以申请竣工验收备案。

8. 国土规划部门在出具建设用地规划条件时，一并将工程竣工档案报送的要求告知建设单位，便于建设单位及时、完整收集工程档案，以及在工程竣工后顺利办理档案预验收并进行档案报送。建设工程项目档案预验收，既可在市办理，也可在有条件的所属区办理。

9. 建设工程招标文件备案、招标投标情况备案2个事项，不再要求项目建设单位直接办理，由招标代理机构（招标人）通过信息平台直接报送主管部门备案，并通过信息平台推送至广州公共资源交易中心。民用建筑节能设计审查结果备案事项由施工图审图机构通过信息平台直接报送主管部门备案。

——取消办理事项5项。

10. 不再审核备案制企业投资项目招标事项（招标范围、招标方式、招标组织形式）。

11. 采用公开招标方式且选择委托招标和全部招标的勘察、设计、监理等服务项目，在项目核准前可先行开展招标活动，不再单独核准。

12. 非国有资金（包括集体资金）投资占控股或者主导地位且无财政性资金投资的备案制建设工程项目（含商品房屋项目），项目建设单位可以自主决定发包方式、自主决定是否进场交易，行政监督部门不再对其进行监管。

13. 取消用地预审前期工作、土地勘测定界技术审查、建设工程规划验收指标技术审查等事项。

14. 取消前期物业招标公告及评标、前期物业管理中标备案，待《广州市物业管理暂行办法》相关内容修改后实施。

——合并办理事项5项。

15. 土地供应环节，使用国有建设用地进行建设且具备土地供应条件的，出让合同（或划拨决定书）与建设用地规划许可证、建设用地批准书可合并办理，同步核发。使用集体用地建设非公寓式村民个人住宅的，乡村建设规划许可证与建设用地批准书可合并办理，同步核发；使用集体用地建设公寓式村民住宅或者乡镇企业、乡村公共设施和公益事业建设的，建设用地规划许可证与建设用地批准书可合并办理，同步核发。

16. "文物保护单位的保护范围内其他工程或爆破、钻探、挖掘等作业的许可""文物保护单位建设控制地带内进行建设工程许可""进行大型基本建设工程前在工程范围内有可能埋藏文物的地方进行考古调查、勘探的许可""配合建设工程进行考古发掘的许可"4项合并为"建设工程文物保护和考古许可"。项目建设单位可视情况向主管部门提前申请办理。

17. "依附于城市道路建设各种管线、杆线等设施审批""城市桥梁上架设各类市政管线审批"合并为"占用、挖掘移动、改建城市市政设施的审批"。

18. "永久用水验收通水"与"永久用水通水"合并为"永久用水通水"办理。

19. 建设项目选址意见书核发与建设项目用地预审可合并办理，同步核发。

——并联办理事项1项。

20. 修建性详细规划审批后，消防审查、卫生学评价、永久供水、永久供电、人防审查、安全评价、交通评价、文保审核可依据修建性详细规划并联申报和审批。

——下放区级办理事项3项。

21. 因城乡建设或者城乡基础设施维护需要临时占用绿地审批［市管绿地除外。含省下放事项"占有城市绿地和砍伐、迁移城市树木（gz3144001）"中的"占有城市绿地"］下放到区园林绿化行政主管部门。

22. 建筑废弃物处置核准（跨行政区域工程和由市建设行政主管部门审批的国家、省、市重点建设工程的建筑废弃物处置除外）下放到区建筑废弃物管理机构。

23. 公共排水设施竣工图纸备案下放到区水务行政主管部门。

（二）试点告知承诺制

24. 在广州开发区、南沙新区试行告知承诺制，在企业投资项目核准或备案、用地、规划、施工许可、环评等环节，对于标准明确或可通过制定标准进行管理的审批事项，项目建设单位签订承诺书，承诺其符合审批条件，并承诺在规定期限内提交材料、按标准进行规划建设的，审批部门即可以承诺书为依据办理相关许可事项。

25. 审批部门在规定时间内对项目建设单位的履行承诺情况进行检查，发现其无法履行承诺的，撤销行政审批决定，由项目建设单位承担违反承诺造成后果的法律责任和所有经济损失。对于存在失信行为的项目建设单位，取消其"承诺"资格。

26. 总结广州开发区、南沙新区试行告知承诺制的主要措施、取得的成效、遇到的困难和问题以及有关意见建议，形成一批可复制推广的成功经验，并在全市范围内逐步推广告知承诺制。

（三）简化收费环节

27. 除土地出让金、税金按国家规定执行外，实行施工许可、竣工验收、不动产登记3个节点各收一次费。除收费节点外的审批事项，各审批部门不再将缴费完成作为审批前置要求，在完成审批后即可发放相应证照，同时出具缴费通知书，委托银行代收，并通过建设工程项目联合审批系统将缴费信息共享给住房城乡建设、国土规划部门。住房城乡建设、国土规划部门在进行收费节点事项审批时，在确认本环节费用缴清后发放相关证照。由市政务办、财政局会同市住房城乡建设委、国土规划委分别制定分阶段收费具体操作办法。市国土规划委另行牵头制定土地出让金补缴具体办法。

28. 对防雷装置设计技术评价及竣工检测审批（审查）事项通过政府购买服务，不再向建设单位另外收费。

三、强化政府投资建设工程项目全流程管理

坚持问题导向，深化政府投资建设工程项目审批改革，重点围绕加强项目策划、落实项目实施条件、明确项目主体责任、做好审批服务等方面下功夫，建立和优化项目生成、评估论证管理、实施主体责任、审批服务效率、竣工验收后评价等工作机制。本轮改革后，政府投资类建设工程项目审批分为策划与前期工作、施工前准备、建设实施、竣工验收4个阶段，以项目建议书及可行性研究报告审批、建设工程规划许可证核发、初步设计（概算）审查/审批、建筑工程施工许可、工程竣工财务决算审核意见等为主流程，并分别办理其他行政审批、备案事项以及相关技术审查和公共服务类事项。

（一）构建政府投资项目策划生成机制

1. 加强全市投资谋划、决策和统筹协调能力，建立由市领导牵头，市发展改革委等有关部门共同参与的投资建设项目领导决策机制，负责指导建设工程项目审批制度改革任务有效落实，研究审定三年滚动政府

投资计划，审议政府投资年度计划，统筹决策投资及重大项目、招商引资等重大事项。由市发展改革委按规定申请设立市政府投资建设项目决策委员会（以下简称"投委会"）。

2. 为加强战略谋划，围绕落实市委、市政府重大决策部署，依托"多规合一"信息联动平台，建立完善的政府投资项目库，形成以政府投资项目三年滚动计划为龙头、年度政府投资项目计划为核心，以控制性详细规划和土地利用规划为支撑，多行业主管部门参与的项目策划管理机制。市投资主管部门根据项目建设条件成熟程度和轻重缓急，在各行业主管部门申报的基础上，综合平衡并编制政府投资三年滚动计划，同时与中期财政规划相衔接，确保项目建设与资金安排相统一。市投资主管部门根据财政、国土规划等相关部门意见，经多规符合性审查后统筹编制年度政府投资项目计划，报市政府审定后实施。

3. 市国土规划委根据三年滚动计划所拟订的项目，通过"多规合一"信息联动平台提前介入项目，牵头会同各部门提出用地、规划、环保等审查意见，落实用地指标，稳定规划条件，确保计划内项目落地。国土规划部门编制土地利用计划以及城市更新部门确定城市更新计划均须提前听取各部门意见，形成项目策划意见，作为项目立项、安排计划等工作的参考依据。

（二）完善政府投资项目评估论证管理机制

4. 增强政府投资的必要性和合理性。政府投资项目必须符合政府投资规定的领域和方向，符合我市国民经济与社会发展中长期规划、有关专项规划和建设计划。项目的建设规模、建设内容和投资估算应符合有关建设及投资标准。

5. 确保项目选址的可行性。拟建政府投资项目选址必须符合城市总体规划、土地利用总体规划、控制性详细规划以及城市环境总体规划。对通过"多规合一"平台纳入年度政府投资项目计划的，可先行立项，开展项目前期工作；对国土规划、环保部门明确指出无法调整相关规划的，发展改革部门不予立项，或项目另行选址。

6. 加强征地拆迁的可实施性。坚持集约用地、科学选址、优化选址原则，对涉及征地拆迁的拟建项目，应对项目征地和拆迁状况进行摸查，并充分征求项目所在行政区政府或土地房屋权属人的初步意见。结合征拆难度对征地拆迁的可实施性和投资费用进行研究，保证落实征地拆迁主体，征地拆迁安置费用纳入项目投资估算，并根据征地拆迁工作计划做好年度资金安排。

7. 保证建设方案的完整性和稳定性。拟建项目立项时应包括主体工程、节水设施、机电设备安装工程、智能化工程、装修工程以及室外场地、道路、水、电等投入使用必须配套的全部工程内容和投资。由多个项目组成的政府投资项目，根据工程实施需要，可整体立项，也可分项目立项。立项后，应尽快开展场地调查、地质勘察和初步设计，在可行性研究阶段进一步稳定建设方案和投资。

8. 研究投资方式的合理性。指导项目单位在可行性研究阶段加强政府投资模式和与社会资本合作模式的方案比选，确定合理的投资方式。拟建项目涉及经营性内容的，有市场条件、可配置经营性资源的，原则上应采用政府与社会资本合作的投资方式；涉及公共服务，有收费基础、可计量的，原则上应引入社会资本投资建设，通过采用政府购买服务等方式，从投资建设向补运营模式转变。

（三）强化政府投资项目审批和实施主体的责任机制

9. 建立谁审批、谁负责的审批责任制。对于纳入三年滚动计划的项目，发展改革、国土规划、环保、住房城乡建设等审批部门要主动与项目单位对接，积极指导项目单位完善报批材料，按期完成审批工作，加快项目落地。有关部门应在项目策划和前期阶段提供项目单位联系方式以便于后续部门对接。

10. 强化征地拆迁目标责任制。各区政府要制定土地征收工作方案及细则，分项目制定土地征收补偿工作方案，落实征地拆迁责任。市属有关部门要积极为属地区政府顺利开展征拆工作创造条件，要按照"放管服"的精神，在简化征收补偿资金支付程序、提高征拆服务费用标准和使用自由度、落实留用地和征拆安置地等方面，进一步研究出台更有效发挥属地区政府积极性的办法。

11. 强化建设实施主体责任制。项目建设实施主体要制定并落实项目实施条件、年度工作计划、年度资金计划和投资方式比选等工作，其中年度工作计划应与年度资金计划相匹配。待年度资金计划下达后，要严格按照年度工作计划完成对应的实物工作量，确保项目按计划推进。

（四）优化政府投资项目审批服务效率机制

12. 由市投资主管部门立项的建设项目，投资估算在5000万元（含）以下的，概算编制和评审均直接以经审查的施工图为依据，不需送项目预算评审。未通过概算评审的，不得组织招标，项目的招标控制价不得超过经评审的概算中对应内容总价。

13. 列入广州市国民经济和社会发展五年规划纲要的政府投资项目，或者市政府常务会议根据经济和社会发展实际需要决定开展前期工作的政府投资项目，项目单位可以向市投资主管部门直接申报可行性研究报告，并在可行性研究报告中增加对项目必要性论证的内容。

14. 项目环境影响评价审批事项不作为办理可行性研究报告批复的前置条件。项目水土保持方案审批不作为环境影响评价的前置条件。

15. 已批复项目建议书的城市轨道交通工程、公路工程、大中型道路桥隧工程等线性工程以及大中型水务工程，在工程可行性研究报告批复前，项目建设单位可按照初步设计深度先行开展设计。

16. 采用公开招标方式且选择委托招标和全部招标的勘察、设计、监理等服务类项目，在项目可行性研究报告批复前，可先行开展招标活动，不再单独核准。

17. 需分期投入生产或者使用的建设工程项目，其相应的环境保护设施经环保部门验收后，主体工程可以申请竣工验收备案。

除上述事项外，本意见第二部分中相关改革事项同样适用于政府投资项目。

（五）强化政府投资项目竣工验收后评价机制

18. 加强政府投资项目廉情预警评估工作，对审批改革中的违纪行为进行严肃问责。违法违规单位列入"黑名单"予以曝光；违法单位为国有企业的,其诚信行为与公司、个人绩效考核挂钩。

19. 建立健全后评价制度。对行业和地区发展、环境保护、新型投融资模式等有重要意义以及涉及社会民生、社会普遍关注的重大政府投资建设工程,在项目竣工验收并投入使用或运营2年后,由发展改革部门对项目建设实际效果与可行性研究报告、初步设计与其审批内容、其他资料进行对比分析,形成良性项目决策机制,加强政府投资项目事后监管。

四、推进审批体制机制改革创新

在调整优化审批事项的基础上,进一步创新审批管理模式,构建全流程覆盖、全方位监管的建设工程项目审批体系。推进加强"多规合一"联动、探索"净地"出让、提升审批服务水平、强化事中事后监管和诚信管理等共7大类18项改革措施。

(一)建立"多规合一"信息联动平台

1. 统筹利用"三规合一"成果,加快建立环境保护、文物保护、综合交通、水资源、文化旅游、社会事业、综合管线、人民防空等多规划融合的"多规合一"信息联动平台,构建定位清晰、功能互补、统一衔接的多种规划协调机制。

2. 整合国土、规划两套坐标系为统一的坐标系统,为各级各部门推进规划建设管理工作的技术公共服务平台奠定技术基础。

3. 整合国土、规划信息,建立以控制性详细规划为基础,统筹布局各类专项设施用地的"一张图"平台,并通过信息联动、开放共享,实现国土规划与相关专项规划的空间管理平台合一,形成全市各部门信息共享的城市建设信息管理平台。

(二)探索实施"净地"出让

4. 除城市更新项目和前置审批用地以外,在供地前由出让主体(市国土规划委或相关区政府)会同土地储备机构牵头完成宗地用地结案、场地环境调查与风险评估、地铁保护、历史建筑及文物勘查，以及通水、通电、通路、土地平整等工作，实现"净地"出让。

5. 项目建设单位获得土地使用权后，由出让主体会同土地储备机构将各行业主管部门意见、地形图等材料移交至项目建设单位。

6. 项目建设单位获得土地使用权后，在进行项目规划及建设过程中如需征询民防、地铁、航空等专业部门意见，以及其他因项目建设需要由企业向各专业部门征询水保、卫生学、抗震、安全评价、交通评价、文保等专业意见的，由出让主体会同土地储备机构协调企业办理相关审批手续。

（三）建立审批信息共享机制

7. 统一建设标准、接口标准，升级改造建设工程项目联合审批系统，实现建设工程项目联合审批系统与"多规合一"信息联动平台、各部门审批系统、缴费信息共享系统实时对接。依托建设工程项目联合审批系统，实现项目建设周期内唯一的建设工程项目编码，在受理、承办、批准、办结和告知全过程实现同一号码、同一平台监管，统一网上办事大厅申报入口和政务服务中心综合窗口办理，统一身份认证实现网上办事大厅单点登录，推进申请材料和证照电子化。

8. 项目建设单位（或企业）一次性递交经盖章确认的纸质版申请材料并上传扫描件，各审批部门共享相关申请材料。审批部门完成审批后上传批复文件供其他审批部门实时查阅。各审批部门要精简申请材料，凡是可以通过共享获取业务办理所需信息或证照的，不得要求申请人提交相关纸质证照材料。

9. 建设工程项目联合审批系统使用全市统一的网上办事身份认证体系，并实现相关审批结果同步签发电子证照，进行信息共享和互认互用。国土规划、住房城乡建设部门应主动共享规划测量、房地产测绘和人民防空工程面积测量的成果信息并互认。

（四）提升审批管理服务水平

10. 实行建设工程项目清单管理，梳理和精简事项申请材料，制定事项、材料、行政事业性收费3张清单，对社会公开并接受社会监督。各审批部门重新梳理办事指南，制定各阶段统一申请表单，并根据新的办事指南对申报项目予以收件、审核、出具审批意见及审批档案存档等。

11. 建立主动告知审批事项制度。市政务部门在所有审批环节之前指引并告知项目建设单位、施工单位及时办理项目开工前的立项、用地、规划、环评、水土保持、节能节水评估和审查、施工许可等开工建设必须符合的条件，各行业主管部门应积极配合，按要求做好相关审批工作，其他手续由行业主管部门在规定或承诺时间内检查并督促项目建设单位落实。探索制定项目竣工联合验收实施办法。

12. 建立审批联动协调机制。涉及跨区域、跨层级的审批事项，由市政务办牵头召集相关部门召开审批协调会进行研究，并协调解决相关问题。

（五）试点建立联合审图工作机制

13. 选取部分条件成熟的建设工程项目，试点开展设计方案及施工图联合审查工作。在建设工程项目实施阶段，由区行政审批局牵头建立建设工程项目联合咨询、协调、决策机制，统一收件，并组织国土规划、住房城乡建设、水务、公安消防等多部门或审图机构以征求意见或召开联席会议等方式对建设工程项目的设计方案及施工图开展联合审查。

14. 审查通过后由区行政审批局统一出具联合审查意见，再由各部门依据审查意见，根据建设单位的申请分别核发行政许可文件。经联合审查确定的施工图可作为建设项目后续实施建设、预售测量、竣工验收的依据。

（六）强化事中事后监督管理

15. 加强违法违规惩处。各相关部门严格按有关法规、规章执法，加大对项目建设单位、施工单位、监理单位、中介机构等的违法惩处力度并严格处罚。

16. 规范中介服务行为。建立网上中介超市，营造公开透明、开放竞争的中介配套服务环境。各行业主管部门对中介机构的基本情况、资质等级、技术能力、信用记录等进行审查后，将合格的中介服务机构纳入建设工程项目技术审查机构备选库，并向社会公开。

17. 对垄断性（指不超过3家）中介机构实行限时服务，非垄断中介服务实行承诺服务，公开服务时限、服务流程、收费依据、收费标准。清理中介服务事项，制定规范中介服务管理办法和建立中介服务评价机制。

（七）建立建设工程项目诚信档案

18. 将企业诚信记录、中介机构服务评价结果与行业监管结合纳入社会信用体系，作为企业、中介机构及其从业人员业务考核和资格管理的重要依据。

五、相关要求

1. 本意见印发后，各部门按任务工作表有关工作和时限要求完成由本部门牵头落实的相关工作，由市政务办汇总后通过多种渠道向社会公布。

2. 此前已出台的有关建设工程项目行政审批的相关政策、措施等与本意见不一致的，以本意见为准。各区结合实际情况参照实施。

附件：1. 企业投资类建设工程项目审批服务流程图（略）。
   2. 政府投资类建设工程项目审批服务流程图（略）。
   3. 任务工作表（略）。

广州市人民政府
关于进一步加快旅游业发展的意见

(穗府函〔2017〕79号　2017年6月19日)

各区人民政府，市政府各部门、各直属机构：

为深入贯彻落实国家、省关于旅游业改革发展的决策部署和广州市第十一次党代会精神，加快推进我市旅游业发展全面上新水平，现提出如下意见。

一、总体要求

（一）指导思想

以党的十八大和十八届三中、四中、五中、六中全会精神以及习近平总书记系列重要讲话精神为指导，牢固树立创新、协调、绿色、开放、共享的发展理念，以转型升级、提质增效为主题，以推动全域旅游发展为主线，紧扣广州"三大战略枢纽"发展重点，对标国际先进旅游城市，拓展国际视野，加快旅游业供给侧结构性改革，把旅游业培育成为我市战略性支柱产业和人民群众更加满意的幸福产业。

（二）发展目标

到2020年，全市旅游接待总人次达2.5亿人次，其中接待入境过夜游客突破1000万人次，全市旅游业总收入超过5000亿元，旅游外汇收入突破70亿美元，旅游业增加值占全市GDP（地区生产总值）比重达到8%以上。我市旅游服务设施、经营管理和服务水平与国际旅游服务标准全面接轨，旅游业综合贡献度进一步提升，旅游产业规模、综合效益达到世界先进旅游城市水平，广州成为世界旅游名城和重要的国际旅游目的地、集散地。

二、主要任务

（一）深化旅游体制机制改革，进一步激发旅游市场活力

1. 建立适应全域旅游发展的体制机制。强化市级旅游行政管理部门在综合统筹、产业规划、产业融合、市场促进等方面的职能，推进建立以综合性旅游管理机构和旅游警察、旅游法庭、旅游工商分局"1+3模式"为核心的现代旅游管理体系，实现从发展旅游行业向开拓旅游产业转变、从经济社会发展配角向战略支柱产业主角转变、从单一部门推动向部门综合联动转变，形成全市"大旅游"发展新格局。

2. 设立广州旅游产业基金。按照"市场运作、有偿使用"原则，引入社会资本，支持大型旅游企业或金融机构、类金融机构设立广州旅游产业基金；依托现有的产业引导基金，争取合作设立旅游子基金，撬动和激活社会资本投资旅游产业基础设施、重点旅游项目、旅游新业态等方面建设。

3. 支持推动旅游产权交易。依托广州产权交易所，搭建旅游资源与产权交易服务平台，鼓励旅游企业开展股权、收费权、经营权、商标专用权、林权、土地使用权交易与抵（质）押融资，鼓励风险投资基金、私募股权基金通过平台进入旅游创新创业领域，支持企业通过政府和社会资本合作（PPP）等模式投资、建设、运营旅游项目。

4. 建设广州旅游大数据中心。进一步优化旅游统计体系与核算模式，促进旅游大数据在客源分析、产业发展、投资分析、市场监管、应急管理中的应用，为全市旅游产业宏观调控和政策制定提供支撑。

（二）着力推进旅游供给侧结构性改革，促进旅游业提质增效

5. 以重大旅游项目带动旅游产业结构优化。建立全市旅游重大项

目库，对入库项目实行择优遴选、动态管理，给予政策重点倾斜。以世界级主题公园、大型文化旅游综合体、国际邮轮母港综合体等一批重大旅游项目为引擎，培育旅游经济增长极。整合广州塔—珠江黄金水段、宝墨园—南粤苑等优势旅游资源，创建国家5A级旅游景区。加快推进省级以上旅游示范区、旅游产业集聚区、旅游特色小镇、旅游特色文化村等创建工作。

6. 丰富提升休闲度假旅游产品供给。积极开发温泉、山地、森林、滨海、江河等旅游资源，大力开发邮轮旅游产品，有序引导游艇旅游、低空体验旅游、自驾车（房车）旅游发展。到2020年，鼓励和引导社会资本建设10个自驾车（房车）营地。积极引进和扶持特色主题公园加快发展，支持重点景区发展文化旅游演艺产品。推进环城休闲度假带建设，加大城市休闲街区、绿道网络、公共自行车等慢行系统建设，拓展城市休闲空间。

7. 培育壮大旅游市场主体。支持旅游骨干企业加快发展，鼓励依托自身资源优势和人才优势，跨地区、跨行业、跨所有制兼并重组。到2020年年底，重点打造5家左右，在全国有较强市场竞争力和辐射带动力的旅游龙头企业，积极参与国际国内旅游市场竞争，形成跨界融合的产业联盟。大力推进大众创业、万众创新，落实中小微企业各项扶持政策，引导和规范发展各类旅游中介组织和中小微旅游企业，为广大游客提供高品质、特色化、个性化的订制服务。

8. 提升品质化标准化旅游服务水平。围绕"吃、住、行、游、购、娱"等要素，健全和完善旅游标准化体系，重点在休闲度假旅游新业态、新产品方面建立规范。推动"旅游质量强市（区）"和"旅游标准化示范市（区）"创建工作，培育一批旅游标准化示范企业、示范街（园区），打造旅游服务的"广州标准"。

（三）全力推进全域旅游建设，整体提升广州旅游吸引力

9. 优化全域旅游空间布局。强化全域旅游规划引领，按照广州依山、沿江、滨海的城市脉络，突出岭南文化内涵，促进人与自然和谐共生，体现"望得见山、看得见水、记得住乡愁"的人文情怀，推动从

景点旅游模式到全域旅游模式转轨。

北部地区，突出山体森林生态旅游风貌。保护成片农田、生态公益林区、森林公园、水源地等自然空间，注重生态资源、特色村落的保护开发，大力发展各具特色、形式多样的生态休闲度假产品。从化区重点打造国际化温泉旅游度假区和特色旅游村镇，增城区重点打造乡村休闲旅游创新带，花都区重点打造芙蓉嶂体育旅游示范基地、花都湖创意文化旅游区和珠宝小镇工业旅游示范区，白云区重点打造中医中药健康产业旅游基地。

中部地区，突出历史与现代交融的都市旅游风情。严格控制珠江沿岸的城市开发，保护城市肌理，根植岭南文化，依托"一江两岸三带"建设，完善珠江沿岸旅游公共服务配套，培育打造提升以"珠江游"为核心的水岸联动旅游产品体系。越秀区重点打造广州传统中轴线文化旅游区和北京路文化旅游区，荔湾区重点打造荔枝湾涌—恩宁路—上下九西关风情民俗文化旅游区、沙面欧陆风情文化街区，海珠区重点打造琶洲会展旅游功能区和黄埔古港—海珠湿地生态文化旅游区，天河区重点打造以花城广场—天河路商圈为核心的国际商务旅游示范区，黄埔区重点打造以南海神庙为核心的海丝主题旅游区和以黄埔军校旧址为核心的旅游创新发展示范区。

南部地区，突出滨海新城旅游风景。科学规划生态岸线，按照国际标准配套各类旅游服务基础设施，丰富旅游元素，打造现代化滨海旅游产品。南沙区重点发展邮轮游艇滨海旅游集聚区，番禺区重点打造汉溪—长隆—万博旅游商圈、莲花山—海鸥岛生态休闲区、宝墨园—南粤苑—沙湾古镇文化旅游区。

10. 完善全域旅游交通体系。依托高速交通路网、地铁城轨网络等快速公共交通体系，实现3A级以上景区公共交通全覆盖，保障一种及以上"快进"交通方式通达4A级景区，两种及以上通达5A级景区。依托重点旅游片区建设旅游风景道，设置自行车道、步道等慢行系统，构建适应全域旅游发展的"快进""慢游"综合旅游交通网络。完善旅游交通指引导向系统，实现全市重点旅游景区、旅游饭店的道路交通标识标牌在城市主干道路和高速公路上全覆盖。完善区域旅游公交体系，结合出行需求，开通热门旅游景区、旅游集散中心的旅游专线，优化旅游观光巴士线路，完善旅游交通线上客服功能。逐步完善景区周边停车场、绿道驿站、导游导览系统，着力解决中心城区旅游大巴停车难问题，鼓励有条件的高速公路结合重要景区灵活设置出入口。

11. 优化全域旅游公共服务体系。加快构建市、区两级旅游信息咨询、医疗救助、景区动态监测等旅游公共服务体系，在主要交通枢纽、高速公路服务区和游客集散地逐步设立旅游咨询服务网点。加快构建自助游服务体系，加强旅游公共信息图形标识系统、旅游信息自助查询系统建设。大力推进旅游厕所革命，在2020年年底前实现全市主要旅游景区、主要旅游线路、大型交通集散点、主要乡村旅游点、大型旅游餐馆、大型旅游娱乐场所、大型休闲步行区等重点区域厕所达到质量等级标准。

12. 营造干净整洁平安有序旅游环境。全面推进城乡环境的净化、绿化、美化，开展全市旅游景区环境综合整治提升行动，打造宜居宜业宜游的城乡生态景观环境。强化旅游安全保障，全面推行旅游安全风险分级管控，进一步强化隐患排查治理，坚决遏制重特大旅游安全事故。坚持依法治旅兴旅，健全完善旅游市场联合执法监管机制，依法对不合理低价团、违规旅游购物点、虚假广告、违规"一日游"等老百姓反映强烈的问题进行综合治理。加快旅游市场诚信体系建设，开展"礼貌待宾客"活动，大力倡导诚信文明旅游。

13. 积极创建全域旅游示范市。大力开展国家级全域旅游示范市创建工作，支持番禺区创建国家级全域旅游示范区，越秀区、从化区、增城区、天河区、海珠区等区创建省级全域旅游示范区。各创建单位要发挥示范带动作用，按照全域旅游标准，探索各具特色的发展路径，在制度创新、资源整合、产业融合、特色培育、政策扶持、要素保障等方面先行先试，形成可复制的经验推广到全市。

（四）全面实施旅游国际化战略，建设国际旅游交往中心

14. 广泛开展国际旅游交流合作。积极搭建各类旅游国际交流平台，充分利用世界旅游组织（UNWTO）、亚太城市旅游振兴机构

（TPO）、广州国际旅游展览会（GITF）等平台，密切与世界重要旅游城市的合作，重点加强与"一带一路"沿线重要城市、国际友好城市与国际友好交流城市的旅游交流合作。依托广州国际航空枢纽、国际航运枢纽优势，深化与香港、澳门、佛山、惠州等周边城市的旅游合作，积极推进穗港澳游艇自由行，推动旅游资源整合，塑造整体形象，联合开发不同类型的"一程多站"旅游产品，共同打造粤港澳大湾区世界级旅游目的地。

15. 建设国际会展旅游之都。建立会展旅游项目引进和申办机制，通过加强国际合作、聘请会展旅游大使、给予政府奖励补贴等方式，吸引更多高端国际会议、国际赛事活动落户广州。以"市场运作、以会养会"为导向，巩固提升"广交会"品牌的龙头地位，加大我市休闲旅游产品与国际会议、会展、品牌节事活动整合力度，鼓励旅行社推出订制化的会展旅游产品，构建国际化会展旅游目的地服务体系。

16. 积极开展国际旅游招商引资。全面落实招商引资各项优惠政策，积极引进国际旅游企业总部、国际性旅游组织、国际战略投资者在我市从事旅游项目开发或设立分支机构、地区总部，重点引进国际知名旅行商、主题公园、旅游服务商、品牌酒店、旅游电商、邮轮集团和金融企业、跨国旅游集团落户广州。

17. 构建全球推介和国际营销体系。树立大宣传、大营销、大推介理念，围绕"花城广州"宣传主题，推出体现广州城市特质的宣传口号和形象标识。统筹城市对外宣传资源，通过"政企联手、部门联合、区域联盟、上下联动"的形式，综合运用传统媒体和网络新媒体、新技术，多渠道全方位强化国际旅游目的地形象宣传，讲好"广州故事"。以南航驻外办事处为依托，加快建设广州旅游境外推广中心。巩固提升四季花城、海上丝路、岭南文化、近现代革命、千年商都、现代都市、珠水云山、温泉养生、食在广州等城市旅游名片。积极发展社会资源国际访问点，将"花城人家"等体验活动常态化，选择一批特色民居、特色餐馆、特色市场、特色行业、老字号企业等社会资源，整合转化为国际旅游产品。

18. 优化国际化的旅游环境。依托国际航空枢纽、国际航运枢纽，根据市场需求适时增开国际航线与班次，鼓励和支持南航打造"广州之路"品牌，构筑便捷的国际交通枢纽。积极争取国家和省支持，将我市"72小时过境免签"政策延长到144小时，争取实施外国旅游团经南沙口岸乘坐邮轮入境15天内免签政策，积极申报中国（广州南沙）邮轮旅游发展实验区。落实境外旅客购物离境退税政策，在重要口岸新增进境免税店。完善外币兑换、跨国支付、快递物流、通讯通邮等服务，进一步强化多语种支持、易识别标志及医疗护理等服务，为游客提供安全舒适、友好便捷的旅游环境。

19. 建立国际化的旅游智库。紧贴国际旅游发展前沿，加强与国际旅游机构、国际知名智库和国内外重点院校、研究机构的合作，建立广州国际旅游智库，邀请国内外知名旅游专家共商广州旅游发展，形成具有国际影响力的旅游智力支持体系。

（五）全面实施"旅游+"战略，促进旅游产业融合发展

20. 加快商旅文融合发展。充分发挥旅游的抓手、载体、平台作用，促进广州传统商业转型升级和文化产业创新发展，形成优势互补的"商旅文"融合发展格局。支持大型商旅文综合体开发，引导传统商圈、商场、商业步行街区等通过资源整合、业态创新和产业重构建设城市旅游综合体、历史文化街区。支持老城区提升旅游吸引力，通过调整、抽疏城市功能，增设旅游元素，优化布局具有旅游文化特色的专业市场、专业街区和创意园区。支持文化业态旅游化，整合我市文艺院团资源，鼓励社会资本进入旅游演出市场创作精品剧目。注重人文资源保育和活化，打造专题博物馆、艺术馆、名人故居和非遗文化传承保护旅游产品线路。鼓励景区引入影院、剧场、书店等文化业态，打造文旅创客基地。支持旅游文化商品开发，实施旅游文化商品品牌建设工程，提升旅游商品的文化内涵和附加值。推动"海上丝绸之路·中国史迹"申遗，建设"海上丝绸之路"旅游核心门户，打造世界级文化遗产旅游产品。

21. 促进旅游与"三农"有机融合。积极争取和承接国家乡村旅游试点任务，持续实施乡村旅游富民工程，打造一批根植本土文化，富

有人文内涵的特色旅游小镇、特色文化旅游村和乡村旅游示范基地。到2020年，培育10个特色旅游小镇、30个特色旅游文化村、100家星级"农家乐"，以及一批精品民宿和农业庄园。逐步完善乡村旅游景区的道路、水电、厕所、停车场、信息网络等基础设施建设，促进乡村美丽、富裕、和谐发展。

22. 积极推进"旅游＋工业"融合发展。鼓励符合条件的工业企业增加旅游元素和配套功能，大力发展知识性和参与性强的生产参观游、厂区体验游、工业产品购物游和工业修学游等旅游产品。大力发展旅游装备制造业，推动邮轮游艇、房车、潜水装具等旅游产品的设计制造、维修补给、人员培训、基地建设、运营服务等产业发展。

23. 积极推进"旅游＋体育"融合发展。发挥广州足球、马拉松、网球、羽毛球等专业品牌赛事的优势，加大旅游宣传策划与营销力度，培育发展集竞赛竞技、体育服务、旅游消费为一体的综合型产业。将群众性体育活动与市民旅游休闲有机结合起来，利用体育场馆、休闲绿道、自行车道、登山步道等体育公共设施开展体育旅游活动。鼓励旅行社开发体育旅游产品和路线，引导和支持有条件的旅游景区拓展体育旅游项目，创建一批体育旅游示范基地。

24. 积极推进"旅游＋科技"融合发展。鼓励广州的科创企业和科研院所拓展科普教育功能，完善旅游服务配套，推动科普旅游基地建设，加强虚拟现实（VR）、增强现实（AR）、智能机器人、无人机等前沿科技在旅游产业方面的研究和应用。积极推动在线旅游平台企业发展，大力发展智慧旅游，形成溢出效应，助推广州智慧城市建设。

25. 积极推进涉旅幸福产业深度融合。大力发展研学旅游、老年旅游、中医药养生旅游、红色旅游、高端商务旅游，通过提升服务品质、增加服务供给，不断释放潜在旅游消费需求。落实职工带薪休假制度，倡导弹性休假、错峰出游，着力推进旅游幸福产业服务消费扩容提质。大力开展精准扶贫，打好旅游脱贫攻坚战，助力全面小康、共同富裕。

三、扶持政策

1. 创新旅游用地分类管理，通过在基准地价体系中设立二级用途分类，将旅游业用地从商业服务业设施用地中细分出来，合理确定旅游业用地的供给价格，实现土地的精准供应。在新增建设用地计划指标中，优先支持特色旅游小镇、特色旅游文化村利用荒山、荒地、荒滩和农村存量建设用地，建设旅游问询中心、生态停车场、旅游厕所等旅游基础配套设施，提高配建指标。

2. 将符合旅游发展规划的旧村庄、旧厂房、旧城镇用地，纳入城市更新标图建库系统，对有旅游开发价值的城市更新项目，优先纳入城市更新年度计划，给予城市改造资金倾斜。

3. 将旅游领域的高端人才纳入到广州市产业领军人才集聚工程，在旅游领域领军人才可按规定申领人才绿卡，并对其在购房、购车、子女入学、项目资助、薪酬奖励等方面给予支持。采取"政府引导、校企合作"的模式，支持在穗院校建立旅游人才实训基地。

4. 对于新建或扩建世界级主题公园，且企业总部或区域性总部落户广州的，视其在穗年度实际完成旅游投资总额情况及社会贡献情况，给予项目资金扶持。对重点培育的旅游龙头企业和特别重大的旅游投资项目，按照程序给予扶持。

5. 对申创国家、省全域旅游示范区的单位，优先纳入市级预算内投资支持对象；优先支持旅游基础设施建设；优先纳入旅游投资优选项目名录；优先安排旅游宣传推广重点活动，纳入广州旅游国际营销体系重点支持范围；优先纳入旅游改革创新试点示范领域，支持在体制机制、旅游用地、产业促进等方面先行先试；优先支持A级景区等重点旅游品牌创建；优先安排旅游人才培训。

6. 对符合国家、省、市旅游产业优先发展方向的旅游新业态项目，实行竞争立项、综合评价，纳入全市旅游重大项目管理，按当年项目建设投入的10%，给予最高不超过100万元补助。

7. 对成功创建国家全域旅游示范区、国家旅游业改革创新先行区、国家级旅游度假区，分别一次性给予 1000 万元资金补助；对成功创建国家级体育旅游示范基地、中国红色旅游国际化示范基地、国家级乡村旅游创客示范基地、国家 5A 级旅游景区，分别一次性给予 500 万元资金补助；对成功创建的市级旅游文化特色村和新评定的 5 星级旅游饭店，分别一次性给予 200 万元资金补助。

8. 大力扶持引客入穗工作，对成功申办主会场落地广州的大型国际性会议、展览、节庆、赛事，根据其国际化程度、活动规模及国际影响力，给予申办单位（政府单位除外）资金扶持；对通过邮轮、专列、包机等形式组织客源来穗的旅游机构实行奖励，尤其对组织境外游客入穗成绩突出的单位给予重点奖励，由相关部门制定详细的奖励政策。

9. 鼓励社会资本参与建设旅游集散中心、旅游问询中心、自驾车（房车）营地等项目，按项目建设经费的 20% 给予一次性补助，单个项目最高不超过 100 万元。对旅游集散中心新开旅游专线，参照公交线路补贴的相关标准，给予一次性资金补助。

10. 加快推进国际旅游目的地建设，加大广州旅游宣传营销的财政投入，用于对外宣传推介、境外推广中心等国际旅游营销体系建设等。

四、保障措施

1. 加强组织领导。各级党委、政府要充分认识旅游业在经济社会发展、城市建设、生态文明等方面的重要作用，牢固树立大旅游的观念，切实把发展旅游业列入重要议事日程研究部署、推进落实。市直各部门要加强统筹协调，健全机制，主动作为，共同推动旅游大发展。各区要强化属地管理和人财物保障，"一把手"要亲自研究旅游工作，协调解决旅游发展的重大问题，确保各项任务目标如期完成。

2. 加大财政投入力度。各级政府要加大旅游项目资金投入，主要用于旅游国际化宣传营销体系构建、旅游基础设施建设、旅游资源品牌打造、旅游目的地项目建设、旅游人才引进和培育等。

3. 加强督促检查。各区和市直有关部门要对照要求，细化目标任务，强化推进措施，确保各项任务落到实处。全市各有关部门要主动开展工作指导和督促检查，研究解决工作中发现的问题，形成合力，共同推动旅游业全面加快发展。

附件：主要任务分工及进度安排表（略）。

广州市黄埔区人民政府办公室广州开发区管委会办公室关于印发《广州市黄埔区广州开发区鼓励招商单位引资奖励办法》的通知

(穗开管办〔2017〕34号)

黄埔区各街道、镇，区府属各单位；广州开发区管委会直属各单位，各直属国有企业：

《广州市黄埔区广州开发区鼓励招商单位引资奖励办法》业经广州市黄埔区人民政府、广州开发区管委会同意，现印发给你们，请认真遵照执行。执行过程中如遇问题，请径向广州开发区投资促进局反映。

广州市黄埔区人民政府办公室
广州开发区管理委员会办公室
2017年7月17日

广州市黄埔区广州开发区鼓励招商单位引资奖励办法

第一章 总 则

第一条 为完善招商引资机制，拓宽招商引资渠道，进一步发挥政策引导作用，根据《国务院关于扩大对外开放积极利用外资若干措施的通知》（国发〔2017〕5号）、《国务院办公厅关于促进开发区改革和创新发展的若干意见》（国办发〔2017〕7号）等有关规定，结合我区实际，制定本办法。

第二条　本办法适用于工商注册地、税务征管关系及统计关系在广州市黄埔区、广州开发区及其受托管理和下辖园区（以下简称"我区"）范围内，有健全的财务制度、具有独立法人资格、实行独立核算，具有一定招商引资业绩的企业或机构。

第三条　区投资促进部门负责牵头组织实施本办法，统筹、指导和管理招商单位。

第二章　招商单位

第四条　企业或机构若要成为享受我区招商引资奖励资格的招商单位，应当满足下列基本条件：

（一）在我区办理工商税务登记的独立法人；

（二）注册资本不低于300万元；

（三）依法登记主营业务为投资咨询、商务咨询、信息咨询、企业管理服务等；

（四）在我区有固定的办公场地及办公设施；

（五）有5名以上专门从事招商的工作人员，熟悉国际惯例和我国经济法律法规及我区区情区貌，其中3名以上具备熟练的外语水平；

（六）具有一定招商引资业绩，近三年为我区成功引进一个以上鼓励发展的优质产业项目。

第五条　招商单位应当履行以下职责：

（一）主动了解国家、省、市的有关政策及政策导向，积极向我区反馈各地招商工作动态，及时提供促进招商引资工作的意见和建议；

（二）充分发挥自身优势和渠道，掌握我区区情区貌，对外宣传我区的投资环境，扩大我区的对外知名度和美誉度；

（三）受委托承担筹备我区招商说明会及招商项目发布会等项目推介活动；

（四）积极协调解决项目引进、筹建和经营过程中遇到的困难、问题，协助项目办理用地、筹建、工商登记、税务登记等相关手续；

（五）及时向我区反馈招商工作的情况，所引进项目的工商登记及税务登记、生产经营情况，及时提供促进招商引资工作的意见和建议；

（六）配合我区相关部门开展项目评审，配合核实项目关联公司和相互投资情况。项目评审内容主要包括：项目经营范围、产能、营收、税收、技术、能耗等关键要素，以及投资、选址、用地等条件和对项目的监管要求等；

（七）配合我区相关部门开展项目评估工作。项目评估内容主要包括：项目是否按引进时的承诺如期建成投产或投入运营，有无逾期动工或建成后闲置、擅自改变用途或转租，及是否达到承诺的营业收入、税收等。

第六条 招商单位资格申请由区投资促进部门负责受理、审核，报区政府、管委会批准同意；区投资促进部门负责制订招商单位资格审批流程。

招商单位资格经批准后，有效期 5 年，期满后按本办法重新申请。

第七条 取得项目授权委托书的招商单位为项目引进适格主体。

内资项目在企业名称预核准之前，外资项目在外资审批（或备案）及企业名称预核准之前，招商单位应当持项目授权委托书或项目基本情况材料向区投资促进部门报告；企业名称预核准之后，若项目名称有变动则持相关材料补报告。未按时报告的不予认可为该项目引进适格主体，不予发放招商奖励金。

若同一项目同时委托多家招商单位的，原则上以先行报告的为引进适格主体；特殊情形的，相关招商单位应当自行协商奖励金分配方案，分配方案应当在上述规定时限一并报告，否则该项目奖励金不予发放。

第八条 招商单位应当及时督促并协助将引进项目的营业收入、税收等数据向区统计、税务等部门申报入统，以便相关部门及时将项目的经济数据纳入我区统计指标。

招商单位应当及时督促并协助外资项目将实缴外资向区统计部门申报入统，因申报超时、验资过期或其他原因无法纳入外资指标统计的，则一律不计入我区招商引资业绩考核，不纳入招商引资奖励，已获得的奖励相应扣减。

第九条 招商单位如有下列情形之一的，由区投资促进部门报区政府、管委会取消其资格：

（一）招商单位不再具备本办法第四条基本条件的；

（二）招商单位连续两年为我区引进的项目注册资本年度累计均少于 3000 万元（外币折合人民币的汇率，按企业取得新设营业执照或增资营业执照之日人民银行公布的基准汇率计算）；

（三）引进项目属于恶意包装项目产生不良后果，承诺投资规模、效益与事实严重不符，刻意闲置、炒作用地，环保、安全存在重大问题等；

（四）招商单位一年内引进项目有两个及以上被列入"国家企业信用信息公示系统"严重违法失信企业的，或招商单位自身被列入"国家企业信用信息公示系统"严重违法失信企业的；

（五）招商单位拒不履行职责或遭到客户严厉投诉，情节恶劣产生不良影响的。

招商单位如属上述第（一）、（二）情形被取消资格的，在具备资格期间引进项目的招商奖励，仍可领取；如属上述（三）、（四）、（五）情形被取消资格的，则不予发放剩余奖励金，且我区有权追回已发放的相关奖励金。

第三章　奖励与兑现

第十条 引进项目在我区办理工商、税务登记，且外资项目在我区办理外资设立、变更审批（或备案），纳入我区统计口径的，视项目实际投资和生产经营情况给予招商单位相应奖励。本办法给予招商奖励的项目范围不包括主营业务为房地产的项目。

签署投资协议的项目应当按协议约定的时限投产或投入运营，逾期不给予招商奖励（若非项目方原因导致延期的，时间相应顺延）；未签署投资协议的项目应当在注册后 5 年内达到本办法规定的奖励条件。

第十一条 对内资项目按以下规定给予招商奖励：

（一）用地项目的注册资本应当在3000万元以上，按以下标准分三次给予奖励：

1. 项目取得用地（以取得国土使用权证为准），一次性给予招商单位10万元招商奖励；

2. 项目投产（或投入运营）且正常纳税，一次性给予招商单位20万元招商奖励；

3. 项目投产（或投入运营）后实现投资协议所约定的年度营业收入或年度经济贡献，再按照项目首次达标年对我区经济发展贡献的30%对应给予一次性招商奖励。

（二）非用地项目注册资本应当在1000万元以上，按以下标准分两次给予奖励：

1. 项目年度营业收入达到2000万元以上或年度经济贡献达到100万元以上后，一次性给予招商单位30万元招商奖励；

2. 签署投资协议的项目实现投资协议所约定的年度营业收入或年度经济贡献；未签署投资协议的项目，制造业营业收入达到1亿元以上、商贸业营业收入达到5亿元以上或其他营利性服务业营业收入达到0.5亿元以上，或项目的年度经济贡献达到500万元以上，再按照项目首次达标年对我区经济发展贡献的30%对应给予一次性招商奖励。

（三）同一内资项目对应的招商奖励金累计以500万元封顶。

第十二条 对外资项目按以下规定给予招商奖励：

（一）用地项目注册资本认缴外资额应当在500万美元以上，按以下标准分三次给予奖励：

1. 项目取得用地（以取得国土使用权证为准）且注册资本外资额完成实缴20%以上，以注册资本认缴外资额为基数，按照注册资本认缴外资额20%乘以1.7%计算给予一次性招商奖励（公式：奖励金＝注册资本认缴外资额×20%×1.7%，奖励金以人民币为本位币，其他币种以受理奖励金当天中国人民银行公布的基准汇率折算，下同）；

2. 项目投产（或投入运营）且正常纳税，且注册资本外资额累计完成实缴70%以上，以注册资本认缴外资额为基数，按照注册资本认缴外资额50%乘以1.7%计算给予一次性招商奖励（公式：奖励金＝注册资本认缴外资额×50%×1.7%）；

3. 项目投产（或投入运营）后实现投资协议所约定的年度营业收入或年度经济贡献，再按照项目首次达标年对我区经济发展贡献的30%对应给予一次性招商奖励。

（二）非用地项目注册资本认缴外资额应当在100万美元以上，按以下标准分三次给予奖励：

1. 注册资本外资额完成实缴20%以上后，以注册资本认缴外资额为基数，按照注册资本认缴外资额20%乘以1.7%计算给予一次性招商奖励（公式：奖励金＝注册资本认缴外资额×20%×1.7%）。

2. 项目年度营业收入达到2000万元以上或年度经济贡献达到100万元以上，且注册资本外资额累计完成实缴70%以上后，以注册资本认缴外资额为基数，按照注册资本认缴外资额50%乘以1.7%计算给予一次性招商奖励（公式：奖励金＝注册资本认缴外资额×50%×1.7%）。

3. 签署投资协议的项目实现投资协议所约定的年度营业收入或年度经济贡献；未签署投资协议的项目，制造业营业收入达到1亿元以上、商贸业营业收入达到5亿元以上或其他营利性服务业营业收入达到0.5亿元以上，或项目的年度经济贡献达到500万元以上，再按照项目首次达标年对我区经济发展贡献的30%对应给予一次性招商奖励。

（三）以注册资本认缴外资额为基数计算的奖励金累计以300万元封顶。同一外资项目对应的招商奖励金累计以1000万元封顶。

中外合资项目注册资本外资占比25%以上的，按本条规定给予招商奖励；占比25%以下的，按本办法第十一条内资项目的规定给予招商奖励。

第十三条 对引进特别突出项目的，除按本办法第十一条、第十二条外，另按以下标准给予招商奖励：

（一）本办法实施后新注册的项目，若满足我区《广州市黄埔区、广州开发区促进先进制造业发展办法》（穗开管办〔2017〕4号）、《广州市黄埔区、广州开发区促进现代服务业发展办法》（穗开管办〔2017〕5号）、《广州市黄埔区、广州开发区促进总部经济发展办法》

(穗开管办〔2017〕6号)等政策获得"项目落户奖"并实现投资协议(或承诺)约定,或项目在注册前一年度其主要投资方(控股股东,下同)入选世界500强、中央大型企业(集团)、中国企业500强或中国民营500强并实现投资协议(或承诺)约定,另一次性给予招商单位50万元奖励。

(二)本办法实施后新注册的项目,注册后5年内某个完整年度对我区经济发展贡献达到1000万元以上或营业收入达到10亿元以上,另一次性给予招商单位50万元奖励。

(三)本办法实施后在"IAB"(新一代信息技术、人工智能、生物制药)产业领域新引进符合奖励条件的重大项目,在本办法第十一条、第十二条奖励标准基础上,给予招商单位奖励金上浮30%。

(四)若项目同时符合本条上述条件,招商单位可同时享受奖励。

第十四条 在本办法有效期内从区外迁入的项目,以迁入后在我区注册资本净增量(外资需扣除区外统计部分)以及在我区净增营业收入、净增经济发展贡献(扣除我区划转给原迁出区的基数)为奖励基数,参照本办法相应奖励条款给予招商奖励。净增注册资本、净增营业收入、净增经济发展贡献以区统计、财政部门核实为准。

项目在本办法有效期内增资的,以净增注册资本、净增营业收入、净增经济发展贡献为奖励基数,参照本办法相应奖励条款减半给予招商奖励。净增营业收入、净增经济发展贡献等于增资后项目在达标年的营业收入、经济发展贡献减去增资前一年的营业收入、经济发展贡献,以区统计、财政部门核实为准。

本办法实施前已在我区设立的项目合并区外的项目(或区外的项目合并区内的项目),通过收购、并购、重大资产重组等形式新成立的项目,招商奖励参照增资情形办理。以新项目注册资本、营业收入、经济发展贡献减去合并前原项目的注册资本、营业收入、经济发展贡献后得到的净增量为奖励基数,以区统计、财政部门核实为准。

区内现有企业新设项目后减少、停止原公司生产经营业务以新公司名义开展业务,或变更企业名称进行再注册的,不得享受本办法规定的招商奖励。新设立的项目不得通过与已在我区注册经营老企业之间以转移产能或营业收入等方式提高新增地方经济发展贡献。如有上述行为，一经发现，取消招商单位为该项目引进适格主体，追回已发放奖励金。

第十五条 本办法实施后落户的项目符合奖励条件的，招商单位应当在项目满足条件后一年内申领招商奖励，逾期不受理。申领招商奖励的单位应当提交以下材料：

（一）招商引资奖励金申请表。

（二）由主要投资方签署并出具的项目授权委托书。

（三）项目注册营业执照，项目属迁入、增资的，提供迁入、增资工商变更文件。

（四）招商单位营业执照，以及招商单位法人委托书原件、经办人身份证。

（五）项目验资报告，申领外资项目招商奖励的还应当提供经统计部门核实的实际利用外资总额证明材料。

（六）项目达标年度的财务审计报告、纳税证明。

（七）用地项目提供国土使用权证、非用地项目提供场地证明。

（八）申领特别突出项目招商奖励的，应当提供项目达标年度的经营贡献情况证明材料，或项目落户奖相关证明材料，或项目主要投资方进入世界500强、中央大型企业（集团）、中国企业500强或中国民营500强的相关证明材料。

第十六条 招商单位引进注册资本外资额一次性认缴5亿美元以上（含一次性增资）的外资项目或注册资本一次性认缴30亿元以上（含一次性增资）的内资项目，或直接引进已在境内外资本市场上市企业或在"新三板"挂牌企业，且该项目对我区经济增长作出重大贡献的，另报区政府、管委会研究给予专门奖励。

在我区注册或登记并经区科技部门或发改部门认定的创客空间、孵化器、加速器、合作中心等企业或机构，为我区引进产业带动性强、经济效益良好的大项目，或促进我区与国际技术合作，引进国际产业尖端项目或高新技术企业的，由区投资促进部门会同区科技、发改部门共同认定后给予专门奖励。

第四章 附 则

第十七条 本办法所需资金由区政府、管委会安排，纳入区投资促进部门年度部门预算。

区投资促进部门负责资金的审核、审批、发放等工作；区科技部门负责提供高新技术企业信息；区统计部门协助核实项目实缴外资、实际营业收入等数据；区财政部门负责提供项目所在企业对我区经济发展贡献的相关数据，并按职责对资金的使用和管理情况进行监督检查和绩效评价；区国土规划部门出具项目属于用地或非用地的情况证明；区市场监管部门在必要时协助核实项目经营情况；各相关招商职能部门和园区管理机构配合做好招商项目统筹和奖励资格认定等工作。

第十八条 符合本办法规定的同一项目、同一事项同时符合我区其他扶持政策规定的，按照从高不重复的原则申请招商引资奖励。

除注明为其他币种外，本办法提到的货币单位，均以人民币计算。涉及"达到""以上""不低于""封顶"的数额均含本数。

第十九条 享受本办法政策扶持的招商单位应当签订承诺书，确保引进项目10年内不出现减资、撤资、关停情形，工商注册、税务、统计关系不迁离我区，所引进项目不得擅自违反土地出让合同出租、转让用地，否则应当退回奖励金。

第二十条 本办法自发布之日起实施，有效期5年，有效期届满或有关法律政策依据变化，将根据实施情况予以评估修订。

中共广州市花都区委办公室
广州市花都区人民政府办公室关于印发
《广州市花都区支持绿色金融和绿色产业创新发展若干措施》的通知

(花办发〔2017〕27号)

各街党工委、办事处,各镇党委、政府,区直各单位:

《广州市花都区支持绿色金融和绿色产业创新发展若干措施》业经区委、区政府同意,现印发给你们,请认真遵照执行。

中共广州市花都区委办公室
广州市花都区人民政府办公室
2017年7月10日

广州市花都区支持绿色金融和绿色产业
创新发展若干措施

为贯彻落实经国务院批准、中国人民银行等七部委联合印发的《广东省广州市建设绿色金融改革创新试验区总体方案》(银发〔2017〕154号)精神,积极推动在广州市花都区开展绿色金融改革创新试点,充分发挥绿色金融对绿色产业的推动作用,将花都区打造成绿色金融和绿色产业协调发展的集聚区,特提出如下发展措施。

第一条【设立绿色发展专项资金】 从2017年起,连续五年区财政每年安排不低于10亿元的支持绿色金融和绿色产业发展专项资金,对绿色金融机构和绿色产业给予扶持奖励,支持绿色金融机构和绿色产业在花都区集聚发展、创新发展、转型升级。

第二条【培育绿色金融组织体系】 引导法人金融机构、类金融机构、金融市场交易平台等在花都区开展绿色金融业务。对于法人金融机构落户最高给予2000万元奖励；对于金融市场交易平台落户最高给予500万元奖励。对经认定的金融机构根据其对地方经济发展贡献，最高前三年按照100%、后两年按照70%的标准给予奖励。

第三条【推动绿色金融支持绿色产业】 以绿色基金、绿色信贷、绿色债券、绿色保险等金融方式支持绿色产业发展。对经认定的核心技术强、产业前景好、发展潜力大的绿色企业和项目，最高给予5000万元的股权投资支持。对企业技术改造、绿色化升级等项目获得绿色贷款的，每家企业每年最高给予100万元补贴。对成功发行绿色债券的每家企业每年最高给予100万元补贴。对企业购买绿色保险的，每家企业每年最高给予10万元补贴。

第四条【引导绿色产业集聚发展】 规划建设绿色产业园区，引导绿色制造业、绿色服务业、绿色建筑业、绿色农业等在花都区集聚发展。对经认定的重大绿色企业落户最高给予1200万元奖励，根据绿色企业对地方经济发展贡献最高按照30%的标准给予奖励。

第五条【建立政务服务绿色通道】 优化政府服务，简化审批流程，进驻绿色产业园区的企业工商注册登记在1天内办结。在绿色产业园区实施项目投资建设行政审批制度改革，推行"以规划代替立项""以承诺代替审批"，以园区综合评估评审取代单个项目的评估评审，在政府部门对建设项目进行综合评估和建设主体作出承诺后，即可开展项目建设，以"事中事后监管"取代"事前审批"。

第六条【创新绿色金融产品和服务】 探索开展排污权、水权、用能权等交易，审慎探索试点开发碳汇项目、推动碳资产抵押贷款业务。建立适用于在试验区内的银行业金融机构的绿色信贷实施情况的关键评价指标，积极申请运用再贷款、再贴现等货币政策工具，鼓励更多资金流入绿色产业市场。

第七条【设立花都绿色发展基金】 积极引导绿色金融机构和绿色企业发起设立总金额不少于100亿元的花都绿色发展基金。绿色发基金以市场化方式运作，根据花都区内绿色企业不同阶段发展需要，提供创新发展、并购重组、担保转贷、上市挂牌等各类基金支持，推动绿色产业发展。

第八条【推动绿色企业上市挂牌】 对在境内主板、中小企业板、创业板上市的企业，给予1000万元奖励；对在经花都区绿色发展领导小组认可的境外资本市场上市的企业，给予800万元奖励；对在全国中小企业股份转让系统成功挂牌的，给予100万元奖励。对新引进的上市企业前两年按照其对地方经济发展贡献的80%，后三年按照50%给予奖励；对花都区成功培育的上市企业，每年按照其对地方经济发展贡献的50%给予奖励。

第九条【集聚绿色发展人才】 对重点绿色金融机构和绿色企业的高级管理人员参考其上一年度已纳税额给予奖励，每人每年最高奖励300万元。对已经落户花都区的绿色金融机构和绿色企业的高级管理人员，首次在花都区购买自住房屋（限一套）的，可参考其购房款给予购房补贴，每人最高补贴300万元，人才奖励资金和购房补贴从绿色金融机构和绿色企业发展贡献奖励中支出。根据企业对地方经济发展贡献情况，向重点绿色金融机构和绿色企业配发人才服务卡，持卡人可享受本人及其家人优先入户、子女入托入学优质学位、年度免费健康体检等优质服务。重点绿色企业的高级管理人员在企业投资建设前期可申请人才公寓。

第十条【加强绿色发展组织领导】 成立花都区绿色发展领导小组，统筹规划花都区绿色金融和绿色产业发展，对绿色金融和绿色产业的相关企业和项目进行认定，做好改革风险预警、防范、化解和处置工作。按年度对绿色发展专项资金进行绩效评估。对绿色企业因环保、消防、安全生产等领域违法行为受到相关部门处罚的实施一票否决，取消对企业当年的所有奖励、补助。

本措施自颁布之日起实施，有效期5年，期满后根据实际情况依法予以评估修订。

广州市人民政府
关于加快发展现代职业教育的实施意见

(穗府〔2017〕22号 2017年9月2日)

各区人民政府,市政府各部门、各直属机构:

为加快推进广州职业教育综合改革和现代职业教育体系建设,根据《国务院关于加快发展现代职业教育的决定》(国发〔2014〕19号),现制定本意见。

一、指导思想

深入贯彻落实习近平总书记治国理政新理念新思想新战略和关于职业教育的重要指示精神,坚定不移深化改革,坚定不移依法治教;以立德树人为根本、服务发展为宗旨、促进就业为导向,加大职业教育资源整合优化力度,加快发展现代职业教育;紧紧围绕广州国家重要中心城市的定位,以广州建设"三中心一体系"和枢纽型网络城市的战略部署为指引,坚持政府推动、市场引导、服务广州、面向全省,促进职业教育综合改革与产业转型升级紧密对接;以产教融合、校企合作为抓手,积极倡导行业企业和社会力量参与;促进公办与民办职业教育共同发展,为加快重点产业和新兴产业发展培养一大批高素质劳动者和技术技能人才。

二、目标任务

到2020年,形成党委领导、政府推动、行业企业支持、社会力量充分参与的多元化办学格局；遵循组团式、特色化、中高职一体化发展路径，打造支撑广州市创新驱动发展战略和供给侧结构性改革、结构优化、特色鲜明、品牌效应突出的专业集群；构建与广州现代产业体系相匹配、产教深度融合，纵向衔接、横向贯通，学校教育与职业培训并举、公办民办协调发展的，体现终身教育理念，世界前列、全国一流、广州特色、示范引领的现代职业教育体系。

——规模结构更加合理。中职学校与普通高中在校生规模大体相当，中职教育与高职教育在校生比例约为2:1。中职学校学生升入高职院校的比例达到全国领先水平，市属高职教育占市属高等教育规模70%以上。

——质量水平全面提升。职业院校办学条件达到现代化标准，实训设备配置达到现代技术实际应用水平。中高职教育相衔接的课程体系全面建成，教师队伍素质整体提高，国际化水平明显提升，现代信息技术广泛应用。建成一批高水平、具有国际影响力的职业院校和世界一流的品牌专业，毕业生综合素质和职业能力与国际接轨。

——服务能力显著增强。专业动态调整、产教深度融合，职业教育与发展需求相适应，院校布局与产业布局相适应，专业结构与产业结构相适应。校企全面合作，协同开展技术技能人才培养，面向新材料、新能源、节能环保、新一代信息技术、健康医疗、智能制造、"互联网+"等重点产业和新兴产业的人才培养水平明显提升。到2020年，建成8个集群化院校组团。

——发展环境不断优化。政府统筹、部门协调体制与投入机制更加完善，市场作用充分发挥，公办、民办职业教育协调发展，职业院校办学活力不断增强。职业教育政策法规逐步完善，现代职业教育制度基本建立，职业教育支撑产业发展制度、行业指导制度、督导评估制度和现代学校制度进一步健全。全社会人才观和就业观明显改善，支持和参与职业教育的氛围更加浓厚。

三、构建现代职业教育体系

（一）统筹发展中职教育。实施中职教育综合改革，鼓励特色办学，提高办学质量。根据本地区产业、人口、教育实际，优化中职学校布局结构，实现区域内省属、市属、区属学校协调发展，中心城区与外围城区、农村地区职业教育协调发展。实施中职学校基础能力三年提升工程，创建省级以上示范性中职学校。支持各区分别办好一所以上的中职学校。

（二）大力发展专科层次职业教育。坚持成熟一个创建一个的思路，积极推进广州幼儿师范专科学校等符合条件的高等院校设置。根据国家高校设置规定，将符合条件的 3~4 所技师学院纳入高等学校序列。加快推进一流高职院校建设，积极创建全国优质高职院校。密切政产学研合作，推动高职院校向增城区、南沙区布局，健全专业与产业发展的联动机制，重点服务区域发展、企业发展，加强与行业企业共建技术工艺和产品开发中心、实验实训平台、技能大师工作室等。到2020年，建成一批具有广州特色的国内一流高职院校，形成具有国际竞争力的技术技能人才培养高地。

（三）优化发展本科层次职业教育。按照补齐短板、优化结构的原则，整合在穗高校资源，积极创建广州交通大学、广州理工大学等应用型高校。建立职业院校与在穗省属应用型高校合作机制，鼓励高职院校采用与应用型高校、开放大学、境外高水平大学合作等多种形式开展本科层次职业教育。鼓励应用型高校将专业设置由学科定位转向职业岗位分类，倾斜支持品牌专业建设。

（四）加快发展专业学位研究生教育。按照专业学位研究生教育人才培养质量标准，坚持以职业需求为导向、实践能力提升为重点，推进人才培养模式改革。鼓励高职院校积极发展专业学位研究生教育。支持有条件的应用型高校开展专业学位研究生教育试点。

（五）积极开展继续教育和职业培训。构建劳动者终身职业培训体系，依托各类院校、社会组织建立有利于劳动者接受继续教育和职业培训的灵活学习制度，推进学习型社会建设。坚持面向人人，对未升学初高中毕业生、残疾人、失业人员等群体普遍开展继续教育和职业培训，帮助异地务工人员、一线职工、复退军人和新型农民提升就业创业能力。扩大社会成员接受多样化教育的机会，推动广州市广播电视大学向开放大学转型发展，建成集学历教育、继续教育、职业培训为一体的开放大学。开展人才培养衔接试点，建设终身教育学分银行，建立学分积累与转换制度，推进学习成果互认衔接。鼓励有条件的职业院校和培训机构接收异地务工人员、未考上大学的高中毕业生、失业人员免费入读我市部分紧缺专业。

四、深化体制机制改革

（六）大力深化管理体制改革。进一步强化政府对职业教育的统筹力度，理顺公办职业院校办学体制，实施社会团体办学归口教育行政部门管理。逐步取消公办职业院校的行政级别。逐步剥离挂靠本科高校办学的专科层次教育。

（七）加快推进办学体制改革。建立公办、民办职业教育共同发展的体制架构，社会力量办学机构与公办职业院校具有同等法律地位，依法享受相关教育、财税、土地、金融等政策。健全政府补贴、购买服务、助学贷款、基金奖励、捐资激励等制度，着力推进民办职业教育关键领域改革。引入社会资金和境外资金，通过独资、合资、合作等形式举办职业教育，允许以资本、知识、技术、管理等要素参与办学并享有相应权利。探索发展股份制、混合所有制职业院校。探索公办职业院校和社会力量办学机构相互委托管理和购买服务的机制。引导社会力量参与职业教育教学过程，共同开发课程和教材等教育资源。引导社会力量举办高水平、有特色的职业院校，提供优质职业教育产品和培训服务，培养高技能人才和紧缺人才。

（八）加快推进人事制度改革。在国家、省、市有关规定范围内，加快推进高职院校、技师学院开展专业技术岗位设置、公开招聘、职称评审、引进高层次人才等人事制度改革工作。建立科学合理的岗位设置动态调整机制,改进公开招聘工作,研究出台职业院校引进高层次人才和短缺专业人才办法。符合条件的非广州市户籍境内居民及港澳台地区、外籍高层次人才可申请人才绿卡,并按照《广州市人才绿卡制度》规定,在职称评审、子女入学、购房、购车等方面享受优惠待遇,外籍高层次人才可享受出入境和停居留方面便利。探索推进高职院校逐步取消事业单位编制。对职业院校人才引进采取倾斜政策,支持职业院校按照规定聘请企业管理人员、工程技术人员和能工巧匠担任专兼职教师,可通过总量控制类入户指标引进技能竞赛获奖选手和其他特殊技术人才。建立职业院校绩效考核制度,推进绩效工资水平增长与考核结果挂钩。按照职业院校办学规模、培训收入、专项奖励等指标,制定体现职业教育特点的教师绩效评价标准,建立和完善教师绩效分配机制。

(九)统筹实施投资体制改革。统筹发挥政府财政经费和市场资金对职业教育的投入。引入市场机制,鼓励职业院校与市场接轨,允许职业院校以技术、知识、专利等要素与企业共同注册公司,支持职业院校与企业共同开发产品、申请商标。落实企业捐资职业院校相关税收政策,通过公益性社会团体或区级以上人民政府及其部门向职业院校进行捐赠的,其捐赠按现行税收法律规定在税前扣除。完善财政贴息贷款等政策,健全民办职业院校融资机制。探索利用境外资金发展职业教育的途径和机制。

(十)建立职业教育与普通教育互通发展机制。推动高中阶段教育普职融合办学模式改革。探索中职学校学生和普通高中学生根据学籍管理规定,达到相应学业水平标准后可相互转学升学,实行相同课程学分互认。进一步将劳动教育融入小学、初中相关教学,普通高中适当增加职业技术教育内容。鼓励有条件的职业院校和企业向普通中小学和社区教育机构开放社会实践和实训基地。

(十一)实行职业教育体系内部贯通培养。推进中职教育与高职教育协调发展,稳步实施中职教育和不同层次高职教育相衔接的人才培养模式改革,深化课程一体化设计,推进中职教育和应用技术本科教育贯通等培养改革试点。制定以学分认定为基础的一体化人才培养方案、专业教学标准和课程标准，实现中高职教育人才培养有机衔接，探索建立技能、工作经历与学分转换的机制。探索在重点中职学校和国家重点技工学校的重点专业试行专业学院建设。以高职院校为龙头，以专业为纽带，以行业、骨干企业为依托，建立中、高等职业教育协调发展的院校组团。

（十二）完善具有职业教育特色的招考制度。加快推进高职院校分类招考或注册入学，建立健全文化素质检测和职业技能考察相结合的职业院校招生录取制度，规范和完善技能拔尖人才免试入学、单独考试、综合评价等招生办法。根据广东省统一部署，积极探索中职毕业生直接考取应用型高校的考试招生办法。自2017年起，高职院校分类招生录取试点采用依据普通高中学业水平考试成绩等进行录取。推进技师学院招生改革。加大中高职衔接三二分段、五年一贯制及职业院校对口自主招生改革，扩大高职院校对口中职学校的招生规模。推动高职院校与本科高校、企业协同培养，为技能型人才成长成才提供多样化选择。

（十三）实施董事会（理事会）管理制度。推进职业院校建立学校、行业、企业、社区共同参与的理事会或董事会，完善利益相关者参与决策和监督职业院校发展的机制。探索推进职业院校二级学院改革，对二级学院下放人、财、物权限。实施职业院校理事会或董事会管理模式，依法制定体现职业教育特色的章程和制度，建立健全依法自主管理、民主监督、社会参与的法人治理结构，推进职业院校治理体系和治理能力现代化，激发办学活力。

（十四）建立行业企业深度参与职业教育的机制。成立行业、企业、院校等多方参与的行业指导委员会，颁布行业人才培养标准。推进职业教育培养目标、专业设置、课程内容、教学过程与产业升级、行业标准、企业需求相对接，保证职业教育课程和实训基地建设与产业技术发展相适应，并适度超前储备新兴产业人才。出台相关指导意见，依法对参与现代学徒制、企业新型学徒制的试点企业实施税收优惠或减免，建立政府补贴制度。开展生产服务性实习实训和社会、行业培训，完善教师激励机制。学生在企业实习期间的报酬，可按规定在计算企业应纳税所得额时扣除。建立学生实习强制保险制度，职业院校和实习单位应根据国家有关规定为实习生投保实习责任保险。

（十五）鼓励多元主体组建职业教育集团。制定职业院校、行业企业、科研机构、社会组织等共同组建职业教育集团的支持政策，发挥职业教育集团在促进教育链和产业链有机融合中的重要作用。鼓励规模以上企业和行业龙头企业牵头组建职业教育集团，探索组建覆盖全产业链的职业教育集团，开展多元投资主体依法共建职业教育集团的改革试点。完善职业教育集团发展机制，扩大各类职业院校参与率。

五、提高人才培养质量

（十六）坚持立德树人。遵循职业教育规律和学生身心发展规律，把培育和践行社会主义核心价值观融入教育教学全过程，着力培养学生献身理想使命的信念信心。注重培育工匠精神和综合素质，培养全面发展的社会主义建设者和接班人。改革德育课程，深入挖掘专业教学环节中的育人功能，创新实践育人、文化育人、管理育人的有效方法和途径。完善"爱学习、爱劳动、爱祖国"教育长效机制，系统推进爱国主义教育、理想信念教育、中华优秀传统文化教育、公民意识教育、科学素养教育、生态文明教育等，培养学生服务国家、服务人民的社会责任感和开放、进取、拼搏、创新的精神。

（十七）创新人才培养模式。引导和支持学校与企业合作办学、合作育人、合作就业、合作发展。以创新人才培养模式为突破口，鼓励职业院校招收有实际工作经验的学习者。配合国家、省开展校企联合招生、联合培养的现代学徒制试点和企业新型学徒制试点，推进校企一体化育人。健全职业院校技能大赛制度，推动学校以竞赛促进教学水平的提高。推动创新创业教育与专业教育深度融合，深化"校企双制、工学一体"人才培养模式改革。建立技能型人才公共就业服务平台，建设众创空间和创业孵化基地，落实职业院校毕业生同等享受高校毕业生创业就业政策，提升毕业生就业质量。

（十八）调整优化专业结构。出台专业优化调整指导意见，基于大数据建立与城市发展战略布局、产业结构调整联动的职业院校专业动态调整机制和就业评价反馈机制。采取差异化财政投入、院校撤并整合、控制招生计划等措施，跨院校、跨层次整合资源，大幅减少专业重复设置，凝聚专业特色和品牌。着力建设一批市级以上示范专业、重点专业、特色专业和紧缺专业，增强专业结构与产业布局的适配度，提高服务产业发展的能力。

（十九）提高师资队伍水平。健全优秀人才引进、培养、选用机制。大力引进国际高水平职业教育专家，重点引进领军人才和"高精尖缺"人才。建立职业院校教师与企业工程技术人员、高技能人才双向聘用机制。实施中等职业教育"百千万人才培养工程"，遴选并培养一批优秀人才，加强梯队建设。推进"能工巧匠"计划，落实专业教师企业实践制度，力争"双师型""一体化"教师占专业教师比例达70%以上。改革教师职称（职务）评聘办法，建立以专业经验、技能水平、教学实绩、技术开发能力为导向的人才评价机制。探索相关专业技术职称系列与职业教育教师职称系列的有效对接。支持有条件的职业院校获得高级职称评审权，探索中职学校评审正高级教师职称试点。探索贯通高技能人才与工程技术人才职业发展的通道，争取纳入省试点范围。

（二十）提高信息化水平。大力推进智慧校园建设，全面提升职业院校信息化水平。结合职业院校的教学诊断改进工作，推进职业院校数据平台建设和应用。加快虚拟仿真等实习实训平台建设，促进信息技术与课程教学融合，以信息技术支撑产教结合、工学结合、校企合作、顶岗实习。以"互联网+"建设广州市职业教育信息化资源共享平台，切实发挥优质教育资源辐射带动功能。探索建立政府主导、多元参与、共建共享的职业教育资源供给模式。

（二十一）拓展对外交流与合作。借鉴世界先进国家和地区的职业教育发展理念，大力引进职业教育发达国家先进经验、成功模式和优质资源。支持职业院校与国外高水平职业院校建立紧密型合作关系，开展教师互派、学生互换、学分互认等。鼓励外国留学生来穗学习职业教育。积极参与制定职业教育国际标准，借鉴和引入国际职业资格认证，开发与国际先进标准对接的专业标准和课程体系。鼓励职业院校师生取得国际公认的职业资格证书。推动职业院校、职业教育集团与国际大型企业、境外教育机构开展合作办学和培训，共同培养具有国际视野、符合国际职业标准的高技能人才。推进广州铁路职业技术学院国际高铁学院、广州番禺职业技术学院海外分校等建设。进一步深化广州体育职业技术学院与芬兰哈格—赫利尔应用科技大学体育商学院、广州工程技术职业学院与瑞典斯堪尼亚培训学院、广州市高级技工学校（广州市技师学院）与德国威尔芬学院的合作办学。重点推进穗、港、澳、台职业教育合作和资源共享，配合省开展粤港澳职业技能"一试三证"试点。加大职业院校教师参加高层次出国（境）培训的支持力度。

六、强化发展保障

（二十二）加强党的建设。深入贯彻落实习近平总书记系列重要讲话精神，加强和改进职业院校党建和思想政治工作，加强党对职业教育工作的领导。构建落实全面从严治党责任机制，强化各级党组织的主体责任，学校党委切实做到把方向、管大局。积极探索民办职业学校党组织发挥作用的途径和方法。加强党风廉政建设和作风建设，深入推进廉政风险防控工作，健全惩治和预防腐败体系，把党风廉洁建设和反腐败工作与职业教育工作协同推进，为职业教育改革发展提供坚强的政治保障。

（二十三）加强组织领导。在广州市教育工作领导小组下建立广州市职业教育发展协调工作组（以下简称"协调工作组"），由分管教育工作的副市长担任组长，成员由市发展改革委、工业和信息化委、教育局、科技创新委、财政局、人力资源和社会保障局、商务委、国资委、外办、国税局、地税局等单位主要领导组成。协调工作组负责统筹指导、组织协调加快发展现代职业教育工作，其办公室设在市发展改革委。协调工作组下设专业发展咨询委员会，由政府、学校、行业、企业的专业人士组成，负责对现代职业教育发展重要事项提供咨询。

（二十四）完善投入机制。实行分类管理，建立与职业院校办学规模、专业分类和培养要求相适应的财政投入制度。逐步形成以办学水平和绩效为导向的生均综合定额拨款制度，建立差异化财政投入机制。依法制定并逐步提高职业院校生均经费或公用经费标准。强化职业教育经费使用管理，完善职业教育经费绩效评价、审计监督公告、预决算公开制度。

（二十五）加强基础建设。积极改善职业院校办学条件，加快推进广州职业技术院校迁建工程。对原有校区实施整合调整，支持不搬迁院校采取就地改、扩、建等方式改善办学条件。"关、停、并、转"办学条件严重不达标的学校，力争2020年职业院校全部达到国家规定的办学标准。加快广州钟落潭高校园区改善配套条件，优化基础设施。加强校企合作示范基地建设，依托职业院校、合作企业建设开放、共享的技能实训基地。

（二十六）落实政府职责。建立学校与企业密切协作的制度环境，为学生在企业实习实训、领取报酬提供政策支持。完善政府统筹、分级管理、社会参与的管理体制。各级政府依法加强对本行政区域内职业教育工作的组织领导、统筹协调和督导评估。运用总体规划、政策引导等手段以及税收金融、财政转移支付等杠杆，加强对职业教育发展的统筹协调和分类指导。各区政府和行业主管部门要切实承担责任，结合本地区本行业实际，探索解决职业教育发展的难点问题。注重发挥行业、用人单位作用，把行业标准和岗位要求作为职业教育质量评价的重要依据。形成政府、学校、行业、企业和第三方评估机构共同参与职业教育办学和人才评价的良性态势。支持第三方机构开展独立评估，建立评估质量监督保障和问责机制。

（二十七）营造良好环境。全市各有关部门要创造平等就业环境，消除城乡、行业、身份、性别等一切影响平等就业的制度障碍和就业歧视；党政机关和企事业单位招用人员不得歧视职业院校毕业生。彰显工匠精神，大力宣传高素质劳动者和技术技能人才的先进事迹和重要贡献，引导全社会确立尊重劳动、尊重知识、尊重技术、尊重创新的观念，促进形成"崇尚一技之长、不唯学历凭能力"的社会氛围，提高职业教育社会影响力和吸引力。

附件：1. 主要工作任务及分工（略）
　　　2. 名词解释

职业院校：包括应用型高校、高职院校、技工院校、中职学校。

应用型高校：指与当前中国研究型大学、研究教学型大学、教学研究型大学等类别不同，以服务区域经济社会发展、以培养与产业发展相适应的应用型人才为办学定位的本科层次高等院校。

高职院校（亦称"专科高职院校"）：指教育部门管理的专科高等职业技术学院，以及获批列入高等学校序列的、人社部门管理的技师学院。

中职学校：包括教育部门管理的中等职业学校和人社部门管理的技工院校。

院校组团：指一所高职院校引领若干所中职学校，以加强主要专业相类同的中高职院校合作发展、促进中高职衔接的组合。

专业集群：指按照产业类别和专业内在逻辑整合职业院校专业资源，实现跨院校优势资源共享的专业群。

职业教育集团：由院校、行企、科研机构、社会组织等自愿共同组建，以实现资源共享、优势互补、合作发展为目标的利益共同体。

特色专业学院：面向区域产业发展需要，产教深度融合、专业（群）特色鲜明的二级学院（系）。

现代学徒制：职业院校与企业联合招生、联合培养的人才培养模式。学徒既是企业的员工，又是职业院校的学生，学校教师和企业师傅共同教学。

企业新型学徒制：技工院校与企业共同实施的企业技能人才培养模式。招工即招生、入企即入校、企校双师联合培养。

"一试三证"试点：指考生通过一次职业资格考试，可同时获取国家职业资格证书，香港、澳门官方认证和国际权威认证。

"双师型"教师：具备教师资格和职业资格，从事职业教育工作的教师。

"一体化教师"：是技工院校中按照《一体化课程规范》，进行一体化课程教学设计并组织实施一体化课程教学的专业教师。

广州市人民代表大会常务委员会关于促进广州国际航运中心建设的决定

(2017年9月26日广州市第十五届人民代表大会常务委员会第八次会议通过)

建设广州国际航运中心是广州巩固国家重要中心城市、国际商贸中心和国际性综合交通枢纽地位，全面参与粤港澳大湾区建设，对接国家"一带一路"建设的重大部署。为营造具有国际竞争力的航运发展环境，促进广州国际航运中心的建设和发展，结合本市实际，决定如下。

一、本市应当立足粤港澳大湾区，依托泛珠三角地区，面向全球航运市场，提升港口集疏运条件，发展现代航运服务业，建设高水平对外开放门户枢纽，形成航运要素高度集聚、辐射效应显著、具有全球航运资源配置能力的国际航运中心。

二、市人民政府及其有关部门应当建立健全与国家和省有关部门的沟通协调机制、与泛珠三角各城市的合作协调机制以及与国际港航组织、"一带一路"沿线港口城市、其他国际航运中心的战略合作机制。

本市设立广州国际航运中心建设议事协调机构，负责协调推进建设广州国际航运中心工作。议事协调机构办公室设在市港航行政管理部门，负责有关日常工作。

三、市港航行政管理部门应当依法会同市发展改革、国土规划、海洋、交通等行政管理部门，组织编制建设广州国际航运中心相关规划。

广州国际航运中心相关规划应当与本市城乡规划、土地利用规划、海洋功能区划、产业规划、交通规划、港航规划等做好衔接，保障广州国际航运中心建设用地和水域需求。涉及港口规划岸线和码头范围的规划、建设事项，应当征求市港航行政管理部门的意见。

市和有关区人民政府应当采取措施，确保航道有效水深和通航净宽、净高，完善港口深水岸线有效保护和合理利用，满足广州国际航运中心未来发展需要。

四、市和有关区人民政府应当安排广州国际航运中心发展专项经费，制定鼓励境内外社会资本参与广州国际航运中心建设的政策措施。

五、市港航行政管理部门应当推进航道拓宽浚深和锚地新建扩建工程，构建功能分明、联动发展的港区布局，发展集装箱、通用、滚装、粮食、邮轮等大型深水码头泊位，提升码头泊位的专业化、规模化、自动化水平，提高航道锚地适应能力和港口的综合通过能力。

市港航、发展改革、交通、住房城乡建设等行政管理部门应当采取措施，加强集疏运通道和配套公共基础设施建设，优化布局内陆"无水港"，完善多式联运体系，拓展服务腹地。

六、市发展改革、国土规划、商务、交通、工业和信息化、港航等行政管理部门和有关区人民政府，应当加强港区与物流园区、专业市场的联动发展，落实对创新发展现代物流、货源组织、航线开辟等的扶持政策，降低物流成本，推动国际中转、国际采购配送、冷链物流、保税物流发展，提升广州国际航运中心的集聚和辐射能力。

七、支持港航业市场主体围绕产业发展和升级需求，提高港航资源利用质量和效益，向专业化和价值链高端延伸发展。鼓励港航业市场主体整合港航资源、开展境外投资和跨国经营。

八、市、区人民政府应当结合各区特色和市场需求，制定有利于航运资源有效配置、集约利用、协同发展的引导政策，构建布局合理、功能互补的航运产业聚集区。

引导和支持临港产业聚集发展，支持船舶修造、海洋工程装备等产业做大做强，促进临港产业与港口协同发展。

九、市、区人民政府应当支持航运代理、船舶供应、船舶管理、船舶检验、船员劳务等航运服务业转型升级，鼓励航运经纪、航运资讯与咨询、航运评价、指数编制等新业态发展，引导和支持本市航运服务企业向专业化、规模化、国际化发展。

市、区人民政府应当支持广州航运交易所等专业机构发展，打造航运交易中心、港航资讯中心、航运大数据中心和航运经济运行监测中心。

市商务、港航等行政管理部门应当争取国家和省的支持，依法建设华南保税油供应基地和船舶供应综合服务中心，提升对国际船舶补给服务能力。

十、市金融管理部门应当会同市国资、港航等管理部门，采取措施引进和推动设立航运金融机构，支持在穗金融机构依法创新航运金融业务，为航运企业提供专业化的融资、结算、财务顾问、金融衍生品开发等服务。

支持成立航运保险协会、船东互保协会，吸引保险公司在本市设立航运保险营运中心或专业性公司。鼓励保险机构创新航运保险产品，依法开展航运再保险及离岸业务创新。

十一、司法机关、仲裁机构以及市有关部门应当采取措施，提高本市解决国际海事争端的司法和仲裁能力，鼓励本市航运法律服务业依法提高专业化水平和国际化程度，对取得内地执业资格并在本市提供专业服务的香港和澳门的律师、会计师、审计师、咨询顾问等落实国家和省的优惠政策。

十二、市有关部门应当支持海事部门按照国家的规定提供便捷高效的船舶登记服务，落实自由贸易试验区国际船舶登记制度和中资"方便旗"船回国登记制度。

十三、市商务、旅游、港航、交通、质量技术监督等行政管理部门和市口岸服务部门应当采取措施，支持发展邮轮母港和访问港、开辟邮轮航线、鼓励设立邮轮旅游及服务企业或机构，制定与国际接轨的邮轮旅游服务标准化体系，打造国际邮轮全球采购船供配送中心和修造中心。

市口岸服务部门和市港航、旅游等行政管理部门应当会同驻穗口岸查验机构采取措施，落实粤港澳游艇"自由行"政策，建立规范、便捷、高效的游艇出入境管理机制，支持建设区域性国际游艇博览交易中心，完善游艇产业体系。

十四、市和有关区人民政府应当支持和推动驻穗口岸查验机构优化作业流程，强化跨部门协作，加强国际、国内跨地域通关合作，建设广州国际贸易"单一窗口"，推进通关便捷化、信息化和通关一体化建设，实现口岸管理相关部门信息互换、监管互认、执法互助，推进一次性联合检查，形成规范、方便、高效的大通关管理机制。

十五、市港航、工业和信息化等有关部门应当会同驻穗口岸查验机构、铁路部门等建设集调度、通关、安全监管、物流、交易、金融等功能为一体的公共信息服务管理平台，实现港航信息资源的在线集成共享和监管服务的科学化、精细化，加强数据交互融合、分析、挖掘应用与产出，发展高品质增值信息管理服务新业态。

鼓励港航领域科技创新和高新技术引进、应用，支持高水平航运科技研发平台建设，建立技术、市场和资本共同推动的智能港航产业发展模式。

十六、市港航、环境保护、海洋等行政管理部门应当会同海事部门，编制绿色低碳港口建设实施方案，落实珠三角水域船舶排放控制区要求，开展码头污染综合治理，强化船舶污染监管和海上溢油风险防范能力，保护港口水域生态环境。

鼓励港航企业利用清洁能源，应用节能减排和污染防治先进技术，推动建立港航业自律性绿色环境公约。

十七、市港航、交通、公安、安全生产监管等行政管理部门应当按照各自职责依法做好安全监管工作，建立健全安全生产责任体系、安全隐患排查整改督促机制和应急处置救援机制，实现对港口危险货物运输全过程信息化监管，并与国家有关驻穗机构共同建立对危险货物的联合监管机制。

十八、市港航行政管理部门应当按照国家和省的规定，对使用广州港出海航道水域船舶进出顺序、引航、港区锚地的调度指挥和通讯联络实施统一管理，做到安排合理及时、指令清晰明确、保障安全有力。

市港航行政管理部门应当为进出广州港的船舶提供规范、安全、高效的引航服务。

十九、市港航行政管理部门应当会同市人力资源和社会保障、教育等行政管理部门制定航运人才的集聚、发展规划和培养、引进计划。

支持高等院校、研究机构等培养航运相关人才、开展航运培训、围绕广州国际航运中心建设设立智库，支持航运人才市场的建设。

二十、鼓励宣传南粤航运文化，发展航运文化产业，促进形成有利于广州国际航运中心建设的航运文化环境。

市文化等行政管理部门应当采取措施，落实怀圣寺光塔、南海神庙及古码头遗址等史迹的海上丝绸之路史迹申遗工作，传承南粤航海精神。

市港航、旅游、文化等行政管理部门应当以黄埔古港、珠江游、近海游、远洋游等为依托，打造广州航运文化品牌。

二十一、市人民政府应当定期向市人民代表大会常务委员会报告广州国际航运中心建设情况，接受监督。

本决定自公布之日起施行。

广州市湿地保护规定

(2017年10月25日广州市第十五届人民代表大会常务委员会第九次会议通过 2017年11月30日广东省第十二届人民代表大会常务委员会第三十七次会议批准)

第一章 总 则

第一条 为了加强湿地保护，维护湿地生态功能和生物多样性，促进湿地资源可持续利用，改善生态环境，推进生态文明建设，根据有关法律、法规，结合本市实际，制定本规定。

第二条 本规定适用于本市行政区域内湿地的保护和相关管理活动。

第三条 市、区人民政府应当将湿地保护纳入本级国民经济和社会发展规划。各级人民政府应当建立健全综合协调、分部门实施的湿地保护管理体制，将湿地保护、管理所需经费列入本级财政预算，保障湿地保护建设项目和管理工作所需的资金投入。

市、区人民政府应当建立健全湿地保护联席会议制度，定期研究、协调涉及湿地保护的重大事项以及相关工作。湿地保护联席会议制度的组织实施，由同级林业行政主管部门负责。

街道办事处应当协助相关部门做好本辖区内湿地保护的相关工作。

第四条 市林业行政主管部门负责本市湿地保护的组织、协调、指导和监督工作，并组织实施本规定。

林业、水务、海洋与渔业、农业、环境保护等部门按照职责分工，作为相应湿地的行政主管部门，做好湿地保护工作：

（一）林业行政主管部门负责湿地公园、湿地保护小区、鸟类栖息地的保护与管理；

（二）水务行政主管部门负责河流、湖泊、水库等湿地的保护与管理；

（三）海洋与渔业行政主管部门负责近海与海岸湿地的保护与管理，负责监督管理水生野生动物自然保护区、水产种质资源保护区、海洋特别保护区等，维护湿地生物多样性；

（四）农业行政主管部门负责湿地内农业生产的管理，防止因农业生产造成湿地生态环境污染；

（五）环境保护行政主管部门负责汇入湿地水体的水环境功能区的水质监测，定期发布水环境质量监测信息，提出湿地环境治理建议等湿地环境保护工作。

发展改革、国土规划、城乡建设、旅游、公安、教育、文化等行政管理部门依照法定职责，做好湿地保护相关工作。

未设立林业行政主管部门的区，由区人民政府指定的部门承担林业行政主管部门的湿地保护与管理职责。

第五条 市人民政府应当成立由林业、海洋与渔业、水务、国土规划、农业、环境保护、野生动植物以及法律等方面的专家组成的湿地保护专家委员会。市林业行政主管部门负责湿地保护专家委员会的日常工作。

湿地保护专家委员会对湿地资源评估、市级重要湿地认定、市级湿地名录的确定和调整、湿地保护规划编制、湿地生态预警与修复等工作提供咨询意见。

第六条 林业行政主管部门应当会同水务、海洋与渔业、农业、环境保护等行政主管部门开展湿地保护宣传教育活动，普及湿地保护法律、法规和科学知识，提高全社会湿地保护意识。

教育行政管理部门应当指导、监督中小学校将湿地保护知识纳入学校教育内容，培养学生的湿地保护意识。

鼓励公民、法人和其他组织以志愿服务、捐赠、投资等多种形式参与湿地保护。

第二章　分级认定与保护规划

第七条　市林业行政主管部门应当会同市国土规划、水务、农业、海洋与渔业、环境保护等部门，开展全市湿地资源调查。湿地资源调查应当每五年开展一次，必要时可以根据实际需要开展。湿地资源调查的成果应当向社会公布。

市林业行政主管部门应当建立湿地资源档案信息管理系统，收集、保存湿地资源调查以及湿地保护、管理工作取得的成果、数据和资料，并对湿地资源进行监测和评估，实现湿地资源监测信息共享和动态管理。

第八条　市不动产登记机构应当会同市林业、水务、农业、海洋与渔业等行政主管部门，依据土地利用现状调查或者自然资源调查情况，结合湿地资源调查成果，对湿地进行统一确权登记。

第九条　湿地实行分级管理，按照湿地的生态区位、生态系统功能和生物多样性，分为重要湿地和一般湿地。

重要湿地包括国际重要湿地、国家重要湿地、省级重要湿地和市级重要湿地，分别按照国家、省和本市规定的条件和程序予以认定。

重要湿地以外的湿地，为一般湿地。

第十条　湿地实行名录管理。国际重要湿地、国家重要湿地、省级湿地名录的确定、调整和公布，按照国家和省有关规定执行。

市级重要湿地名录的确定和调整，由市林业行政主管部门会同市环境保护、水务、海洋与渔业、农业等行政主管部门提出，经湿地保护专家委员会论证并听取社会公众意见后，报市人民政府批准。一般湿地名录，由市林业行政主管部门根据湿地资源调查结果会同市环境保护、水务、海洋与渔业、农业等行政主管部门确定和调整。

位于本市行政区域内的湿地名录由市林业行政主管部门向社会公布。市级重要湿地名录应当载明湿地的名称、地理位置、保护等级、类型、保护范围、保护方式和措施、管护责任单位、行政主管部门等事项。一般湿地名录应当载明湿地的名称、类型和地理位置。

第十一条 未被认定为省级以上重要湿地且符合以下条件之一的湿地，应当认定为市级重要湿地：

（一）天然红树林、面积八公顷以上的人工红树林湿地，或者面积一百公顷以上的其他近海与海岸湿地；

（二）平均宽度十米以上、长度二十千米以上的河流湿地；

（三）库容量一千万立方米以上的水库湿地；

（四）面积二十公顷以上、具有基塘农业文化特色的湿地；

（五）鸟类栖息地，或者具有濒危保护物种的湿地；

（六）其他具有重要生态、人文、科研等保护价值的湿地。

第十二条 对于纳入重要湿地名录的湿地，应当在名录公布后一年内设立界标。管护责任单位应当在湿地周边设立界标标示区界，并标明湿地类型、保护级别、湿地的行政主管部门和管护责任单位以及投诉举报电话。重要湿地界标的样式由市林业行政主管部门统一确定。

任何单位和个人不得擅自移动或者破坏重要湿地界标。

第十三条 市人民政府应当将重要湿地纳入本市生态红线以及生态控制线范围，确保重要湿地生态功能不降低，面积不减少，性质不改变。

第十四条 市林业行政主管部门应当会同市发展改革、国土规划、城乡建设、环境保护、水务、农业、海洋与渔业、旅游等部门，根据湿地资源调查成果编制本市湿地保护规划，报市人民政府批准后公布实施。湿地保护规划涉及空间布局和用地需求的，市国土规划行政管理部门应当纳入土地利用总体规划和城乡规划。

编制湿地保护规划应当咨询湿地保护专家委员会的意见，并应当采取座谈会、论证会、公开征求意见等多种形式听取社会公众意见。

经批准的湿地保护规划不得擅自修改、调整或者变更，确需修改、调整或者变更的，应当按照规划编制程序报原批准机关批准。

第十五条 编制湿地保护规划，应当符合国民经济和社会发展规划、城市总体规划、土地利用总体规划、环境保护规划和海洋功能区划，并与主体功能区规划、水务规划、海绵城市专项规划等相衔接。

湿地保护规划应当包括以下内容：

（一）湿地资源分布情况、类型及特点、水资源、野生动植物资源状况；

（二）保护和利用的总体要求、目标、保护范围和保护重点；

（三）湿地生态保护重点建设项目与建设布局；

（四）投资估算以及生态、社会、经济效益分析和评价；

（五）保护方式和措施，包括自然保护区、湿地公园、湿地保护小区等的建设规划。

第十六条　市林业、水务、海洋与渔业、农业等行政主管部门可以根据湿地保护规划，对所管辖的重要湿地组织编制专项保护规划，经市人民政府批准后公布实施。

重要湿地专项保护规划应当针对重要湿地的类型和特点，提出保护方式和措施。

第十七条　国土规划行政管理部门应当根据需要组织编制重要湿地区域城市设计，提出重要湿地保护范围内及其周边区域建筑高度、体量、风格、色彩等控制要求。

重要湿地区域城市设计应当作为编制该地区控制性详细规划的依据。

第三章　保护方式与保护措施

第十八条　重要湿地通过采取设立国家公园、湿地自然保护区、湿地公园、水产种质资源保护区、海洋特别保护区、饮用水水源保护区、湿地保护小区等方式予以保护。

国家公园、湿地自然保护区、水产种质资源保护区、海洋特别保护区、饮用水水源保护区的设立，依照有关法律、法规的规定执行。

第十九条　一般湿地通过采取管理和技术措施，保持其自然特性和生态特征，保护湿地内的水体、地形地貌、野生动植物资源等，维护湿地的生态功能。

第二十条　湿地公园分为国家湿地公园、省级湿地公园、市级湿地公园和区级湿地公园。国家湿地公园、省级湿地公园的设立和管理，依照国家和省的有关规定执行。

未设立省级以上湿地公园，具备以下条件之一的湿地，可以设立市级或者区级湿地公园：

（一）湿地生态景观优美，适宜开展游览休闲活动；

（二）湿地生物多样性丰富，具有科学研究价值；

（三）人文景物集中，具有较高历史文化价值；

（四）湿地生态系统在本地区域范围内具有典型性、代表性，具有明显的科普宣传教育意义。

依照前款规定，拟设立市级湿地公园的，湿地面积不得低于十五公顷；拟设立区级湿地公园的，湿地面积不得低于八公顷。

第二十一条　设立市级、区级湿地公园的，应当分别向市、区林业行政主管部门提交下列材料：

（一）拟建湿地公园的总体规划；

（二）湿地资源的图表、影像等资料；

（三）妥善处理相关权利人合法权益的方案；

（四）土地权属清晰、相关权利人无争议的证明材料；

（五）拟建湿地公园的管理机构及技术、人员配置情况等说明材料。

市、区林业行政主管部门收到材料后，应当征求同级国土规划、环境保护、水务、城乡建设等部门的意见，听取湿地保护专家委员会的意见，并在湿地所在地的村（居）民委员会进行公示，公示期不少于十五日。对符合条件的，市、区林业行政主管部门应当依法提请本级人民政府批准设立。

市级或者区级湿地公园的撤销及其性质、范围、界线的调整或者改变，应当报原批准的人民政府批准。

第二十二条　湿地公园建设应当符合湿地公园规划，维持湿地生物多样性以及湿地生态系统结构与功能的完整性，与周围景观相协调，不得破坏湿地自然、人文景观。

在河流、湖泊、水库、海域管理范围内建设湿地公园的，其工程设施应当符合防洪标准和海域功能规划、河道岸线规划等规划的要求，不得危害堤防安全、影响河势稳定、妨碍行洪畅通、破坏水质以及阻碍航运。

第二十三条　湿地公园实行分区管理，根据湿地主要功能划分为以下区域：

（一）湿地保育区，除开展保护、监测等必需的保护管理活动外，不得进行任何与湿地生态系统保护和管理无关的其他活动；

（二）恢复重建区，仅能开展培育和修复湿地的相关活动；

（三）宣教展示区，在环境承载能力范围内可以开展以生态展示、科普教育为主的活动；

（四）合理利用区，可以开展不损害湿地生态系统功能的生态旅游等活动；

（五）管理服务区，可以开展不损害湿地生态系统功能的管理、接待和服务等活动。

第二十四条　对未采取设立国家公园、湿地自然保护区、湿地公园、水产种质资源保护区、海洋特别保护区、饮用水水源保护区等方式予以保护的重要湿地，应当建立湿地保护小区。对生态区位重要或者生态系统功能明显的一般湿地，可以建立湿地保护小区。

湿地所在地的区林业行政主管部门应当提出湿地保护小区的保护方案，报区人民政府批准后实施，并报市林业行政主管部门备案。

湿地保护小区应当按照经批准的保护方案进行建设和管理，合理设置管护设备、科普设施、宣传教育设施和必要的基础设施，有条件的可以建立解说系统。

第二十五条　市、区人民政府应当保障红树林建设和管护资金，采取控制工业废水、生活污水排放和禁止倾倒、排放各种废弃物等措施，保护和恢复红树林的生态功能。

禁止擅自移植、采伐、采摘红树林，或者以其他方式毁坏红树林。因科研、医药或者更新、改造、抚育等确需移植、采伐、采摘红树林的，依照《中华人民共和国森林法》等法律、法规的规定执行。

第二十六条　市林业行政主管部门应当根据湿地资源调查结果，将水鸟集中分布和候鸟迁徙停歇的湿地划定为鸟类栖息地，并向社会公布。

鸟类栖息地的管护责任单位应当采取措施保护和营造鸟类栖息繁衍条件，并在鸟类繁殖和迁徙季节采取设置警示牌、控制人流等措施实行封闭式保护。

因疫源、疫病防控需要对鸟类栖息地采取防疫措施的，管护责任单位应当与动物防疫机构共同制定防疫方案，经林业和农业行政主管部门审核同意后组织实施。实施防疫方案时，应当采取防范措施，避免或者降低对鸟类栖息地生态功能的影响。

禁止在鸟类栖息地从事捕捉、伤害或者惊扰鸟类等妨碍鸟类栖息繁衍的活动。

第二十七条 林业、水务、海洋与渔业、农业、文化等部门应当采取措施，保护湿地内的基堑、基塘农业耕作文化遗产等基塘农业文化资源，保护和传承龙船文化、蚝壳屋等湿地文化遗产。

第二十八条 林业、水务、海洋与渔业、农业、环境保护等行政主管部门应当会同湿地管护责任单位按照湿地保护规划，科学确定湿地的环境承载能力；向公众开放的湿地，还应当会同旅游行政管理部门确定景区最大承载量并向社会公布。

任何单位和个人利用湿地资源开展生产经营、休闲旅游、科普教育等活动，不得超过确定的环境承载能力和景区最大承载量。

第二十九条 在湿地保护范围内禁止从事下列活动：

（一）破坏鱼类等水生生物洄游通道，采用电鱼、炸鱼、毒鱼等灭绝性方式捕捞鱼类以及其他水生生物；

（二）破坏野生动植物的重要繁殖区、栖息地和原生地；

（三）排放污水或者有毒有害物质，投放可能危害水体、水生以及野生生物的化学物品或者倾倒固体废弃物；

（四）毁坏湿地保护、监测设施；

（五）其他破坏湿地资源的行为。

第三十条 任何单位和个人不得在湿地保护范围内非法从事以下活动：

（一）围垦、开垦、填埋湿地；

（二）挖塘、采砂、取土、烧荒；

（三）排放湿地水资源，或者修建阻水、排水设施；

（四）采集重点保护的野生植物；

（五）采伐树木；

（六）捕猎保护的野生动物或者捡拾鸟蛋；

（七）引进、放生外来生物物种。

第三十一条 林业、水务、海洋与渔业、农业等行政主管部门应当会同重要湿地管护责任单位建立湿地生态预警机制，根据湿地环境承载能力和湿地资源监测评估结果，及时对生态功能有退化或者受损趋势的湿地发布预警，并采取用途控制、人流控制、区域控制、开放时间限制等措施控制湿地资源利用的强度和时限。

林业、水务、海洋与渔业等行政主管部门应当会同重要湿地管护责任单位，按照以自然恢复为主的原则，对生态功能退化或者受损的湿地采取封育、造林、禁渔、限渔、截污、补水、水系疏通等措施，开展湿地生境修复、湿地生物恢复、湿地生态系统结构与功能恢复等修复工作。

第四章　管理与监督

第三十二条 市、区人民政府应当建立湿地保护目标责任制，将湿地保护纳入生态文明考核指标体系，对本级有关部门和下一级人民政府及其负责人的湿地保护工作进行考核。

第三十三条 林业行政主管部门应当会同同级水务、海洋与渔业、农业等行政主管部门对本行政区域内湿地保护情况、管护责任单位履行职责情况等进行监督检查，并向同级人民政府进行年度报告。湿地保护年度报告应当向社会公布。

湿地所在地的街道办事处发现破坏湿地资源的行为应当及时向湿地行政主管部门报告并协助有关部门查处违反本规定的行为。

第三十四条 水务行政主管部门在制定年度水量分配方案和调度计

划时，应当兼顾湿地生态用水需求，在保障生活用水、满足防洪需要的前提下，合理调配水资源，维持、补充湿地的基本生态用水。

湿地生态补水应当充分利用雨水、再生水。

第三十五条 农业、海洋与渔业等行政主管部门应当鼓励、引导湿地保护范围内及其周边区域农业、渔业生产者发展生态农业，指导其科学、合理地施用化肥和饲料，使用高效、低毒、低残留的农药、兽药等农业投入品，科学处置农用薄膜、农作物秸秆、捕捞网具等农业废弃物，防止湿地面积减少和湿地生态环境污染。

对不可降解或者难以腐烂的废弃物，使用者应当及时清除或者回收。

第三十六条 林业、水务、海洋与渔业、农业等行政主管部门应当依法确定所管辖重要湿地的管护责任单位，尚未确定管护责任单位的，由该行政主管部门履行管护责任。

管护责任单位负责湿地的日常管理，履行下列职责：

（一）制定、实施湿地保护和管理的各项制度；

（二）组织或者配合有关部门开展湿地资源监测、评估和科学研究工作；

（三）劝阻破坏湿地的违法行为并及时向有关部门报告；

（四）配合有关部门开展湿地宣传、科普教育活动；

（五）其他与湿地保护和管理相关的职责。

第三十七条 湿地资源的所有者、承包者和经营者应当依法履行湿地保护义务，配合该湿地的行政主管部门、重要湿地管护责任单位开展湿地保护与管理工作。

湿地资源所有者、承包者和经营者发现破坏湿地资源的行为，应当予以劝阻；对不听劝阻的，应当及时向该湿地的行政主管部门或者管护责任单位报告。

第三十八条 重要湿地内新建、改建、扩建的建筑物、构筑物，应当符合湿地保护规划以及城市设计的要求，其选址、布局、高度、体量、造型、风格和色调等，应当与湿地自然景观、生态环境和人文历史风貌相协调。

第三十九条 禁止非法占用重要湿地或者改变其用途。

因国家和省重点建设项目确需占用国际重要湿地、国家重要湿地、省级重要湿地或者改变其用途的，按照国家和省有关规定执行。

因国家、省重点建设项目和国防、水利、能源、交通等涉及公共利益的建设项目确需占用市级重要湿地或者改变其用途的，应当依法办理相应手续。

第四十条 因本规定第三十九条第三款规定情形占用市级重要湿地或者改变其用途的，建设单位应当提交包括湿地生态功能影响评价的建设项目环境影响评价文件，分析建设项目对湿地主要保护对象和生态系统的影响，提出预防和减轻不良影响的措施。国土规划行政管理部门在办理用地手续之前，应当征求该湿地行政主管部门的意见。

环境保护或者海洋行政管理部门在依法审批环境影响评价文件时，应当就湿地生态功能影响评价征求该湿地行政主管部门的意见。

第四十一条 经依法批准占用重要湿地的，建设单位应当根据湿地保护规划、国家有关湿地保护的标准和技术规范，按照先补后占、占补平衡的原则制定湿地恢复建设方案，并报该湿地的行政主管部门审核同意。

建设单位应当按照湿地恢复建设方案，在湿地毗邻地区或者指定地点补建不少于占用面积并具备相应功能的湿地。建设单位也可以委托该湿地的行政主管部门补建，费用由建设单位承担。

负责审核湿地恢复建设方案的行政主管部门应当对湿地恢复建设方案的实施情况进行监督检查。被检查单位或者个人应当如实提供相关资料，不得拒绝或者阻碍检查。

第四十二条 市、区人民政府应当建立湿地生态效益补偿制度，对符合下列情形之一的湿地资源所有者、承包者或者经营者给予补偿，并对其生产、生活作出妥善安排：

（一）因湿地保护需要，实行生态和清洁生产，生产经营活动受到限制的；

（二）在从事种植业、养殖业生产过程中，因遭受鸟类等野生动物取食而造成经济损失的；

（三）其他因湿地保护导致合法权益受到损害的情形。

湿地生态效益补偿标准应当根据湿地的等级、类型、生态效益、土地性质与权属、利益受损或者受限程度等因素合理确定，并根据本市经济和社会发展状况进行定期调整。具体补偿标准按照市人民政府关于生态补偿的规定执行。

湿地生态效益补偿资金实行专项管理，专款专用。

第五章　海珠湿地保护特别规定

第四十三条　海珠湿地保护范围包括国务院国土资源行政主管部门批准的万亩果园湿地保护区土地征收范围以及相关水域、道路。国务院林业行政主管部门批准的广东广州海珠国家湿地公园范围纳入海珠湿地保护范围。

海珠湿地管理机构履行湿地管护责任单位的职责，对海珠湿地的资源保护、公共设施建设和经营服务等活动实行统一管理。

第四十四条　海珠湿地应当严格落实土地用途管制要求，实施永久性保护，不得改变用地性质、不得减少湿地面积、不得降低湿地生态功能。

第四十五条　市国土规划行政管理部门应当会同市林业行政主管部门、海珠区人民政府组织编制海珠湿地控制性详细规划，经市人民政府批准后公布实施，并报市人民代表大会常务委员会备案。

海珠湿地控制性详细规划应当划定海珠湿地保护范围及其外围的建设控制区，明确海珠湿地保护范围和建设控制区内建设项目的高度控制，制定相应的保护控制措施。

经批准的海珠湿地控制性详细规划，任何单位和个人不得擅自修改、调整或者变更。因保护和管理确需修改、调整或者变更的，应当按照原批准程序办理，并报市人民代表大会常务委员会备案。

修改、调整或者变更海珠湿地控制性详细规划不得缩小海珠湿地保护范围的面积。

第四十六条　在海珠湿地保护范围内，禁止建设与湿地资源保护和利用无关的项目。因农业生产需要建设有关生产设施、附属设施或者配套设施的，应当符合设施农用地管理有关规定。

海珠湿地保护范围内新建的与湿地资源保护和利用相关的塔、阁，建筑高度应当控制在二十五米以内，其他相关建筑物、构筑物的高度应当控制在十五米以内。

第四十七条 海珠湿地建设控制区内的建设项目应当符合海珠湿地控制性详细规划，与海珠湿地景观和生态环境相协调，建筑整体呈前低后高空间布局，并按照规划建设相应的城市风廊、绿廊。禁止建设破坏景观、污染环境、阻塞交通、破坏生态环境和危及防火安全的工程项目。

建设控制区内新建的建筑物、构筑物，临湿地界面一线建筑高度不超过十五米，二线建筑高度不超过一百米，但因城市标志性建筑建设需要或者海珠湿地控制性详细规划另有规定的除外。

前款所称一线建筑，是指海珠湿地保护范围以外三十米范围内的建筑，二线建筑是指建设控制区内除一线建筑外的其他建筑。

第四十八条 海珠湿地保护范围和建设控制区内的建设项目，国土规划行政管理部门在办理用地手续之前，应当书面征求海珠湿地管理机构的意见，但海珠湿地管理机构作为建设单位的除外。海珠湿地管理机构应当自收到征求意见函之日起五个工作日内将意见书面回复国土规划行政管理部门。

第四十九条 任何单位和个人不得擅自在海珠湿地保护范围内采伐树木或者采摘果实。因树木的改造、抚育更新以及景点建设需要确需采伐树木的，参照《广州市绿化条例》的有关规定执行。

第五十条 海珠湿地管理机构应当会同有关行政管理部门对保护范围内的商业服务网点进行统一规划，根据湿地保护、人文历史风貌、公共安全、环境卫生等需要，合理确定商业服务网点的经营范围、种类、时间、地点等。

禁止擅自搭棚、设摊、设点、扩大经营面积以及在经营场所外揽客、兜售商品等行为。

第五十一条 限制在海珠湿地保护范围内举办群众性活动。

在海珠湿地内举办大型群众性活动的，应当征得海珠湿地管理机构同意后，依法向公安机关申请办理大型群众性活动安全许可。

第五十二条 任何车辆、船舶以及电动独轮车、电动平衡车等电动滑行工具不得进入海珠湿地保护范围，但下列车辆和船舶除外：

（一）执行公安、消防等公务的车辆和船舶；

（二）执行救护、抢险等紧急任务的车辆和船舶；

（三）老、幼、病、残者专用的非机动车；

（四）经海珠湿地管理机构同意，开展施工养护、科研监测、科普文化活动的车辆和船舶；

（五）海珠湿地管理机构配置的专用观光车辆和船舶。

经同意进入的车辆和船舶，应当保持车体和船体清洁，按规定路线行驶和停放，不得影响他人游览和安全。

第六章　法律责任

第五十三条 林业、水务、海洋与渔业、农业、环境保护等行政主管部门和相关行政管理部门及其工作人员有下列行为之一的，由上级主管机关或者监察机关责令改正，对部门给予通报批评，对直接负责的主管人员和其他直接责任人员依法给予处分：

（一）违反本规定第十四条、第十五条，未按照规定的程序和要求编制湿地保护规划的；

（二）违反本规定第十四条第三款，擅自修改、调整或者变更湿地保护规划的；

（三）违反本规定第二十六、第二十七条、第二十八条、第三十一条、第三十三条、第三十四条，未依法采取湿地保护、管理或者修复措施的；

（四）违反本规定第四十条、第四十八条，在湿地保护范围内违法审批建设项目的；

（五）违反本规定第四十一条第三款，未依法对湿地恢复建设方案的实施情况进行监督检查的；

（六）违反本规定第四十二条，未按照规定发放和使用湿地生态效益补偿资金的；

（七）滥用职权、玩忽职守、徇私舞弊，不依法履行湿地保护法定职责，损害公民、法人或者其他组织合法权益的其他行为。

第五十四条 海珠湿地管理机构及其工作人员有下列行为之一的，由其主管机关或者监察机关责令改正，对管理机构给予通报批评，对直接负责的主管人员和其他直接责任人员依法给予处分：

（一）违反本规定第三十六条，未按照规定履行湿地管护责任的；

（二）违反本规定第五十条，未按照规定履行商业活动监督管理职责的；

（三）滥用职权、玩忽职守、徇私舞弊，不依法履行湿地保护法定职责，损害公民、法人或者其他组织合法权益的其他行为。

湿地管护责任单位违反本规定第三十六条，未按照规定履行湿地管护责任的，由其主管机关或者监察机关责令改正，对管护责任单位给予通报批评，对直接负责的主管人员和其他直接责任人员依法给予处分。

第五十五条 违反本规定第十二条，擅自移动或者破坏重要湿地界标的，由林业行政主管部门责令限期改正、恢复原状，并处以一千元以上五千元以下罚款。

第五十六条 违反本规定第二十五条，非法移植、采伐、采摘红树林，或者以其他方式毁坏红树林的，由林业行政主管部门责令限期恢复原状，处一千元以上三千元以下罚款；造成严重后果的，处一万元以上五万元以下罚款；有违法所得的，没收违法所得。

第五十七条 违反本规定第二十九条、第三十条的，由林业、环境保护、水务、海洋与渔业等行政主管部门依照《中华人民共和国环境保护法》《中华人民共和国野生动物保护法》《中华人民共和国渔业法》《中华人民共和国水法》《中华人民共和国自然保护区条例》《中华人民共和国野生植物保护条例》《中华人民共和国水生野生动物保护实施条例》《广东省湿地保护条例》等法律、法规的规定处理。

第五十八条 违反本规定第三十九条，有下列情形之一的，依照下列规定处理：

（一）非法占用国际重要湿地、国家重要湿地、省级重要湿地或者改变其用途的，依照《广东省湿地保护条例》的规定处理；

（二）非法占用市级重要湿地或者改变其用途，构成违法建设的，依照《广州市违法建设查处条例》的规定处理。

第五十九条　违反本规定第四十九条，在海珠湿地保护范围内擅自采伐树木的，由绿化行政主管部门参照《广州市绿化条例》第六十五条的规定处理；在海珠湿地保护范围内采摘果实的，由海珠湿地管理机构责令改正，可以并处一百元以上五百元以下罚款。

第六十条　违反本规定第五十条第二款，在海珠湿地保护范围内擅自搭棚、设摊、设点、扩大经营面积的，由海珠湿地管理机构责令限期改正、恢复原状，可以并处五百元以上二千元以下罚款；在经营场所外揽客、兜售商品的，由海珠湿地管理机构责令改正，可以并处一百元以上五百元以下罚款。

第六十一条　违反本规定第五十二条，车辆、船舶未经同意擅自进入海珠湿地保护范围的，由海珠湿地管理机构责令停止违法行为，驶离湿地保护范围，不听劝阻的，可以处五百元以上二千元以下罚款；车辆、船舶未保持车体和船体清洁的，或者未按规定路线行驶、未在规定地点停放的，由海珠湿地管理机构责令改正，可以并处二十元以上一百元以下罚款。

第六十二条　林业、水务、海洋与渔业、环境保护等行政主管部门可以在其法定权限内，依法委托具备法定条件的管护责任单位实施本规定第五十五条、第五十六条、第五十七条规定的处罚。

第七章　附　则

第六十三条　重要湿地名录应当在本规定施行后六个月内向社会公布，调整重要湿地名录的，应当自调整之日起三十日内向社会公布。

湿地保护规划、海珠湿地控制性详细规划应当在本规定施行后两年内编制完成并向社会公布。

第六十四条　本规定自2018年7月1日起施行。

关于在市场体系建设中建立公平竞争审查制度的实施意见

(2017年10月30日)

为认真贯彻《国务院关于在市场体系建设中建立公平竞争审查制度的意见》（国发〔2016〕34号）精神，营造公平竞争的市场环境，推动我市产业转型升级和持续健康发展，根据《省人民政府转发国务院关于在市场体系建设中建立公平竞争审查制度意见的通知》（粤府〔2016〕77号）的要求，现就我市在市场体系建设中建立公平竞争审查制度提出如下实施意见。

一、充分认识建立公平竞争审查制度的意义

公平竞争是市场经济的基本原则，是市场机制高速运行的重要基础。建立公平竞争审查制度，是维护市场在资源配置中的决定性作用，防止政府过度和不当干预市场，实现资源配置效益最大化的客观要求；是激发市场主体创造性，释放市场发展活力，培育和催生经济发展新动能的必然选择；对于从源头上规范政府行为，维护社会公平竞争秩序，树立法治政府形象，促进我市产业转型升级，实现经济加快发展，引领国家重点中心城市建设上水平具有重要意义。

二、科学确立公平竞争审查内容标准

（一）审查对象。本市行政机关和法律、法规授权的具有管理公共事务职能的组织（以下统称"政策制定机关"）制定市场准入、产业发

展、招商引资、招标投标、政府采购、经营行为规范、资质标准等涉及市场主体经济活动的规章、规范性文件和其他政策措施，以及地方性法规草案，应当进行公平竞争审查。

（二）审查主体。公平竞争审查工作实行"谁制定、谁审查"和"谁起草、谁审查"的原则。各部门负责对本部门制定的部门规范性文件、政策措施进行审查；多个部门联合行文出台的，由牵头部门主要负责审查，其他部门参与审查；以人民政府或人民政府办公厅（室）名义出台的政府规章、政府规范性文件和其他政策措施，以及提请市人大审议的地方性法规草案，由起草部门或代拟部门负责审查。政府法制机构就地方性法规草案、规章和规范性文件的审查情况进行把关。

（三）审查方式。政策制定机关在政策制定过程中，要严格对照审查标准进行自我审查。经审查认为不具有排除、限制竞争效果的，可以实施；具有排除、限制竞争效果的，应当不予出台，或调整至符合相关要求后出台。没有进行公平竞争审查的，不得出台。制定政策措施及开展公平竞争审查，应当听取利害关系人的意见，或者向社会公开征求意见。有关政策措施出台后，要按照《中华人民共和国政府信息公开条例》和《广州市政府信息公开规定》的要求向社会公开。

（四）审查标准。要从维护全国统一市场和公平竞争的角度，按照以下标准进行审查：

1. 市场准入和退出标准。

（1）不得设置不合理和歧视性的准入和退出条件；

（2）公布特许经营权目录清单，且未经公平竞争审查，不得授予经营者特许经营权；

（3）不得限定经营、购买、使用特定经营者提供的商品和服务；

（4）不得设置没有法律法规依据的审批或者事前备案程序；

（5）不得对市场准入负面清单以外的行业、领域、业务等设置审批程序。

2. 商品和要素自由流动标准。

（1）不得对外地和进口商品、服务实行歧视性价格和歧视性补贴政策；

（2）不得限制外地和进口商品、服务进入本地市场或者阻碍本地商品运出、服务输出；

（3）不得排斥或者限制外地经营者参加本地招标投标活动；

（4）不得排斥、限制或者强制外地经营者在本地投资或者设立分支机构；

（5）不得对外地经营者在本地的投资或者设立的分支机构实行歧视性待遇，侵害其合法权益。

3. 影响生产经营成本标准。

（1）不得违法给予特定经营者优惠政策；

（2）安排财政支出一般不得与企业缴纳的税收或非税收入挂钩；

（3）不得违法免除特定经营者需要缴纳的社会保险费用；

（4）不得在法律规定之外要求经营者提供或者扣留经营者各类保证金。

4. 影响生产经营行为标准。

（1）不得强制经营者从事《中华人民共和国反垄断法》规定的垄断行为；

（2）不得违法披露或者要求经营者披露生产经营敏感信息，为经营者从事垄断行为提供便利条件；

（3）不得超越定价权限进行政府定价；

（4）不得违法干预实行市场调节价的商品和服务的价格水平。没有法律、法规依据，各区、各部门不得制定减损市场主体合法权益或者增加其义务的政策措施；不得违反《中华人民共和国反垄断法》，制定含有排除、限制竞争内容的政策措施。

（五）例外规定。属于下列情形的政策措施，如果具有排除和限制竞争的效果，在符合规定的情况下可以实施：

1. 维护国家经济安全、文化安全或者涉及国防建设的；

2. 为实现扶贫开发、救灾救助等社会保障目的的；

3. 为实现节约能源资源、保护生态环境等社会公共利益的；

4. 法律、行政法规规定的其他情形。

政策制定机关应当说明相关政策措施对实现政策目的不可或缺，且不会严重排除和限制市场竞争,并明确实施期限。

政策制定机关要逐年评估相关政策措施的实施效果。实施期限到期或未达到预期效果的政策措施,应当及时停止执行或者进行调整.

三、有序推进公平竞争审查工作

(一)建立工作机制。参照国家的做法,市人民政府建立市公平竞争审查联席会议制度,由市发展改革委、市财政局、市法制办、市商务委、市工商局牵头,召集市相关部门参加。在市发展改革委设立联席会议办公室,承担联席会议的日常工作。

(二)明确审查机制。自本实施意见公布之日起,各区、各部门新制定的政策措施均要进行公平竞争审查,未经审查的,一律不得出台。各区、各部门要建立健全自我审查机制,自我审查原则上由政策制定机关的具体业务机构负责,形成书面审查结论,并由政策制定机关存档备查。地方性法规草案、规章和规范性文件的起草部门应在提交政府法制机构合法性审查的同时一并提交书面审查结论。

(三)清理规范存量。各区、各部门要按照"谁制定、谁清理"的原则,对照公平竞争审查标准,及时、有序清理和废除妨碍全国统一市场和公平竞争的各种规定和做法。其中,对市场主体反映比较强烈、问题暴露比较集中、影响比较突出的规定和做法,要尽快予以废止;对以合同协议等形式给予企业的优惠政策,以及部分立即终止会带来重大影响的政策措施,原则上设置6个月的过渡期,留出必要的缓冲空间;对已兑现的优惠政策,不溯及既往。各区、各部门应将清理情况形成报告,及时向社会公开。

(四)定期评估完善。对建立公平竞争审查制度后出台的政策措施,各区、各部门要在定期清理规章和规范性文件时,一并对其是否存在影响全国统一市场和公平竞争的情况进行评估。评估报告应当向社会公开征求意见,评估结果应当向补会公开。经评估认为妨碍全国统一市场和公平竞争的政策措施,要及时废止或者修改完善;实施期限到期或未达到预期效果的政策措施,应当及时停止执行或者进行调整。条件成熟时鼓励委托第三方开展评估。

四、确保公平竞争审查工作实效

（一）要加强组织领导。建立公平竞争审查制度是深化供给侧结构性改革，维护公平竞争市场环境的必由之路。各区、各部门要充分认识开展公平竞争审查的重要性和紧迫性，坚持立足全局、统筹兼顾，坚持科学谋划、分步实施。要充分发挥市公平竞争审查联席机制作用，及时研究和协调解决制度落实过程中出现的困难问题，确保公平竞争审查制度在我市落地生根。

（二）要维护守信形象。要加强政府信用体系建设，严格履行政府向社会作出的承诺，把政务履约和守诺服务纳入政府的绩效考评体系，建立健全政务和行政承诺考核制度。政府对依法作出的政策承诺和签订的各类合同要认真履约和兑现，不断健全政务诚信约束和问责机制。按照《广州市依法行政条例》的要求，进一步推广重大行政决策事项公布和听证制度，拓宽公众参与政府决策的渠道。

（三）要严格执法监督。公平竞争审查应接受市场主体和社会监督，对涉嫌违反公平竞争审查标准的政策措施，任何单位和个人有权举报，有关部门要及时予以处理；涉嫌违反《中华人民共和国反垄断法》的，我市反垄断执法机构要依法予以处理，相关情况要向社会公开。政策制定机关要及时纠正排除和限制竞争的政策措施，维护公平竞争的市场秩序。

（四）要落实主体责任。对未进行公平竞争审查或者违反公平竞争审查标准出台政策措施，以及不及时纠正相关政策措施的，依法查实后要作出严肃处理。对失职渎职等需要追究有关人员党纪政纪责任的，要及时将有关情况移送纪检监察机关。

（五）要搞好培训宣传。各地、各部门要切实加大宣传培训力度，加强政策解读和舆论引导，增进全社会对公平竞争审查制度的认识和理解，培育竞争文化，为我市公平竞争审查制度实施营造良好的舆论氛围和工作环境。

广州市生活垃圾分类管理条例

(2017年12月27日广州市第十五届人民代表大会常务委员会第十一次会议通过 2018年3月30日广东省第十三届人民代表大会常务委员会第二次会议批准)

第一章 总 则

第一条 为了加强本市生活垃圾分类管理，控制污染，保护环境，节约资源，根据《中华人民共和国固体废物污染环境防治法》《城市市容和环境卫生管理条例》等法律、法规，结合本市实际，制定本条例。

第二条 本条例适用于本市生活垃圾的分类投放、收集、运输、处置和源头减量及其相关活动。废弃电器电子产品的管理，法律、法规已有规定的，从其规定。家庭装修废弃物、绿化作业垃圾、动物尸体、粪便按照法律、法规和本市其他有关规定进行管理。

第三条 生活垃圾分为以下四类：

（一）可回收物，是指适宜回收和可循环再利用的物品。

（二）餐厨垃圾，是指餐饮垃圾、废弃食用油脂、家庭厨余垃圾以及废弃的蔬菜、瓜果等有机易腐垃圾。

（三）有害垃圾，是指对人体健康或者自然环境造成直接或者潜在危害的物质。

（四）其他垃圾，是指除前三项以外的生活垃圾。鼓励单位和个人在有处理条件的区域和场所，在前款规定的基础上对生活垃圾进行更为精准的分类。

第四条 生活垃圾应当分类投放、分类收集、分类运输、分类处置。生活垃圾处理应当遵循政府主导、全民参与、城乡统筹、系统推进的原则，实行减量化、资源化、无害化管理。

第五条 市、区人民政府应当加强生活垃圾源头减量和分类工作，建立生活垃圾分类管理联席会议制度，协调解决生活垃圾分类管理工作中的重大事项。市、区人民政府应当把生活垃圾源头减量和分类管理工作纳入本级国民经济和社会发展规划，确定生活垃圾源头减量和分类管理目标，统筹规划生活垃圾分类投放和收运处置设施布局并优先安排用地和建设，保障生活垃圾源头减量和分类管理的资金投入。镇人民政府、街道办事处负责本辖区内生活垃圾分类的日常管理工作。

第六条 市城市管理行政主管部门主管本市生活垃圾分类管理工作，组织实施本条例。区城市管理行政主管部门负责本行政区域内生活垃圾的分类管理工作。环境保护行政管理部门负责生活垃圾集中转运设施、终端处理设施等场所的污染物排放监测，以及有害垃圾贮存、运输、处置过程中污染防治的监督管理工作。住房建设行政管理部门负责督促物业服务企业开展生活垃圾分类工作，将生活垃圾分类管理纳入物业服务企业的信用管理体系。商务行政管理部门负责可回收物的回收利用管理工作。发展改革、教育、财政、国土规划、农业、林业园林、文化广电新闻出版、卫生、工商、质量技术监督、食品药品监管、旅游等行政管理部门和城市管理综合执法机关、供销社按照职责分工，做好生活垃圾源头减量和分类管理的相关工作。

第七条 村民委员会、居民委员会应当做好生活垃圾源头减量和分类投放的宣传、指导，将生活垃圾源头减量和分类投放纳入村规民约、社区居民公约，配合镇人民政府、街道办事处组织、动员、督促村民、居民开展生活垃圾源头减量和分类投放工作。

第八条 工会、共产主义青年团、妇女联合会、科学技术协会等组织应当发挥各自优势，组织开展生活垃圾源头减量和分类的宣传动员，推动全社会共同参与生活垃圾源头减量和分类活动。鼓励环保组织、志愿者组织等社会公益组织开展生活垃圾源头减量和分类宣传动员活动，共同推动生活垃圾源头减量和分类工作。再生资源、物业管理、环境卫生、环境保护、酒店、餐饮等相关行业协会应当制定行业自律规范，开展本行业生活垃圾源头减量和分类的培训、技术指导、实施评价，引导、督促会员单位参与生活垃圾源头减量和分类活动。

第九条 城市管理行政主管部门应当依托生活垃圾处理相关设施、场所建立生活垃圾源头减量和分类宣传教育基地并向社会公众免费开放，通过媒体宣传生活垃圾源头减量和分类的知识及政策措施。教育行政管理部门应当将生活垃圾源头减量和分类投放、回收利用、无害化处理等知识纳入教育教学内容，培养和提高学生和学龄前儿童的生活垃圾源头减量和分类意识。旅游行政管理部门应当加强对旅行社、导游等从事旅游行业的单位和个人生活垃圾源头减量和分类的宣传教育。从事旅游行业的单位和个人应当督促游客遵守本市生活垃圾分类管理的规定，对不按规定分类投放生活垃圾的游客进行劝导。来穗人员服务管理行政管理部门应当加强对来穗人员生活垃圾分类的宣传教育，引导、督促来穗人员遵守本市生活垃圾分类管理的规定。广播电台、电视台、报纸、期刊、网络等媒体应当加强对生活垃圾源头减量和分类的宣传，普及相关知识，增强社会公众的生活垃圾源头减量和分类意识。

第十条 区人民政府应当结合经济社会发展实际情况和自然条件，因地制宜地确定农村生活垃圾的投放、收集、运输和处置分类管理模式，按照有关标准科学合理地规划、建设和配置相关设施设备，推进农村生活垃圾就地分类减量和资源回收利用。按照有关规定，将具备条件的农村地区的生活垃圾纳入城市生活垃圾分类收运处理系统。

第十一条 产生生活垃圾的单位和个人应当按规定缴纳生活垃圾处理费。本市按照谁产生谁付费、多产生多付费的原则，逐步建立计量收费、分类计价、易于收缴的生活垃圾处理收费制度。具体办法由市人民政府另行制定。

第二章 分类投放

第十二条 市城市管理行政主管部门应当制定生活垃圾分类指南，明确分类的标准、标识、投放规则等内容，并向社会公布。市城市管理行政主管部门应当会同市商务行政管理部门、市供销总社，编制低值可回收物目录、拟定推动低值可回收物资源化利用优惠政策，报市人民政府批准后组织实施。区城市管理行政主管部门应当统筹组织镇人民政府、街道办事处制定适合本辖区的生活垃圾分类管理实施方案并组织实施。分类管理实施方案应当包括生活垃圾的投放模式、收集时间、运输线路等内容。

第十三条　产生生活垃圾的个人应当按照有关规定将生活垃圾分类投放到有相应标识的收集容器内或者指定的收集点。产生生活垃圾的个人应当遵守下列规定：

（一）厨余垃圾应当沥干后投放。

（二）灯管、水银产品等易碎或者含有液体的有害垃圾应当在采取防止破损或者渗漏的措施后投放。

（三）可回收物应当投入有可回收物标识的生活垃圾收集容器或者预约再生资源回收经营企业回收。

（四）废弃的年花年橘应当按照城市管理行政主管部门指定的时间和地点投放。

（五）废弃的体积大、整体性强或者需要拆分再处理的大件家具，应当预约再生资源回收经营企业、生活垃圾分类收集单位回收，或者投放至指定的回收点。

（六）废弃的电器电子产品应当按照产品、说明书或者产品销售者、维修机构、售后服务机构的营业场所标注的回收处理提示信息预约回收，或者投放至指定的回收点。产生生活垃圾的单位投放生活垃圾应当遵守本条第一款、第二款的规定，向收集单位交付的生活垃圾应当符合分类标准。

第十四条　餐饮垃圾产生者应当按照环境保护管理的有关规定，对餐饮垃圾进行渣水分离；产生含油污水的，应当油水分离。餐饮垃圾和废弃食用油脂应当单独分类并密闭存放。集贸市场、超市管理者应当将废弃果蔬菜皮粉碎、脱水预处理后，投放至有餐厨垃圾标识的收集容器内。

第十五条　生活垃圾分类管理实行管理责任人制度。生活垃圾分类管理责任人按照《广东省城乡生活垃圾处理条例》的相关规定确定。

生活垃圾分类管理责任人应当遵守下列规定：

（一）建立责任区生活垃圾分类投放日常管理制度，并公告不同类别的生活垃圾的投放时间、地点、方式等。

（二）开展生活垃圾分类知识宣传，指导生活垃圾投放人分类投放，并向生活垃圾投放人派发或者在生活垃圾投放点的显著位置张贴宣传生活垃圾分类标准、指南、方法的图文资料。

（三）监督责任区生活垃圾分类投放，对单位或者个人不符合生活垃圾分类投放要求的行为，要求其改正；拒不改正的，应当报告所在地的区城市管理行政主管部门处理。

（四）制止混合已分类投放的生活垃圾的行为。

（五）除可回收物可以直接交售外，有害垃圾、餐厨垃圾和其他垃圾应当移交给有经营权的生活垃圾分类收集单位。

（六）建立生活垃圾分类投放管理台账，记录责任区内产生的生活垃圾类别、数量、去向等情况，并于每月十日前向所在地的镇人民政府、街道办事处报送上月的台账。

第十六条 市城市管理行政主管部门应当制定生活垃圾分类收集容器的设置和使用指南。生活垃圾分类管理责任人应当根据本责任区生活垃圾的产生量、种类等实际情况，按照相关规定合理配置生活垃圾收集容器。餐饮垃圾产生者应当配置相应数量、符合标准的专用收集容器。

第十七条 前期物业服务合同、物业服务合同应当包括生活垃圾分类投放的要求、模式以及投放结果不符合分类标准的相关责任等内容。实行小区清扫保洁服务外包的物业服务企业，应当将生活垃圾分类投放要求纳入清扫保洁服务合同，并对生活垃圾投放结果不符合分类标准的责任作出相应约定，督促保洁员协助居民开展生活垃圾分类投放工作。市住房建设行政管理部门应当将本条第一款规定的内容纳入其制定的前期物业服务合同、物业服务合同示范文本。

第十八条 市商务行政管理部门应当编制可回收物目录，组织编制可回收物回收网点布局规划，合理布局可回收物分拣中转站、分拣中心以及回收点，并会同市城市管理行政主管部门加强再生资源回收体系和生活垃圾分类收运体系的衔接。没有条件单独设置可回收物回收点的，应当与生活垃圾收集点合并设置。市供销总社应当按照职责分工建设和运营与生活垃圾分类收运设施相配套的可回收物分拣中转站和分拣中心,建立可回收物回收利用信息平台,向社会公众提供预约回收服务以及可回收物目录、交易价格、回收方式等信息。从事可回收物回收利用的经营者,其经营场所选址和设置应当符合再生资源回收网点布局规划和设置要求,通过预约回收或者在可回收物回收点定时定点回收等方式提供便民回收服务。

第十九条 电器电子产品生产者应当按照有关规定自行或者委托销售者、维修机构、售后服务机构、废弃电器电子产品回收经营者回收废弃电器电子产品。回收废弃电器电子产品的企业可以预约回收或者在指定收集点进行定点回收,对收购的废弃电器电子产品应当登记、建立资料档案。

第二十条 镇人民政府、街道办事处可以通过招募志愿者或者向第三方购买服务等方式,在居住区设立生活垃圾分类指导员,普及生活垃圾分类知识,指导、督促居民开展生活垃圾分类投放。

第三章 分类收集、运输与处置

第二十一条 已分类投放的生活垃圾应当分类收集、分类运输、分类处置。生活垃圾分类管理责任人发现生活垃圾投放不符合分类标准的,应当要求投放人进行分拣后再行投放;投放人不按标准分拣的,生活垃圾分类管理责任人可以拒绝其投放。生活垃圾收集、运输单位发现交付收集、运输的生活垃圾不符合分类标准的,可以拒绝接收。生活垃圾分类管理责任人和收集、运输单位拒绝投放、接收不符合分类标准的生活垃圾的,应当及时报告所在地的区城市管理行政主管部门。区城市管理行政主管部门应当在接到报告后二十四小时内进行处理。

第二十二条 市、区人民政府应当按照有关技术标准、技术规范,组织建设与生活垃圾分类管理相适应的转运站、终端处理设施,并配置分类运输车辆等设施设备。

第二十三条 餐厨垃圾、其他垃圾应当每天定时收集;有害垃圾、可回收物应当按照收集单位与生活垃圾分类管理责任人约定的时间定期收集。市城市管理行政主管部门应当根据城市交通状况，科学合理地确定生活垃圾的运输时间和路线，与其他社会车辆实行错峰运行。具备条件的，生活垃圾应当安排在夜间运输。

第二十四条 区城市管理行政主管部门应当建设有害垃圾集中点临时存放有害垃圾。有害垃圾集中点应当符合危险废物贮存污染控制要求。有害垃圾除直接交由具有危险废物经营许可证的单位处置外，应当及时移交环境保护行政管理部门设置的危险废物贮存点贮存。

第二十五条 从事生活垃圾分类收集、运输的单位，应当执行行业规范和操作规程，并遵守下列规定：

（一）根据服务区域内各责任区投放生活垃圾的类别、数量、作业时间等要求，配备相应的收集、运输设备和作业人员，把生活垃圾收集点的垃圾收集、运输至符合规定的生活垃圾转运站、贮存点或者处置场所。

（二）运输车辆应当实行密闭化运输，并在车身清晰地标示所运输生活垃圾的类别标识。

（三）按照规定的时间、频次、路线和要求分类收集、运输生活垃圾，不得沿途丢弃、遗撒生活垃圾或者滴漏污水。

（四）转运站的生活垃圾应当密闭存放，存放时间不得超过十二小时。

（五）建立污染物排放监测制度和措施，按照工程技术规范、操作规程处理废水、废气、废渣、噪声等，保持收集、运输设施和周边环境整洁。

第二十六条 区城市管理行政主管部门应当建立生活垃圾转运机制，合理布局并按照有关规定和标准建设生活垃圾转运站，规范生活垃圾转运作业的时间、路线和操作规程，做好环境污染防治工作。

第二十七条 生活垃圾应当采取下列方式进行分类处置：

（一）有害垃圾由具有危险废物处置经营许可证的单位进行无害化处置。

（二）可回收物由再生资源回收利用企业或者资源综合利用企业采

用循环利用的方式进行处置。

（三）废弃食用油脂由特许经营企业进行处置。

（四）餐饮垃圾由特许经营企业进行处置或者按规定就近就地自行处置。

（五）厨余垃圾以及集贸市场、超市的有机易腐垃圾由具有经营许可证的处置单位进行处置或者按规定就近就地自行处置。

（六）其他垃圾由具有经营许可证的处置单位进行无害化焚烧，超过无害化焚烧能力或者因紧急情况不能焚烧的，可以进行应急卫生填埋。前款规定的就近就地自行处置办法由市城市管理行政主管部门另行制定。

第二十八条　市、区人民政府应当根据集约节约利用土地、提高生活垃圾处置能力、降低污染物排放等需要，建立集无害化焚烧、餐厨垃圾资源化利用、再生资源回收利用、卫生填埋于一体的生活垃圾循环经济产业园，园区内基础设施应当共建共享。

第二十九条　本市不得新建、扩建生活垃圾临时堆放点和简易填埋场。已经建成的生活垃圾临时堆放点和简易填埋场应当按规定关停，不得继续运行。市城市管理行政主管部门应当会同市环境保护等行政管理部门，制定生活垃圾临时堆放点和简易填埋场关停后的综合治理方案并限期治理。综合治理方案应当经过专家论证，并征求生活垃圾临时堆放点或者简易填埋场所在地的区人民政府的意见，报市人民政府批准后实施。

第三十条　生活垃圾运输车辆应当安装定位和监控系统并保持正常运行。市城市管理行政主管部门应当会同市质量技术监督行政管理部门制定本市生活垃圾分类运输车辆的管理标准。

第三十一条　生活垃圾分类处置设施的建设应当符合国家、省和本市有关标准、技术规范；生活垃圾处置设施所采用的技术、设备、材料应当符合国家标准。鼓励生活垃圾处置服务单位采用高于国家标准或者行业标准的先进处理技术。

第三十二条　从事生活垃圾分类处置的单位应当遵守下列规定：

（一）对场（厂）区道路、厂房和垃圾处置设施设备及其辅助设施设备进行定期保养和维护，确保设施设备安全运行，并将年度检修计划报送城市管理行政主管部门备案。

（二）健全安全管理制度，配备安全设施，制定安全应急预案，确保处置设施安全稳定运行。

（三）配备污染物治理设施并保持其正常运行，按照规定及时处理废水、废气、废渣、噪声等，防止对周边环境造成污染。

（四）制定环境监测计划并进行环境监测，委托具有相应检测资质的单位进行环境检测，定期向所在地的区城市管理行政主管部门和环境保护行政管理部门报告监测结果。

（五）在处置设施运营场所安装污染物排放在线监测系统，并保持在线监测系统与城市管理行政主管部门、环境保护行政管理部门的监管系统互联互通。

（六）建立环境信息公开制度，定期向社会公开排放的主要污染物的名称、排放方式、排放浓度和总量、超标排放情况，以及生活垃圾处置设施的运行情况等。

（七）资源化利用餐饮垃圾和废弃食用油脂形成的产品应当符合质量标准。

（八）建立管理台账，记录每日接收、处置生活垃圾的数量、类别，处置过程中排放的废渣、废水等废弃物，以及餐饮垃圾和废弃食用油脂资源化利用形成的产品质量检验报告、出厂销售流向等情况，并于每月十日前向所在地的区城市管理行政主管部门报送上月的台账。

（九）不得擅自停业、歇业；确需停业、歇业的，应当提前半年向市城市管理行政主管部门提交书面报告，经依法核准后方可停业、歇业。

（十）国家、省、市的其他有关规定。

第三十三条　餐饮垃圾、废弃食用油脂的收运和处置实行特许经营，按规定就近就地自行处置的除外。市城市管理行政主管部门可以根据生活垃圾分类投放和收运、处置设施的规划布局和建设方案，结合各区餐饮垃圾、废弃食用油脂产生量，将全市划分为若干服务区域，对餐饮垃圾、废弃食用油脂实行统一收运、集中定点处置。城市管理行政主管部门应当通过公开招标等市场竞争方式选择具备特许经营条件的餐饮垃圾、废弃食用油脂分类收运、处置单位。

第三十四条 城市管理行政主管部门应当与取得特许经营权的餐饮垃圾、废弃食用油脂收运、处置单位签订服务合同，约定餐饮垃圾、废弃食用油脂收运、处置的服务范围、标准、期限、价格以及市场退出机制、违约责任等内容。餐饮垃圾产生者应当与取得餐饮垃圾、废弃食用油脂特许经营权的收运、处置单位签订收运、处置合同，按规定就近就地自行处置餐饮垃圾的除外。收运、处置合同应当明确收运的时间、频次、数量以及废弃食用油脂回收价格等内容。本条例生效前已经依法与生活垃圾分类收运、处置单位签订餐饮垃圾、废弃食用油脂收运、处置合同并已实际履约的，可以继续按照合同收运、处置，餐饮垃圾产生者应当向所在地的区城市管理行政主管部门备案。

第三十五条 餐饮垃圾、废弃食用油脂收运、处置实行联单管理，并逐步实行电子联单信息化管理。联单应当由收运、处置单位向餐饮垃圾产生者所在地的区城市管理行政主管部门领取并定期交回备查联。联单由市城市管理行政主管部门统一监制。交接餐饮垃圾、废弃食用油脂应当现场核对联单载明事项。联单载明事项与实际情况不相符的，交接双方应当按照实际情况记载联单并交接。交付方拒绝按照实际情况确认联单的，接收方可以拒绝接收餐饮垃圾、废弃食用油脂，并及时报告区城市管理行政主管部门处理。

第四章　促进措施

第三十六条 市、区人民政府应当遵循资源节约、环境保护与生产生活安全性原则，建立涵盖生产、流通、消费等领域的生活垃圾源头减量工作机制，明确生活垃圾源头减量综合管理部门和相关行政管理部门的职责，鼓励单位和个人在生产、生活中减少生活垃圾。发展改革、工业与信息化、财政、农业、商务、工商、旅游等行政管理部门应当根据各自职责，制定有利于生活垃圾源头减量的政策措施。

第三十七条 发展改革、工商、质量技术监督、食品药品监管等行政管理部门应当根据国家、省、市对限制产品过度包装的标准和要求，制定具体的行动计划，限制产品过度包装，减少一次性包装材料的使用和包装废物的产生。

第三十八条 农业、工商等行政管理部门应当根据职责分工，采取措施加强对农产品产地、集贸市场和超市等的管理，实行净菜上市、洁净农副产品进城。发展改革、商务、工商等行政管理部门应当采取措施，推广使用菜篮子、布袋子，加强商场、超市等商品零售场所的管理，按照有关规定限制向消费者提供塑料购物袋。

第三十九条 鼓励商场、超市、便利店等经营者或者管理者就地设立便民回收点。鼓励商品生产者、经营者采用押金、以旧换新、设置自动回收机、快递送货回收包装物等方式回收再生资源，实现回收途径多元化。

第四十条 餐饮、娱乐、宾馆等服务性经营者应当设置可重复使用消费用品的推荐标识，通过价格优惠等措施鼓励消费者减少或者不使用一次性消费用品。单位和个人应当减少使用或者按照规定不使用一次性消费用品，优先采购可重复使用和再利用产品。

第四十一条 餐饮经营者应当在餐饮服务场所设置不剩菜的醒目标识，并在提供服务的过程中向消费者提示适量点餐。

第四十二条 新建的集贸市场、超市应当同步配置果蔬菜皮就近就地处置设施。区城市管理行政主管部门应当统筹已建成并具备条件的集贸市场、超市配置果蔬菜皮就近就地处置设施。区城市管理行政主管部门应当采取资金扶持、技术指导等方式，统筹推进本区餐饮垃圾产生者以及有条件的居住区安装符合标准的餐饮垃圾、厨余垃圾处置装置，就近就地处置餐厨垃圾。

第四十三条 国家机关、国有企事业单位和使用财政资金的其他组织应当实行绿色办公，推广无纸化办公，优先采购节能、节水、可以循环利用和资源化利用的办公用品。

第四十四条 鼓励和支持生活垃圾处理的科技创新，推动生活垃圾源头减量、分类投放、无害化处置以及再生资源利用等新技术、新工艺的引进、研发与应用。

第四十五条　市人民政府应当采取相应的政策措施，通过政府和社会资本合作、投资补助、政府购买服务、特许经营、承包经营、租赁经营等方式，鼓励和引导社会资本参与生活垃圾源头减量和分类投放、收集、运输、处置以及回收利用等。

第四十六条　本市建立生活垃圾源头减量和分类的鼓励和引导机制，通过多种方式鼓励和引导居民开展生活垃圾源头减量和分类工作，对成绩突出的单位、个人和生活垃圾分类管理责任人给予奖励。具体办法由市人民政府另行制定。区城市管理行政主管部门应当建立居民生活垃圾分类投放示范点，引导和督促居民开展生活垃圾分类投放。

第四十七条　产生生活垃圾的区跨区域处置生活垃圾的，应当遵循"谁受益、谁补偿"的原则，按照进入生活垃圾终端处理设施的垃圾处置量，向生活垃圾终端处理设施所在区支付生态补偿费，用于周边环境治理、公共服务设施建设和维护、经济发展的扶持以及村民、居民回馈等。具体办法由市人民政府另行制定。

第五章　监督管理

第四十八条　市、区人民政府应当建立健全生活垃圾源头减量和分类的综合考核制度，将本级行政管理部门、下一级人民政府履行生活垃圾源头减量和分类管理职责的情况纳入管理绩效考评指标，定期公布考评结果。有关行政管理部门在开展文明单位、文明社区、文明乡村、文明街道、文明家庭等精神文明创建活动以及卫生单位、卫生社区（村）等卫生创建活动中，应当将生活垃圾源头减量和分类的情况纳入评选标准。

第四十九条　市城市管理行政主管部门应当对生活垃圾的组成、性质、产量等进行常规性调查，并对生活垃圾分类情况进行定期评估。调查结果和评估报告应当向社会公布。市、区城市管理行政主管部门应当建立和完善生活垃圾分类监督检查制度，对生活垃圾分类管理责任人和从事生活垃圾分类收集、运输、处置服务的单位进行监督检查，并及时向社会公开检查情况以及查处结果。

第五十条 市、区环境保护行政管理部门应当按照有关规定对餐厨垃圾无害化就近就地处置设施、生活垃圾集中转运和处置设施以及循环经济产业园的处置设施产生的废水、废气、废渣、噪声等污染物排放情况进行监测，并按规定向社会公布监测信息。

第五十一条 市、区城市管理行政主管部门应当制定本行政区域生活垃圾收集、运输、处置应急预案，建立应急机制。生活垃圾分类收运、处置服务单位应当根据市、区城市管理行政主管部门制定的应急预案，编制本单位收集、运输、处置应急预案，并报所在地的区城市管理行政主管部门备案。因突发性事件造成无法正常收集、运输、处置生活垃圾的，城市管理行政主管部门应当立即启动应急预案，及时安排生活垃圾收集、运输、处置。

第五十二条 本市实行生活垃圾分类社会监督员制度。社会监督员由区城市管理行政主管部门向社会公开选聘，成员中应当包括生活垃圾终端处理设施周边地区村民代表、居民代表、人大代表、政协委员和第三方机构代表等。社会监督员有权进入生活垃圾收集点、转运站以及终端处理设施等场所，了解生活垃圾分类处理情况以及集中转运设施、终端处理设施运行等情况，查阅环境监测相关数据，并提出意见和建议。从事生活垃圾分类收集、运输、处置服务的单位应当向社会监督员开放相关场所、提供有关材料和数据并回答询问。社会监督员发现问题的，应当向城市管理行政主管部门报告，城市管理行政主管部门应当向社会监督员书面反馈处理情况。

第五十三条 市城市管理行政主管部门应当建立生活垃圾分类收集、运输和处置服务单位的信用档案，将服务单位的违规行为和处理结果等信息纳入信用档案和环境卫生服务单位信用评价体系，对服务单位的服务质量和信用等级进行年度评价，并公布评价结果。

第五十四条 市城市管理行政主管部门应当建立全市统一的生活垃圾分类管理信息系统，记录、统计生活垃圾分类投放、收集、运输、处置的类别、数量等信息，并与市商务行政管理部门的资源回收信息系统、环境保护行政管理部门的监管系统实现互联互通。

第六章 法律责任

第五十五条 市、区人民政府有关行政管理部门、执法部门和区、镇人民政府及其工作人员有下列行为之一的，由上级主管机关或者监察机关责令改正，对部门给予通报批评，对直接负责的主管人员和其他直接责任人员依法给予处分：

（一）违反本条例第十二条第一款规定，未制定生活垃圾分类指南并向社会公布的。

（二）违反本条例第十二条第二款、第十八条第一款规定，未编制低值可回收物目录或者可回收物目录、拟定推动低值可回收物资源化利用优惠政策的。

（三）违反本条例第十六条第一款规定，未制定生活垃圾分类收集容器的设置和使用指南的。

（四）违反本条例第十七条第三款规定，未将生活垃圾分类投放的要求、模式以及投放结果不符合分类标准的相关责任等内容纳入前期物业服务合同、物业服务合同示范文本的。

（五）违反本条例第十八条第二款规定，未按规定建设和运营可回收物分拣中转站和分拣中心，未建立可回收物回收利用信息平台，或者未向社会公众提供预约回收服务以及可回收物目录、交易价格、回收方式等信息的。

（六）违反本条例第二十九条第二款规定，未制定生活垃圾临时堆放点和简易填埋场关停后的综合治理方案并限期治理的。

（七）违反本条例第三十八条规定，未采取措施实行净菜上市和洁净农副产品进城，未限制商场、超市等商品零售场所向消费者提供塑料购物袋的。

（八）违反本条例第四十九条规定，未对生活垃圾的组成、性质、产量等进行常规性调查，未对生活垃圾分类情况进行定期评估，或者未对生活垃圾分类管理责任人或从事生活垃圾分类收集、运输、处置服务的单位进行监督检查的。

（九）违反本条例第五十条规定，未按照有关标准对餐厨垃圾无害化就近就地处置设施、生活垃圾集中转运和处置设施以及循环经济产业园的处置设施产生的废水、废气、废渣、噪声等污染物排放情况进行监测，或者未按规定公布监测信息的。

（十）违反本条例第五十一条规定，未制定本行政区域生活垃圾收集、运输、处置应急预案，或者未按规定启动应急预案的。

（十一）违反本条例第五十三条规定，未建立生活垃圾分类收集、运输和处置服务单位的信用档案，或者未将服务单位的违规行为和处理结果等信息纳入信用档案和环境卫生服务单位信用评价体系的。

（十二）其他违反本条例规定的行为。

第五十六条 个人违反本条例第十三条第一款或者第二款第一项、第二项、第三项、第四项规定，未按规定将生活垃圾分类投放到指定的收集点或者收集容器内的，由城市管理综合执法机关责令改正，处二百元以下的罚款。个人违反本条例第十三条第二款第五项、第六项规定，未按规定投放废弃的大件家具或者电器电子产品的，由城市管理综合执法机关处二百元以下的罚款。产生生活垃圾的单位违反本条例第十三条第二款规定，未按规定投放生活垃圾，交付收集单位的生活垃圾不符合分类标准的，由城市管理综合执法机关责令改正，处五千元以上五万元以下的罚款，并在市政府电子政务信息平台公布处罚结果。

第五十七条 餐饮垃圾产生者或者集贸市场、超市管理者违反本条例第十四条规定，未落实渣水分离、油水分离、单独分类、密闭存放、粉碎脱水等要求的，由城市管理综合执法机关责令限期改正，可以处五千元以上五万元以下的罚款。

第五十八条 生活垃圾分类收集、运输单位有下列情形之一的，由城市管理综合执法机关进行处理：

（一）违反本条例第二十一条第一款规定，混合收集、运输已分类的生活垃圾的，责令限期改正，处一千元以上五千元以下的罚款。

（二）违反本条例第二十五条第二项规定，未在运输车辆上标注所运输生活垃圾的类别标识的，责令限期改正；逾期不改正的，处一千元以上五千元以下的罚款。

（三）违反本条例第二十五条第三项规定，未按规定的时间、频次、路线和要求分类收集、运输生活垃圾的，责令限期改正，可以并处五千元以上五万元以下的罚款；在运输过程中沿途丢弃、撒漏生活垃圾，滴漏污水的，责令限期改正，处一万元以上五万元以下的罚款。

（四）违反本条例第二十五条第四项规定，未按规定在转运站密闭存放生活垃圾或者存放时间超过十二小时的，责令限期改正，可以处五千元以上五万元以下的罚款。

（五）违反本条例第二十五条第五项规定，未按照工程技术规范、操作规程处理废水、废气、废渣、噪声的，责令限期整改，处三万元以上十万元以下的罚款。

第五十九条 生活垃圾分类处置单位有下列情形之一的，由城市管理综合执法机关进行处理：

（一）违反本条例第二十一条第一款规定，混合处置已分类的生活垃圾的，处一万元以上五万元以下的罚款。

（二）违反本条例第三十二条第三项规定，未按规定及时处理废水、废气、废渣、噪声等的，责令限期整改，处三万元以上十万元以下的罚款。

（三）违反本条例第三十二条第八项规定，未建立管理台账并记录相关情况的，责令限期改正；逾期不改正的，处三万元以上十万元以下的罚款。

（四）违反本条例第三十二条第九项规定，未经同意擅自停业、歇业的，责令限期改正，可以处五万元以上十万元以下的罚款。生活垃圾分类处置单位违反本条例第三十二条第四项、第五项、第六项规定，未按规定制定环境监测计划并进行环境监测，未安装污染物排放在线监测系统，或者未建立环境信息公开制度并公开相关信息的，由环境保护行政管理部门责令限期改正，处二万元以上二十万元以下的罚款；逾期不改正的，责令停产整治。

第六十条 餐饮垃圾产生者或者收运处置单位违反本条例第三十五条第三款规定，未正确履行如实记载或及时报告义务的，由城市管理综合执法机关责令限期改正，可以处五千元以上五万元以下的罚款。

第六十一条 餐饮、娱乐、宾馆等服务性经营者违反本条例第四十条第一款规定,未设置可重复使用消费用品的推荐标识的,由城市管理综合执法机关责令限期改正;逾期不改正的,处一千元以上三千元以下的罚款。

第六十二条 餐饮经营者违反本条例第四十一条规定,未在经营服务场所设置不剩菜标识的,由城市管理综合执法机关责令限期改正;逾期不改正的,处一千元以上三千元以下的罚款。

第七章　附　则

第六十三条 本条例下列用语的含义:

(一)低值可回收物,是指本身具有一定循环利用价值,在垃圾投放过程中容易混入其他类别生活垃圾,单纯依靠市场调节难以有效回收,需要经过规模化回收处理才能够重新获得循环使用价值的废玻璃类、废木质类、废软包装类、废塑料类等固体废物。

(二)再生资源,是指在社会生产和生活消费过程中产生的,已经失去原有全部或者部分使用价值,经过回收、加工处理,能够重新获得使用价值的各种废弃物,包括生活垃圾中的可回收物。

(三)餐饮垃圾,是指餐饮垃圾产生者在食品生产经营活动中产生的食物残余、食品加工废料、过期食品等。

(四)废弃食用油脂,是指在食品生产经营过程中产生的不符合食品安全标准的动植物油脂、从餐饮垃圾中提炼的油脂,以及含油脂废水经油水分离器或者隔油池分离处理后产生的油脂。

(五)厨余垃圾,是指居民在家庭中产生的菜帮菜叶、瓜果皮核、剩菜剩饭、废弃食物等易腐性垃圾。

(六)餐饮垃圾产生者,是指通过即时加工制作、商业销售和服务性劳动等手段,向消费者提供食品的生产经营者,包括餐馆、小食店、快餐店、食堂及提供食品消费的商场、超市等。

第六十四条 本条例自 2018 年 7 月 1 日起施行。

附录 1. 部分未收录文件一览表

序号	文件名	发文单位	文号	发布日期	未收录原因
1	广州市促进中小微企业发展的若干政策	市政府	穗府〔2012〕34号	2012.11.1	2017.11.5失效
2	广州市人民政府关于印发广州市农村村民住宅规划建设工作指引（试行）的通知	市政府	穗府〔2012〕35号	2012.11.12	2015.11.21失效
3	广州市土地利用总体规划（2006—2020）	市国土局	—	2013.2.28	约3.9万字，篇幅过长
4	关于支持广州区域金融中心建设的若干规定	市政府	穗府〔2013〕11号	2013.5.16	2018.5.20失效
5	关于加快发展总部经济的实施意见及配套文件	市政府	穗府〔2013〕14号	2013.6.15	2018.6.19失效
6	广州市人民政府关于进一步鼓励和引导民间投资加快发展的意见	市政府	穗府〔2013〕16号	2013.6.24	2018.1.5失效
7	广州市人民政府关于促进民办教育发展的意见	市政府	穗府〔2014〕12号	2014.2.28	2019.3.11失效

续上表

序号	文件名	发文单位	文号	发布日期	未收录原因
8	广州市人民政府关于规范农村集体经济组织管理的若干意见	市政府	穗府〔2014〕34号	2014.10.16	2019.10.23失效
9	广州市人民政府关于加快科技创新的若干政策意见	市政府	穗府〔2015〕10号	2015.5.27	2020.5.26失效
10	广州市人民政府关于加快服务贸易发展的实施意见	市政府	穗府〔2015〕29号	2015.12.21	2020.4.14失效
11	广州南沙新区促进融资租赁业健康发展的实施意见	广州南沙开发区管委会办公室	穗南开管办〔2016〕1号	2016.3.23	2019.1.12失效
12	广州市生态文明建设规划纲要（2016—2020年）	市政府	—	2016.8.29	约3.8万字，篇幅过长
13	广州市生活垃圾终端处理设施区域生态补偿暂行办法	城管委、财政局	穗城管规字〔2016〕4号	2016.11.23	2018.6.30失效
14	广州市黄埔区广州开发区促进风险投资发展办法	—	穗开管办〔2017〕29号	2017.6.23	2020.6.22失效
15	广州市人民政府办公厅关于优化市场准入环境的若干意见	市政府办公厅	穗府办规〔2017〕13号	2017.8.26	2020.8.25失效
16	17份党内规范性文件	—	—	—	受文件发放范围及保密有关规定限制，不宜收录

附录 2. 2012—2017年市人大常委会制定地方性法规一览

届别	序号	法规名称	通过时间	批准时间	公布时间	施行时间	备注
十四	1	广州市中新广州知识城条例	2012.4.20 市十四届人大常委会第二次会议	2012.5.31 省十一届人大常委会第三十四次会议	2012.6.6	2012.7.1	
十四	2	广州市文物保护规定	2012.10.30 市十四届人大常委会第八次会议	2013.1.21 省十一届人大常委会第三十九次会议	2013.2.1	2013.5.1	
十四	3	广州市科技创新促进条例	2012.12.26 市十四届人大常委会第九次会议	2013.3.28 省十二届人大常委会第一次会议	2013.4.8	2013.7.1	
十四	4	广州市社会医疗保险条例	2013.4.24 市十四届人大常委会第十四次会议	2013.7.31 省十二届人大常委会第三次会议	2013.8.23	2014.1.1	
十四	5	广州市未成年人保护规定	2013.6.26 市十四届人大常委会第十六次会议	2013.9.27 省十二届人大常委会第四次会议	2013.10.21	2014.1.1	
十四	6	广州市人民防空管理规定	2013.8.28 市十四届人大常委会第二十次会议	2013.11.21 省十二届人大常委会第五次会议	2013.12.19	2014.2.1	

续上表

届别	序号	法规名称	通过时间	批准时间	公布时间	施行时间	备注
十四	7	广州市水域市容环境卫生管理条例	2013.10.30 市十四届人大常委会第二十二次会议	2014.3.27 省十二届人大常委会第七次会议	2014.4.3	2014.5.1	
十四	8	广州市流溪河流域保护条例	2013.12.25 市十四届人大常委会第二十三次会议	2014.3.27 省十二届人大常委会第七次会议	2014.4.9	2014.6.1	
十四	9	广州市预防职务犯罪条例	2014.4.30 市十四届人大常委会第二十八次会议	2014.7.31 省十二届人大常委会第十次会议	2014.8.12	2014.11.29	
十四	10	广州市南沙新区条例	2014.6.20 市十四届人大常委会第二十九次会议	2014.7.31 省十二届人大常委会第十次会议	2014.8.1	2014.9.1	
十四	11	广州市城乡规划条例	2014.8.27 市十四届人大常委会第三十一次会议	2014.11.26 省十二届人大常委会第十二次会议	2014.11.26	2015.3.1	
十四	12	广州市公共图书馆条例	2014.10.29 市十四届人大常委会第三十四次会议	2015.1.13 省十二届人大常委会第十三次会议	2015.1.22	2015.5.1	
十四	13	广州市公园条例	2014.12.31 市十四届人大常委会第三十六次会议	2015.3.26 省十二届人大常委会第十六次会议	2015.4.7	2015.10.1	

续上表

届别	序号	法规名称	通过时间	批准时间	公布时间	施行时间	备注
十四	14	广州市历史文化名城保护条例	2015.10.27 市十四届人大常委会第四十四次会议	2015.12.30 省十二届人大常委会第二十二次会议	2016.1.8	2016.5.1	
十四	15	广州市依法行政条例	2016.9.28 市十四届人大常委会第五十六次会议	2016.12.1 省十二届人大常委会第二十九次会议	2016.12.15	2017.5.1	
十五	16	广州市非机动车和摩托车管理规定	2017.3.29 市十五届人大常委会第三次会议	2017.6.2 省十二届人大常委会第三十三次会议	2017.6.28	2017.9.1	
十五	17	广州市博物馆规定	2017.6.30 市十五届人大常委会第五次会议	2017.7.27 省十二届人大常委会第三十四次会议	2017.9.1	2017.12.1	
十五	18	广州市湿地保护定	2017.10.25 市十五届人大常委会第九次会议	2017.11.30 省十二届人大常委会第三十七次会议	2018.1.11	2018.7.1	
十五	19	广州市停车场条例	2017.12.27 市十五届人大常委会第十一次会议	2018.3.30 省十三届人大常委会第二次会议	2018.4.20	2018.10.1	
十五	20	广州市生活垃圾分类管理条例	2017.12.27 市十五届人大常委会第十一次会议	2018.3.30 省十三届人大常委会第二次会议	2018.4.16	2018.7.1	

附录 3．2012—2017 年市人大常委会出台决议决定一览表

年　份	决议决定名称
2012	1．广州市人民代表大会常务委员会关于进一步加强法制宣传教育的决议 2．广州市人民代表大会常务委员会关于《广州市城市功能布局规划》的决议
2013	1．广州市人民代表大会常务委员会关于《广州市医疗卫生设施布局规划（2011—2020 年）》的决议 2．广州市人民代表大会常务委员会关于广州教育城规划建设的决议
2014	广州市人民代表大会常务委员会关于修改《广州市人民代表大会关于保障代表执行职务的若干规定》的决定
2015	广州市人民代表大会常务委员会关于取消广州市地方性法规中的部分行政审批和备案事项的决定
2016	1．广州市人民代表大会常务委员会关于《广州市公共体育设施及体育产业功能区布局专项规划》的决议 2．广州市人民代表大会常务委员会关于促进改革创新的决定 3．广州市人民代表大会常务委员会关于《广州市生态文明建设规划纲要（2016—2020 年）》的决议 4．广州市人民代表大会常务委员会关于加强人民检察院民事行政检察工作的决议

续上表

年 份	决议决定名称
2017	1．广州市第十五届人民代表大会第一次会议关于林永亮等41名代表联名提出的《关于全面加强水环境治理和保护工作的议案》的决议 2．广州市第十五届人民代表大会第一次会议关于栾玉明等36名代表联名提出的《关于推进教育、文化、卫生、体育、民政领域民生基础设施规划与建设的议案》的决议 3．广州市人民代表大会常务委员会关于开展第七个五年法治宣传教育的决议 4．广州市人民代表大会常务委员会关于促进广州国际航运中心建设的决定 5．广州市人民代表大会常务委员会关于《广州市知识产权事业发展第十三个五年规划》的决议

后　　记

党的十八大以来，中共广州市委高度重视学习习近平新时代中国特色社会主义思想和习近平总书记关于广州要加快实现老城市新活力、"四个出新出彩"等一系列重要指示、批示精神，并贯彻落实，推动广州往深里走、往心里走、往实里走。2019年7月，市委十一届第113次市委常委会会议专发市委党史文献研究室的决定事项通知（十一届〔2019〕162号）指出：要"聚焦主责主业，把深入研究阐释宣传习近平新时代中国特色社会主义思想作为首要政治任务抓紧抓好，跟踪研究这一科学理论在广州的实践成就"。2019年9月，市委办公厅、市政府办公厅印发的《广州史志工作规划（2019—2022）》，将编辑《十八大以来广州改革发展主要文献选编（2012—2017）》纳入工作计划。中共广州市委党史文献研究室于2019年10月下旬启动编辑此书。

本书文献征集中得到了市直、各区有关单位的支持，我室对拟选的101份文件进行甄选，这些文件基本反映了广州市改革与发展的重要领域，涵盖经济、政治、文化、社会和生态文明建设等方面。因篇幅所限，全书收录31份。70份未能收录，其中，涉及党内规范性文件17份，受文件发放范围及保密有关规定限制，不宜收录；还有一部分因文件有效期已过或废止或已修订，未能收录。2012—2017年市人大常委会制定地方性法规20部，出台15项决议决定。

广州市委党史文献研究室黄小晶、刘冬燕审定本书；文献研究部谢建新、余宏檩拟写工作方案，参与篇目甄选；李玉平参与编辑和审校；朱忠泽、石中胤参与篇目甄选及文件收集整理；郭治参与后期部分审校工作。

在本书审稿中，市委办公厅、市人大常委会办公厅、市政府办公厅、市委宣传部、市委政研室等单位提出了篇目审核意见。中山大学出版社对本书的出版付出了辛勤劳动。在本书付梓之际,一并表示感谢!

由于编者水平有限,若有错漏之处,敬请批评指正。

中共广州市委党史文献研究室
2020 年 10 月